INTO THE
PHILOSOPHY

走进哲学丛书

评价论

冯 平 著

北京师范大学出版集团
BEIJING NORMAL UNIVERSITY PUBLISHING GROUP
北京师范大学出版社

目　录

第一章　在人类生活与哲学中的评价　　/ 1

　　一、评价：在人类生活中　/ 2

　　二、评价：在哲学的视域内　　/ 12

　　三、评价理论的建构　/ 37

第二章　评价主体的心理背景系统　/ 45

　　一、理论的前提　/ 45

　　二、评价主体心理背景系统的构成　　/ 52

　　三、评价主体心理背景系统的功能与运作机制　　/ 76

第三章　评价的心理运作过程　　/ 82

　　一、确立评价目的与评价参照系统　　/ 83

　　二、获取评价信息　　/ 95

　　三、形成价值判断　　/ 125

第四章　评价的心理运作机制　　/ 177

　　一、评价情境　/ 178

　　二、情感在评价中的作用　　/ 193

　　三、意志在评价中的作用　　/ 205

四、评价中的联想、想象与体验　　/ 213

第五章　评价的社会运作　　/ 226
一、影响我们评价的评价　　/ 227
二、评价表达　　/ 244

第六章　评价的合理性　　/ 266
一、评价合理性的悖谬　　/ 267
二、解除死亡的魔咒　　/ 274
三、评价合理性的界说　　/ 311

后　记　　/ 322
再版后记　　/ 324

第一章 | 在人类生活与哲学中的评价

　　一个问题被哲学所关注，大致有四种可能：一，它是一个灼烫着、围绕着研究者，使研究者本人感到切肤苦痛的问题；二，它是一个研究者认为处于现实生活中重要位置的问题；三，它是一个引起了许许多多的思想家关注，同时又争论不休、众说纷纭的问题；四，它是一个哲学本应关注却研究不足的问题。这唤起了研究者探索人生的热切愿望；激发了研究者解释生活，甚至改变生活的强烈的责任感；引起了研究者强烈的好奇心；唤醒了研究者的创新欲望。"评价"对于我来说，恰是这样一个由这多种可能交织在一起的问题。

一、评价：在人类生活中

评价，是人把握客体对人的意义、价值的一种观念性活动。可以说，评价渗透于人类生活的各个细胞，与人类社会的历史一样悠长。人们无时无刻不在评价着——对自然、对社会、对他人、对自己；同时又无时无刻不在被评价着——被他人，被自己。

评价反映了人类活动的一个本质特点：合规律性与合目的性的统一。卡尔·马克思在他写于1845年的那篇短小而精悍的被誉为包含着新世界观天才萌芽的第一个文件中，揭示了人类生活的本质，这就是实践，从而宣告了一种新的哲学体系的诞生。趋利避害是一切生物的本能，是一切生物得以生存下来的基本的活动机制。人，作为经过漫长的生物进化历程而出现的一个物种，仍然保持着生物的这一基本的生存本能与本领。但作为一个新的物种，人类不再以顺应自然界，从自然界中获取现成的物质，来满足自己生存的需要。人类活动的特点在于它不仅能利用自然，而且能通过改变自然来满足自己的生存需要。同时每一代人在改变自然的过程中，又使自己的需要远远地超越了他的前辈，远远地超过了他的动物祖先，远远地超过了他祖先的祖先——生物。使人类从根本上超越他的祖先的是劳动，是实践。如果人类起源的那一瞬间，世间究竟发生了什么，至今还不能完全得到解释和说明，那么，自人类诞生之后，从原始初民到今天现代人的发展，却无一不在证明着以卡尔·马克思命名的这个学派的观点：劳动创造了人。劳动、实践，在马克思主义哲学中具有同样的意义。劳动或实践的根本特点就在于，它是一种依照人的需要，依照客观世界本身的规律，利用自然界、改变自然界，从而满足人自身需要的活动。合目的性与合规律性的统一，就是人类活动的本质。不合规律的活动，人类不可为之；不合目的的活动，人类不想为之。合规律是为了合目的。正如阿尔伯特·爱因斯坦所说："人类所做和所想的一切都关系到要满足迫切的需要和减轻苦痛。"[①]可以说，人类的一切活动，都是为了发现价值、创造价值、实现价值和享用价值，而评价，就是人类发现价值、揭示价值的一种根本方法。

在人类活动中，评价具有四种最为基本的功能：其一是判断功能，其二是预测功能，其三是选择功能，其四是导向功能。评价的基本功能在评价的基本形式中得到充分的展现。

评价的最基本的形式之一，是以人的需要为尺度，对已有的客体作出价值判断。例如，对已存在的艺术作品作出审美价值的判断，对人的已有行为作出功利判断和道德判断，对现存物体作出审美的或功利的价值判断。这一判断可以揭示客体与人的需要的满足关系是否存在以及在多大程度上存在。当某一行为已经产生，某一客体已经存在时，它与人们实际上已经构成了价值关系，即已构成了满足或不满足关系，但这并不意味着人们已经了解了这种价值关系。在现实生活中，人们对许许多多的已经存在的价值关系，对于有利于人类生活或有害于人类生活的许许多多客体的实际价值并不了解，人们越是熟悉的东西，越有可能因熟视无睹而一无所知。我们所知道的或许仅仅是可知道的中非常小的一部分。人类认识领域的不断发展，使我们对人类现有认识的有限性，几乎无可怀疑。拓展人们对已有价值关系的了解的最重要的手段，就是评

---

① 《爱因斯坦文集》第 1 卷，279 页，北京，商务印书馆，1976。

价。正是评价向人们揭示了这已经存在着的价值关系，从而使人不断地摆脱盲目被动而走向自觉能动。以吸烟的危害为例，在科学家进行大量的试验证明吸烟有害健康之前，吸烟就已经危害人的健康了，但科学家的揭示才使人类开始了禁烟运动。在现实生活中我们正是通过评价，才认识到何为利、何为害；通过评价，一个中性的事实世界展现为一个具有利害之别的价值世界。人类趋利避害主要不是依赖于本能，而是依赖于人的理性，依赖于人的认识。而这就是评价对于人类生活的最基本的功能之一。

评价的最基本的功能之二，是以人的需要为尺度，对将形成的客体的价值作出判断。这是具有超前性的价值判断。这种价值判断的特点在于，它在思维中，建构未来的客体，并对这一客体与人的需要的关系作出判断，从而预测未来客体的价值。这一未来客体，有可能是现有客体所必然导致的客体，也可能是现有客体可能导致的客体中的一种，还可能是新创造的客体。这时的评价是对这些客体与人的需要的满足关系的预测，或者说是对一种可能的价值关系的预测。人类通过这种预测而确定自己的实践目标，确定哪些是应当争取的，而哪些是应当避免的。评价的预测功能是其基本功能中非常重要的一种功能。

评价的最基本的功能之三，是将同样都具有价值的客体进行比较，从而确定其中哪一个是更有价值，更值得争取的，这是对价值序列的判断，也可被称为对价值程度的判断。在现实生活中，人们常常面临选择的情势，面临鱼和熊掌不可兼得或两害相权的情势。在选择情势中人们必须有所取和有所舍，或者说，只有有所舍才能有所取。在这种必须作出选择的情势中，评价的功能就是确定哪一种更值得取，而哪一种更应该舍。这就是评价所具有的选择功能。通过评价，将取与舍在人的需要的基础上统一起来。取是为了满足人的需要，舍也是为了满足人的需要。尽管从现象上看，舍是一种失去，但是通过评价人们便可发现，在不舍便不能取的意义上说，舍也是一种取。获得如此认识，人们便有可能自觉而理智地倾向于被选择之物，而减弱由于舍弃所造成的痛苦与不安，以使实践活动更加顺利和合目的，使由舍而带来的损失进一步降低。否则，就有可能既不得不舍弃，又因舍弃而痛苦不堪，结果使舍弃所造成的损失更加严重。

在人类生活中评价最为重要的、处于核心地位的功能是导向功能。从层次上看，以上三种功能都是隶属于这一功能的。人的活动的理想是合目的与合规律的统一，在这种统一中合目的是灵魂。而目的的确立是以评价所判定的价值为基础、为前提的。如前所说，人类活动的目的就是享用价值。而要享用价值，就必须创造价值，要创造价值必须知道哪些是有价值的。而对价值的判断是通过对价值的发现、预测、选择的评价才得以实现的。所以人类活动目的的确立应基于评价。只有通过评价，才能对实践活动进行调控，实现有价值的，避免无价值的，从而使人的行为更合目的。

评价活动的上述四种基本功能，通过对人类生活各个方面的各个层次的作用而得以充分地展示。根据人类活动的特点和范围，可将人类社会活动划分为经济活动（生产活动、分配活动等）、政治活动和精神活动三大领域，而在每一领域中，价值判断所起的导向作用都是不可或缺的。物质财富的创造是为了满足人的需要，精神财富的创造也是为了满足人的需要。人不仅能够通过评价来确定这些活动的具体的目标，而且能够通过评价确定达到这些目标的有效的途径。无论在人类活动的哪一个领域，要想获得实践的成功，要想使实践活动满足人的需要，都离不开评价的导向功能。

以人类社会有机体的层次为标准，可将人类社会划分为个人、群体、国家和人类四个层次，而在这每一个层次的每一种活动中，都离不开评价的导向功能。换言之，无论是个人、群体，还是国家或整个人类要想获得实践的成功，都必须牢牢掌握选择的主动权，既不是被命运牵着走，也不是盲目地跟着命运走，而是在客观必然性所约束的可能性范围内，扼住命运的咽喉。一个人的命运，一个民族、一个国家的命运，乃至我们全人类的命运，并不是先定的。虽然，我们的任何选择都是受到限制的，都不可能是随心所欲的，但我们不是不能选择和无可选择的。人类的未来是不定的、可塑的，人类完全有可能在客观条件限制的极大的可能性范围内，作出合理的价值判断，作出合理的价值选择，从而创造一个合目的的世界。

对个人而言，人生不可强求，但不可不求。一个人的命运既取决于他所处的社会历史背景，同时也取决于他在每一个具有决定性的转折关头所作出的选择，取决于他对价值的判断。在一定的意义上可以说，一个人的选择就是一个人的命运。人生就像一个有着无数可能路径的森林，我们选择了其中的哪一条，就获得了哪一种人生。而对于我们唯有一次的人生来说，这种至关紧要的选择就依赖于我们的评价。我们个人生活的每一步、每一方面都离不开评价。评价不仅引导着我们的人生道路，而且深深地影响着我们的精神世界。20世纪心理学研究的最显著的成果之一就是自我意象理论。一个人对自己的评价，是一个人"自我意象"的核心，而这种关于自己的图像，就是左右自己行为的最为直接的原因。美国著名的整形外科医生和心理学家马克斯威尔·马尔兹，通过多年的临床实践和理论研究得出这样的结论：自我意象是人类个性和行为的关键。改变自我意象就能改变人的个性和行为。自我意象决定了个人成就的界限，决定了一个人能做什么而不能做什么。一个人把自己想象成什么样子、看成什么样子，就会按所想象的这种样子行动。把自己想成"失败的"人，他就会想尽办法失败，以证明这一自我意象的正确性，尽管这样做是无意识的。① T. F. 詹姆斯 1959 年曾将许多心理学家与医学博士的研究成果概括如下："理解自我心理学就能区别成功与失败、爱与恨、痛苦与欢乐。发现真正的自我，能挽救濒临破裂的婚姻，能重振一蹶不振的事业，能改造'个性失败'的牺牲者。另一方面，发现真正的自我，可以决定你保持自由还是屈就顺从。"②

　　每个人心中的那幅由自我评价而构成的肖像和蓝图，暗示着他做什么和怎样做，左右着他的生活，左右着他对生活的解释和感受，形成他心中的人生。世间有许许多多的事，是我们个人所无法改变、无法左右的，可是，我们有可能改变我们的自我评价，有可能意识到并调整我们的自我评价和自我评价所带给我们的生活。我们并不是一定要把自己看成是一个无能、无助又无望的人；没有理由要认定自己终将是一个想有成就而毫无成就而且永远不可能有成就的人；我们完全有可能走出这种使我们凄凄惨惨、悲悲切切自暴自弃的心理意象；我们完全没有理由将

---

① ［美］马克斯威尔·马尔兹：《你的潜能》，5～12 页，北京，工人出版社，1987。
② 同上书，11 页。

我们现已形成的自我意象看成是对外部世界唯一可能的反映，而虔诚地受其摆布。其实，我们心中的这幅肖像的产生，并不是无可选择只能如此的，并不是不可改变的。当我们解除了这道让我们痛苦地感受人生，痛苦地度过人生的魔咒时，我们会发现，我们在同样一个世界中，完全有可能形成不同的自我评价、形成不同的自我意象，完全有可能感受到一个截然不同的世界，创造一种截然不同的生活。人的自我意识的产生，人的自我评价的形成，的确不可能是完全主观的，它不可能脱离人所处于其中的客观环境，不可能是无根基飘浮于空中的，然而，它也的确不是完全受制于客观，受制于外界的。它不可能是对外界的照镜子式的反映，也不是对外界照镜子式的反映。在同一个世界，在同一种环境中，人们可能得到的认识是不同的。认识的精妙之处，在于它的创造。一个哲学家说过，世界永远是透过一定的意识结构、价值系统的棱镜给予人的。人生的幸福与困厄并不完全在于事情本身，还在于人对它的评价。因此，我们完全有可能以另外一种眼光看自己、看世界。既然如此，我们为何不选择积极的、乐观的眼光，为什么不去积极地、乐观地感受世界、创造世界呢？

在个人生活中，除了自我意象外，还有一个影响极大的因素，这就是他人对我们的评价。从自我意象的形成机制上说，他人的评价，尤其是我们所敬重、所爱戴、所迷恋的人的评价，是形成我们自我意象的一种重要因素。一个人有可能因他人的评价而不知所措，像中国寓言故事里的"老人、小孩和驴"；也有可能因他人的评价而沾沾自喜，妄自尊大；当然常常也会因他人的评价而郁悒侘傺，妄自菲薄；因他人的评价而痛入心髓，悲观绝望。或许我们常常受制于他人的评价，却从没有认真地反思过，我们为什么要如此重视他人的评价？是什么使我们如此重视他人的评价？他人的评价是不是必定比我们自己的评价更为可靠，更值得依赖？或许，在我们认真地对待他人的评价前，应该首先弄清楚他人的评价是如何形成的，如此形成的评价究竟值不值得我们认真地对待，或在多大程度上，在什么意义上值得我们认真地对待。被别人的评价左右的人生，不仅是痛苦的，而且是虚假的，因为它失去了人生最重要的东西：我们自己的独立选择。如果按别人的评价而生活，那么我们所度过的并不是我们自己所选择的人生。古希腊哲学家苏格拉底有句名言：未经反省的人生不是真正的人生。我们对人生的反省，不妨先从这左右我们人生的评价开始。

在社会运作中，评价的作用也十分重要。社会运作的理想过程是合规律性与合目的性的统一，是在合规律的前提下进行合目的选择的过程，因此在这一过程中，大到对社会各子系统合理配置的评价与选择，小到对每一具体环节目标与手段的选择，无一能离开评价。对经济体制的评价、政治体制的评价、意识形态的评价、科学技术的评价、科研成果的评价、经济运作模式的评价、企业经营的评价、人才的评价、教育的评价等，现已引起了人们的普遍关注。社会的评价对于社会行为起着十分重要的导向作用。以教育评价为例。教育评价是贯穿整个教育过程的一个重要因素，它不仅直接引导着学生的发展，而且对于一个国家教育水平、教育后果及人才类型起着直接的决定性的作用。就目前我国教育所存在的种种弊端而言，无一不与教育评价的失误紧密相关。我国目前中小学教育评价的目标的实质是对学生进行筛选，而不是使学生在社会所需要的各个方面都得到充分的发展。从一个孩子迈进小学校门的那一天起，他便落入了教育评价这个无情的筛子中。这个筛子将尚未展示出发展潜力的孩子分成了重点的与非重点的，分成了优、良、中与劣。这种对孩子作出的性质判定不仅是成绩评定，带给孩子的更可能是影响他一生的错误的自我意象。这还仅仅是在小学，在孩子刚刚懂事，刚刚萌发自我意识的时候，在小学毕业接踵而来的升重点初中、重点高中、重点大学的时候更是如此。而早在小学就被筛入非重点的孩子，从那时起就失去了良好的师资条件，失去了良好的学习环境。更重要的是这把不合理的教育评价之筛使他们失去了自信，失去了发展自己的最宝贵的精神支柱。这把筛子所剥夺的不仅仅是孩子黄金般童年的欢乐，而且是孩子对未来发展的多种可能的期望。问题的严重性还不仅如此。构成这把如此残酷的筛子之经纬的，并不是使孩子有独创性、有创造的欲望，而是抹杀孩子的个性，抑制他们创新积极性的尺度。为了考试，学生必须记住教科书上的"标准"答案，不管理解与否、同意与否都必须把书上所说的、老师所说的统统塞进脑子里。而且只有这样做了的学生才能在这不合理的评价之筛的选择下，进入教育金字塔的更高一层。在这种教育评价中，对于学生来说，学习已不再是一种乐趣、一种来自好奇心的渴望，而完全成了一种负担、一种外在的压力。这样的教育评价所带来的不仅是学生的厌学心理，更为严重的是，它实际上损害了一个民族的创造精神。为了使下一代有健康的心理、健康的人格，有好奇心和创造欲这种人类发展所需要的最基本的动力，我们必须对教育现状进行深刻的反思，必须对教育评价进行深刻的反思。

社会大变革、大动荡是社会运作中最引人关注的时刻。在每一次社会大变革、大动荡的时候，都伴随着人们价值观念的激烈冲突，改变着原来被视为神圣不可侵犯的价值观念。而每一个社会要想稳定都期望人们价值观念的统一。在社会利益大改组之时，人们的价值观念的冲突成为社会不安定的重要因素之一。尤其是道德观念的混乱、破碎更引起有识之士强烈的忧患感。处于社会变动时期的中国思想家墨子曾指出，道德评价标准的不同是造成社会纷乱的重要原因，并提出要"一同天下之义"。认为只有"一同天下之义"，才有可能稳定社会秩序。① 在今日之中国，也有不少人期望通过道德观念的重塑，社会能走向稳定走向繁荣。尽管道德不是万能的，但道德观念、道德评价在人类的活动中的确不是无能的；尽管道德观念的改变、道德观念的统一，不一定能保证社会的稳定、社会的发展，但道德观念的全面崩溃，社会正义、社会正当、社会应当观念的彻底瓦解，肯定不会带来社会的稳定、社会的发展。这是人类社会的发展所给予我们的启示。正是人类社会发展的历史事实，使人们颇为关注道德观念、关注道德评价。新兴阶级要推翻原统治阶级而大造舆论，是从对包括道德观念在内的整个价值观念的批判、鞭挞开始的，是以一种新的价值观念以及由此而建立的新的价值世界的蓝图为动员令、为旗帜而呼唤人们与其一起奋斗的。而统治阶级则无一不将它们所认同的价值观念说成是天经地义唯一合理的，无一不用各种方式使整个社会认同它们的价值观念，按它们的价值观念规范自己的行为。这些都说明了价值观念和以此为标准所作出的评价在人类社会中的重要作用。因为人类不是经常做无益的事。

如果说在田园牧歌式的恬静而缓慢的时代，评价在人类生活中所具

---

① 《墨子·尚同中》。

有的重要作用尚未被人们充分认识到的话，那么在科学技术迅速发展，人改变原来世界的可能性越来越广泛，人的创造能力越来越强的今天，评价在人类生活中所具有的作用就不能不引起我们加倍的关注。人的自觉能动性越强、创造能力越强，选择的可能性范围就越大；而选择的可能性范围越大，评价在人类活动中的作用就越加重要。如能源问题、生态问题、人口问题，还有核武器、恐怖主义等，人类在改变旧世界创造满足人类需要的财富的同时，也为自己带来了灾难。面对科学技术的进步所造成的负面价值，人们不得不重新审视人类自身的活动，重新审视这一活动的价值取向。我们虽然已无法改变昨天，但我们还有可能选择明天。为了不再重复昨天的遗憾，人类必须对自己的价值判断、对自己的选择作出慎重的考虑，必须对人类的评价活动作出慎重的反思。

二、评价：在哲学的视域内

评价的存在虽与人类的存在一样久远，但它作为哲学的研究对象，被纳入哲学的视域内，却是19世纪末20世纪初的事。或许人们可以在以往汗牛充栋的哲学著作中找出无数个"评价"二字或近似的术语，但却找不到哲学家对评价活动本身规律、特点、机制的研究。哲学家所用术语与哲学家将此作为一个研究对象进行研究是截然不同的。哲学理论、哲学思想犹如一张巨大的网，而哲学研究的每一个具体问题如这网上的纽结，只有在这张网上作为其不可缺少的组成部分的概念，即作为其纽结而存在的，而不是作为其空白或连接线而存在的概念，才是真正被哲学家纳入视域的问题。

(一)价值论的产生

评价之所以被当作哲学研究的对象，是由于价值论成为继本体论、认识论之后哲学研究中又一个颇为重要的组成部分，而这是 19 世纪末 20 世纪初的事。《简明不列颠百科全书》在价值学（Axiology）的条目中写道：价值学是对于最为广义的善或价值的哲学研究。它的重要性在于：扩充了价值一词的意义；为经济、道德、美学以至逻辑方面的各种各样的问题提供了统一的研究，这些问题以往常常是被孤立开来考虑的。价值一词最初的意义是某物的价值，主要指经济上的交换价值。19 世纪时，在若干思想家和各种学派的影响下，价值的意义被延伸至哲学方面更为广泛的领域。这批思想家中有新康德主义者 R. H. 洛采和 A. 里奇尔；提出重新估价一切价值学说的尼采；A. 迈农和埃伦费尔斯；还有无意识哲学家 E. 哈特曼，他所写的《价值学纲要》（1911），首次把 Axiology 这个词用于书名中。乌尔班的《评价的性质和法则》（1909）是第一篇阐释这个问题的英文论文。R. B. 佩里（也译为培里）的《一般价值论》（1926）被称为新立场的杰作。①

为什么在 19 世纪末 20 世纪初哲学家的目光会转向人类生活中早已存在却未曾被纳入哲学研究领域的价值问题呢？对这一问题的解释或许是把握价值论之灵魂的不可缺少的一部分，是把握它未来发展的必要环节。尽管这一追问所得到的结果难尽如人意。一种学说的产生有其偶然

---

① 《简明不列颠百科全书》第 4 卷，306 页，北京，中国大百科全书出版社，1985。

的原因，但也有其必然性。而当后人对此进行寻根问底时，更希望把握的是它的必然性。同时由于时光流逝，岁月荏苒，笼罩着它的偶然性的迷雾渐渐地散尽，而其中的必然性却日益凸显出来，所以后人对前人理论之所以产生所作出的解释实际上是一种理论的重建，是对其中必然性的推测。在我们追问价值论产生的原因时，同样也是如此，我们所建立的只是关于价值论产生的一种假说。

这一假说的支点之一是哲学本身的发展，这包括哲学所提供的理论准备和哲学所面临的挑战。而对哲学所提供的理论准备，我们只能追溯到对价值学创始人的哲学观起直接作用的哲学家的思想那里，这就是德国 18 世纪至 19 世纪哲学家伊曼奴尔·康德的思想。康德对于价值论的最大贡献是他的主体性理论。在康德哲学中，人被一分为三：一个是认识的，一个是道德的，另一个是审美的。它们分属于三个不可通约的领域，但它们都是具有目的性、创造性的主体。在认识领域，人是自然的立法者。康德宣称："自然界的最高立法必须是在我们心中，即在我们的理智中"，"理智的（先天）法则不是理智从自然界得来的，而是理智给自然界规定的"①。在道德领域，人可以摆脱自然规律的支配而完全按照自己的理性为自己订立的法则即按照道德律而行动。而道德律的根据是人本身。"每一个有理性的东西，都赋有立法能力，规律或法律只能出于他的意志。"②"每个有理性的东西都须服从这样的规律，不论是谁在任何时候都不应把自己和他人仅仅当作工具，而应该永远看作自身就

---

① ［德］康德：《任何一种能够作为科学出现的未来形而上学导论》，92～93 页，北京，商务印书馆，1978。

② ［德］康德：《道德形而上学原理》，86 页，上海，上海人民出版社，1986。

是目的。"①康德认为："在全部宇宙中，人所希冀和所能控制的一切东西都能够单独用作手段；只有人类，以及一切有理性的被造物，才是一个自在目的。"②在审美领域，康德所强调的仍是人的主体性。他写道："自然的形式的合目的性原理是判断力的一个超验原理。"③审美所具有的是"主观的普遍有效性"④。

　　康德哲学的主体性理论，使人成为哲学图景的中心。而且这个人是能动的，是根据自己的目的而创造世界的人。康德关于主体性的理论所完成的是哲学史的一个重要的转折。李泽厚在他那本影响中国20世纪80年代思想界的名著中写道："康德哲学的功绩在于，他超过了也优越于以前的一切唯物论者和唯心论者，第一次全面地提出了这个主体性问题。"⑤张世英写道："文艺复兴在反对中世纪基督教神学中作出了两大发现——自然和人。"而"康德所面临的任务就是要在人权和神权继续斗争的同时，使人权进一步从单纯因果必然性的束缚下解放出来，使人的主体性得到进一步的发展。这是西方哲学史人权的第二次解放运动"⑥。这一解放为哲学开辟了新的视野，为哲学图景的重构提供了可能。古希腊哲学图景的中心是探究客观世界的本原，康德以前的近代哲学的中心

　　①　[德]康德：《道德形而上学原理》，86页，上海，上海人民出版社，1986。
　　②　[德]康德：《实践理性批判》，89页，北京，商务印书馆，1960。
　　③　[德]康德：《判断力批判·审美判断力的批判》上卷，19页，商务印书馆，1964。
　　④　[德]同上书，51页。
　　⑤　李泽厚：《批判哲学的批判——康德述评》，424页，北京，人民出版社，1979。
　　⑥　张世英等：《康德的〈纯粹理性批判〉》，11、15页，北京，北京大学出版社，1987。

是寻求人克服自我的局限而使人的认识达到与客观世界的统一，而康德哲学使人从"奴仆"（弗兰西斯·培根语）上升为主人，从对自然只能俯首帖耳到以人的目的为最高原则。这使价值论几乎可以呼之即出。

除了康德哲学为价值论的产生所提供的理论准备之外，哲学当时的危机也是价值论产生的重要原因。因为只有在哲学家具有危机意识时，哲学才有可能突破原来的研究模式，而开拓出新的疆域。在古希腊时代，哲学包罗万象，但时至近代，人类知识体系已经分门别类，许多曾寓于哲学之中的学科纷纷地自立门户。德国著名的新康德主义哲学家弗赖堡学派的创始人威廉·文德尔班曾这样描述当时哲学所面临的困境：哲学已落到了莎士比亚悲剧里所写的古代不列颠李尔王的地步，他把自己的王国和财产全部分给了他的三个女儿，只给自己留下一个乞丐的讨饭袋，最后在风雨之夜里被长女和次女逼到荒郊，在悲痛疯癫中死去。原来无所不包的哲学现在一无所有，现实中的领域没有一个是专门属于哲学的。那么，哲学的出路何在呢？① 文德尔班认为，哲学既不能逃遁于哲学史，也不能逃到流行的学院风气和习惯引导哲学家去研究的那门经验科学——心理学中去。② 那哲学能做什么呢？正是这种困惑和寻求导致了价值论的产生。

假说的支点之二，是工业文明的发展。一方面，工业文明的发展以前所未有的速度展示了人所具有的巨大的创造力、巨大的能动性；而另一方面又暴露出人的创造性活动所具有的负面价值，即人被自己的创造

---

① 转引自江畅：《现代西方价值理论研究》，33页，西安，陕西师范大学出版社，1992。

② 洪谦：《西方现代资产阶级哲学论著选辑》，50页，北京，商务印书馆，1964。

物所控制，成了自己创造物的奴隶。卡尔·雅斯贝尔斯在《现时代的人》一书中写道："人们本想把一件东西培养成与它原来不同的另一种样子，结果他们的关心却似乎把这东西毁掉了，作为技术统治的牺牲品，它呈现出一种灰暗或粗杂的色调，在这种色彩的笼罩下，人之为人的个性被剥夺了，他不再能自我认识。"[①]"使我们现在的生活成为可能并因此必不可少的东西，仍然是对人的自我存在的威胁。高技术时代的知识增长连同各种机构统治的扩大尽管使人富足，却似乎缩小了他的潜力。"[②]高技术世界的思想倾向是实证主义，它不想滥造术语，而要求知识；不想沉思意义，而要敏捷地行动；不想诉诸情感，而是诉诸客观性。它使人的存在客观化，使人的个性被压抑，它使个人消失在社会功能里。他只是作为"我们"而存在。[③]现代工业文明所带来的双重效果，使人的价值问题凸显在哲学家的眼前。而这构成了价值论产生的内在动力。

　　假说的支点之三，是哲学家对人类境况的关怀和对当时所盛行的文化观念的反思与批判。哲学对现实生活的影响，是以哲学对现实生活中所流行的观念的反思与批判为中介的。在对当时所盛行的观念的批判中，最有代表性和影响力的就是弗里德里希·尼采对基督教文化的批判。尼采的批判集中于对基督教道德否定生命、否定人生的猛烈抨击。他说：基督教把"最高的恐怖"，即对生命自身的恐怖，"高悬在人类之上作为至高的道德法则，因此，不仅个人、民族，而且全人类的想象都

---

　　① [德]卡尔·雅斯贝尔斯：《现时代的人》，9页，北京，社会科学文献出版社，1992。

　　② 同上书，11页。

　　③ 同上书，11页。

迷离失措了！"①尼采认为，"过去，人类郑重称道的东西，都是不真实的，纯粹的臆想，确切地说，是出自病态的、有害的（最深刻意义上的）天性的恶劣本能"②。尼采向世人宣称："一切价值的重估——这就是我关于人类最高自我认识行为的公式，它已经成为我心中的天才和血肉。"③在尼采看来，"每一种伟大的哲学所应当说的话是：'这就是人生之画的全景，从这里来寻求你自己的生命的意义吧。'"④

在对当时盛行观念的反思与批判的哲学家中，另一颇有代表性和影响力的是埃德蒙德·胡塞尔。胡塞尔在他著名的《欧洲科学危机和超验现象学》一书中散文诗般地写道："在 19 世纪后半叶，现代人让自己的整个世界观受实证科学支配，并迷惑于实证科学所造就的'繁荣'。这种独特现象意味着，现代人漫不经心地抹去了那些对于真正的人来说至关重要的问题。只见事实的科学造成了只见事实的人。"⑤"科学的、客观的真理只是确证：物理和精神世界到底是怎样的。如果科学只承认以这一方式客观地可确证的东西为真的，如果历史只教给我们精神世界的一切形态，人所依赖的一切生活条件、理想和规范，就像瞬间的波浪自涌自息，以及如果历史只教给我们，理性一再成为胡闹，欣慰一再变成烦

---

① 转引自周国平：《尼采——在世纪的转折点上》，183 页，上海，上海人民出版社，1986。

② ［德］弗里德里希·尼采：《权力意志——重估一切价值的尝试（附：尼采自述〈看哪这人！〉）》，39 页，北京，商务印书馆，1991。

③ 转引自周国平：《尼采——在世纪的转折点上》，162 页，上海，上海人民出版社，1986。

④ 同上书，31 页。

⑤ ［德］埃德蒙德·胡塞尔：《欧洲科学危机和超验现象学》，5～7 页，上海，上海译文出版社，1988。

恼，它过去是如此，并将永远如此的话，那么世界以及在其中的人的存在在真理上还能有什么意义呢？我们对此能平心静气吗？我们能在一个其历史无非为虚幻的繁荣和苦涩的失望的不尽锁链的世界中生活吗？"①胡塞尔这简明而充满激情的表述，让人感到再作任何评论都毫无意义。

关于价值论产生的原因这一假说的结论：正是对人类命运的关注，对人的终极关怀，对哲学功能的重新思考，使价值论脱颖而出，成为哲学的一个新的组成部分；也正是因为这一原因，价值论非但不会随着人类社会的发展而丧失其存在的价值，相反，它会越来越有生命力，只要它不断地更新，不断地从对人类的关怀中吸取自我发展的动力。

(二)社会科学的自我反思

比一种理论实际研究了什么更为重要的，是一种理论向人们揭示了，什么是值得研究的。价值论的创始人在哲学发展中，在人类自我认识的发展中作出的最大的功绩，是他们向人们揭示了价值世界的存在，揭示了价值判断在人类认识中的作用，开拓了一个新的哲学研究领域。它使人们对世界的看法发生根本性的转变。或许价值论研究者对具体问题的研究及所达到的结论，并不尽如人意，有时甚至还有迂腐之嫌，但它给人们提供了一种新的思维方式，一种新的视野，这是功不可没的。自价值论产生后，哲学的世界图景变了，价值世界凸显在人们面前；世

---

① ［德］埃德蒙德·胡塞尔：《欧洲科学危机和超验现象学》，5～7页，上海，上海译文出版社，1988。

界的图景变了，人们仿佛到处都驱逐不了价值的幽灵；人们的信念变了，过去信以为真的、从未质疑的，开始质疑了，在这种质疑中，作祟的仍是"价值"。20世纪是一个反思的世纪，是人类自我反省的世纪。价值论的诞生成了这一自我反省的灵魂。这种反省正是从关切人类生活各个领域的社会科学开始的。

1. 20世纪伦理学

弗兰西斯·培根在《论善恶的特征》中开宗明义："需要仔细考虑的问题在于，什么是善，什么是恶，什么是较大的善，什么是较小的恶。"①"什么是善，什么是恶"，这是20世纪以前的伦理学家主要关心的问题，但20世纪伦理学却发生了很大的变化，它更关心的是"善是什么"。被推崇为20世纪西方伦理学的开创者的乔治·爱德华·摩尔开拓了伦理学的一个新领域：元伦理学。元伦理学的核心问题就是"善是什么"。不同于以往伦理学，元伦理学强调，伦理学的任务不是制订或论证规范(什么是善)，不是劝人们接受某种道德规范，而是分析伦理学语言的意义和功能。正如查尔斯·L.斯蒂文森(又译为莱斯利·史蒂文森)在他的名著《伦理学与语言》中所说：其书的"第一个目的，是澄清诸如'善'、'正当'、'公正'、'应当'等等伦理学术语的意义。它的第二个目的，则是描述能够证明或论证道德判断的一般方法"②。

元伦理学的诞生，将伦理学提高到自我反思的层次。它使俨然以真

<hr>

① 转引自[美]威廉·K.弗兰克纳：《伦理学》，163页，北京，生活·读书·新知三联出版社，1987。

② [美]查尔斯·L.斯蒂文森：《伦理学与语言》，5页，北京，中国社会科学出版社，1991。

理化身自居、以训导世人为使命的伦理学革新换面，成了一种破除偶像崇拜、注重分析的具有现代分析哲学认识论性质的理论。这种理论不再是为了给人们以劝导，而是提出多种选择的可能性。正如赖辛巴哈在他的杰作《科学哲学的兴起》一书中所说的：旧式的哲学家提出一些准则，劝导他人如何生活，并答应他人，通过哲学书籍的充分研究，他就会知道什么是善，什么是恶。科学哲学家则非常坦率地告诉他人，如果他想知道怎样度过一个善的人生，他没有什么可以期待从哲学家的教导中得到的。科学哲学拒绝提供道德劝导，它鼓励使用认识思考去研究各种不同道德目的间的关系。至于选择则要由每一个人自己来做。对于寻求道德指导的回答与对于寻求确定性的回答是一样的，这二者都是对于不可获致的目的的要求。①

2. 20 世纪美学

20 世纪的美学家不再停留在对人们审美过程的反思上，而是进入了对美学理论本身的反思。分析哲学的出现在美学界引起了一场"地震"，它使传统的美的价值标准第一次面临着被否定的危险，同时使美学家传统的思维方式面临着巨大挑战。大多数传统美学家都着力于为艺术价值规定一系列的标准。在美学史上，这些标准被视为美的条件而被一代又一代的美学家所接受、所修正、所补充，直至 20 世纪初很少有人对这些价值标准提出根本性的质疑。② 但是，当代美学家却将过去曾被人视为艺术的根本标准甚至是艺术的特性的东西置于批判之下。艺术

---

　　① ［德］H. 赖辛巴哈：《科学哲学的兴起》，242～251 页，北京，商务印书馆，1983。

　　② ［美］M. 李普曼：《当代美学》，译者前言，14 页，北京，光明日报出版社，1986。

品的独特性、独创性、真实性和统一性等原来被视为不言而喻的公设，现在却日渐清楚地表明是有相当局限性的。① 分析哲学的影响，使美学家在哲学的层次上反思审美判断，研究审美判断的性质、特点、功能。20世纪的美学家意识到，在探究如何评价艺术品之前，最好先提出这样的问题：我们究竟有没有评价它们的需要或必要？换言之，审美评价应以什么为价值标准。②

3. 20世纪历史学

著名西方现代史学家柯林伍德曾说过："哲学是反思的。进行哲学思考的头脑决不是简单地思考一个对象而已；当它思考任何一个对象时，它同时总是思考着它自身对那个对象的思想。因此哲学也可以叫做第二级的思想，即对于思想的思想。"③

在20世纪历史学中产生了一种新的历史哲学，一种对历史研究活动进行反思的分析的历史哲学。经过克罗齐、柯林伍德、沃尔什等人的努力，"分析的历史哲学在西方思想界由附庸蔚为大观，渐渐有成为历史理论与史学理论中的显学之势"④。柯林伍德曾对历史哲学作过这样的分类："哲学家就其思考历史的主观方面而言，就是一个认识论学家，

① ［美］M. 李普曼：《当代美学》，译者前言，58页，北京，光明日报出版社，1986。
② 同上书，458页。
③ ［英］R. G. 柯林伍德：《历史的观念》，1～2页，北京，中国社会科学出版社，1986。
④ ［英］沃尔什：《历史哲学——导论》，译序一，1页，北京，社会科学文献出版社，1991。

就其思考历史的客观方面而言，就是一个形而上学家。"①尽管在历史哲学那里这两者是统一的，但思辨的历史哲学侧重于讨论人是怎样创造历史的，历史是怎样演进的，即历史的形而上学。而分析的历史哲学所关心的是历史的认识论，即人是怎样写历史的。恰如康德从人的认识能力入手去研究认识论，分析的历史哲学的出发点可以说是，在历史学中如果不首先认识历史认识的能力与性质就要去奢谈历史的本质或规律，就会像飞鸟要超过自己的影子，是一桩完全不可能的事。于是对历史的性质的研究，就转化为对历史认识的性质的研究，进而转化为对历史学家进行历史思维的性质的研究，对历史学家进行历史解说的性质的研究。"如果说，19 世纪西方史学思想主潮是朝着兰克式的'客观如实'的方向前进的，那么当代史学思想的主潮就是朝着反兰克式的方向在前进的。"②分析的历史哲学家们对历史学家的主观方面进行了认识论的研究，揭示了历史学家本人的见解在写历史过程中的重要作用。他们认识到历史学家每个人都各以自己的哲学观点在探索过去，而这对他们解说历史的方式有着决定性的影响。因此，对于相同的史料，可以得出各不相同的历史构图。就历史图像的形成来说，历史学家本人的哲学见解作为历史研究的前提是先天的、立法的。每个时代、每位历史学家对历史不断形成新的理解，这不仅是由于不断地有新的史料的发现，更是由于人们的思想观念在不断形成新的网络。历史学家的价值观念是历史研究

---

① ［英］R. G. 柯林伍德：《历史的观念》，3 页，北京，中国社会科学出版社，1986。

② ［英］沃尔什：《历史哲学——导论》，译序一，2 页，北京，社会科学文献出版社，1991。

的前提，它左右着历史图像的形成。历史学的客观性必须而且必然要受
到历史学家价值观的制约。① 因此，兰克的客观主义理想只是一种幻
想。历史学不可能是价值无涉区。历史学并不是单纯叙述一连串的事
迹，其中不可避免地包含历史学家本人所作的评价。法国年鉴学派创始
人马克·布洛赫也认为，历史之所以有意义，只是相对于参照一套我们
有意识地接受的道德体系而言。没有这一前提假设，就不可能有对于历
史的理解。历史理解与自然科学的理解不同，其本身就是一种评价。②
分析的历史哲学还十分强调把历史认识作为人类认识的一个重要领域来
研究，强调历史认识与科学认识的不同。柯林伍德认为，除数学和科学
外，历史是人类求知的第三条途径。沃尔什在他的《历史哲学——导论》
第一版序言中也表达了类似的思想。历史学最强的特殊性之一，恐怕不
能不说是历史学家的研究观念在写历史中具有重要的甚至决定性的作
用。历史哲学对历史研究的反思向哲学研究展示了一种新的可能：价值
论与认识论的结合。

4. 现代政治学

现代政治学也得出了与历史学相似的结论。政治学家们认识到，各
种政治探讨都涉及含蓄的或明显的政治理论建设。政治学离不开资料的

---

① ［英］沃尔什：《历史哲学——导论》，译序一，5～6页，北京，社会科学文献出
版社，1991。

② ［英］沃尔什：《历史哲学——导论》，译序二，22～23页，北京，社会科学文献
出版社，1991。［法］马克·布洛赫：《历史学家的技艺》，101～105页，上海，上海社会
科学院出版社，1992。

选择，而选择资料的标准含有判断，如果没有理论，判断就没有意义可言。① 詹姆斯·A. 古尔德和文森特·V. 瑟斯比在《现代政治思想》一书中说，尽管不时发生试图对政治学制订出一种取消价值的方法，但他们认为，"所有的政治分析——从苏格拉底到萨特——都需要价值判断。如果所有的政治论文都充满了价值的论述，那么，问题就不是一种取消价值的科学如何才能建立起来，而是，首先，什么价值判断和必须作出什么样的价值判断；其次，如何去论证这些价值判断。"② 利奥·斯特劳斯说，"没有价值"的政治科学是不可能的；否认价值判断，是建立在认为人类理性不能从本质上解决不同的价值观念或价值体系之间的冲突这类假设之上的。但是，这类假设，尽管一般说来已得到充分确认，却从来没有被证实过。归根结底，价值判断不受理性制约的信念鼓励了对有关正确与错误或好与坏作出不负责任论断的倾向。人们回避认真讨论这些严肃的问题，并用简单的办法把这些问题作为价值问题打发掉。③

5. 现代社会学

近代，自然科学在人类知识体系中享有至高无上的殊荣。为了取得生存的权利，不少学科着力于论证自己与科学的一致。被称为社会学的创始人的孔德提出了社会学理论的一个基本信念：社会的自然科学。他力图使社会学作为一门像自然科学一样的精确科学，一门价值无涉的科

---

① ［美］詹姆斯·A. 古尔德、文森特·V. 瑟斯比：《现代政治思想——关于领域、价值和趋向的问题》，443、448 页，北京，商务印书馆，1985。引文有改动。

② 同上书，343 页。

③ 同上书，58～70 页。

学。但是，他的这一信念"却几乎没有得到大家的公认"①。美国社会学家乔纳森·H. 特纳提供了社会学作为一门科学的一些观点，总结了一种用以解释社会事物和产生有关人类事务知识的信念系统，并指出，这一类型体系提出两个基本问题：知识研究是评价性的还是价值中立的？知识的发展是关于实际经验事件及其过程，还是有关非经验的现实？换言之，知识应该告诉我们"是什么"还是"应该是什么"②。特纳指出，科学是建立在这样的假设上的：它相信知识能摆脱价值判断。③ 那么，社会学能摆脱价值判断吗？

美国社会学家 D. P. 约翰逊在其《社会学理论》一书中写了，社会学理论像任何其他科学的理论一样，它的巨大基础是未明说的假定。从一种狭义上讲，这些假定没有必要作为理论的一部分，但它们确实影响着理论被提出的方式。这些假定包含社会学家对他们的主题的基本意象，他们用以描述和分析这一主题的概念选择、为调查而对具体问题的挑选以及在分析过程中所运用的策略，同时也包括社会学家的基本价值前提。虽然一位科学的理论工作者总是尽力做到客观和价值中立，但是他的价值观不可避免地要影响到他作为科学家所作的研究工作。影响着科学家选择什么特定问题或领域进行研究的价值观是值得研究的。④ 不管社会理论家们的价值取向或政治倾向是外显的还是内隐的，我们都必须

---

① [美]乔纳森·H. 特纳：《现代西方社会学理论》，2 页，天津，天津人民出版社，1988。

② 同上书，2～3 页。

③ 同上书，3 页。

④ [美]D. P. 约翰逊：《社会学理论》，61～62 页，北京，国际文化出版公司，1988。

意识到这些倾向，并对它们可能对社会学的分析产生什么影响十分敏感。特别是当我们评价那些用客观性和价值中立的辞藻来掩盖其潜在价值倾向的社会学分析时，这一点尤其重要。一个社会学家选定调查社会现实的某一特定方面而非另一方面，至少，这一事实有可能暴露出有关潜在价值倾向的某种东西。① 约翰逊说，正像对于隐含的价值一样，我们并不要求从正式的理论分析中消除隐含的假设，我们仅仅提醒读者要密切注意所有理论所依靠的未加陈述的假设。② 约翰逊认为，社会学理论不能原封不动地照搬自然科学的目标和方法。一方面，社会学的科学的理想要求将社会现实看作客观真实的；另一方面，它也承认社会现实是由社会加以制造的性质，它的主观范围及它象征性的特征，使符合自然科学的模式在某种程度上变得很困难和很可疑。③

(三)对反思的反思

经过价值论先驱者的不懈地呼吁与论证，经过 20 世纪社会科学各主要学科站在价值论立场上的自我反思，价值世界的存在，价值在人类认识中的重要地位，似乎已不用再加以论证。需要研究的是价值世界究竟是怎样的一个世界，人是怎样把握这个世界，又是怎样创造和利用这个世界的。价值的本质、价值的认识、价值的创造和价值的实现就构成了价值论研究的新问题。在价值论的这一系列问题中，从解决问题的角

---

① ［美］D. P. 约翰逊：《社会学理论》，63～64 页，北京，国际文化出版公司，1988。

② 同上书，64 页。

③ 同上书，84 页。

度说，对价值认识的研究就构成了这一系列问题的核心。从逻辑上说，价值的本质是价值认识的前提。就历史而言，在价值论创始之际，哲学家们为了说清楚他们的主张，也将价值是什么的问题放在首位。然而，价值论的研究历史同时也告诉我们，如果停留在价值是什么而论价值是什么，必将因其空洞抽象而陷入思辨哲学的窠臼而无助于问题的解决。想要真正弄清价值是什么，就应该看人们在实际生活中是怎样使用价值这一概念的，是怎样判断价值的。价值的本质不是脱离人类生活而独立存在的，它的要义就在人们的实际判断活动之中。因此，对价值本质的研究，必须与对价值认识的研究联系起来，通过对价值认识的研究而加深对价值本质的了解。而对价值认识的研究就是对人类评价活动的研究。对于评价活动的研究，不仅是把握价值本质的必经之路，而且是研究如何创造价值，如何实现价值的必经之路。人们并不是创造了价值，才来评定这是不是价值，这有没有价值；而是先确定这有没有价值，有什么价值，才决定是否将其创造出来。同样，价值的实现，也离不开评价，评价是价值实现的重要途径。评价本身不能创造价值，但评价可以揭示价值的存在，使人们意识到价值的存在，这无疑是价值实现的重要途径。没有意识到的价值，不能说不存在，但意识到了的价值，对于主体而言才是更真实、更现实的存在。

将价值世界在观念中独立起来，确立下来，是价值论的创始者所作的最主要的工作。由此出发，深入地研究价值论创始者所未能深入研究的评价问题，是我们应做的工作。说价值论中评价理论的研究远远不足，这不是对前辈的责难，而仅是为自己确立研究的任务。江畅博士在对现代西方价值理论研究之后，对评价理论的研究作出这样的判断：

"从总体上看，西方评价理论缺乏系统的、相对独立的研究。这也是各派理论之所以存在着较大片面性和缺陷的重要原因。……可以说评价理论研究只是一定哲学流派哲学研究的副产品。虽然早在1939年杜威就在他的《评价理论》中提出了建立系统的评价理论的纲要，但不无遗憾的是，这种系统的评价理论无论在哪位学者那里都没有真正建立起来。就研究成果而言，到目前为止，除了杜威的《评价理论》这本小册子之外，还没有发现系统研究评价问题的专门著作。……在国际《价值探讨》杂志1990年所发表的文章中，几乎没有一篇关于评价的文章，这也许反映了西方评价理论研究的不景气。"[①]正如江畅博士所说："西方评价理论研究的缺陷和失误给我们的最重要的启示是，我们应当立足于人的评价活动，并把它置于社会生活实际中来系统研究评价问题，建立起尽可能完备的评价理论体系。"[②]江畅博士所说的，正是本书的理想。

(四)在认识论与价值论交点上的评价

评价作为认识价值的一种观念性活动，既属于价值论研究的范围，也属于认识论研究的范围。

"认识论"一词来自古希腊文，由"知识"和"学说"两个词组成，认识论即关于知识的学说。这是认识论最古老和最基本的含义。认识论以认识本身为对象，研究认识发展的一般过程、特点及其规律。它是一门以思想本身为内容，力求思想自觉为思想的反思性学科。既然认识论是对

---

① 江畅：《现代西方价值理论研究》，326页，西安，陕西师范大学出版社，1992。
② 同上书，326页。

人类认识的反思，那么在人类认识中实际存在的评价活动——对客体意义的观念性把握，理应是认识论的一个部分。但是在以往的认识论中，评价并没有成为其中的一个部分，并没有被作为人的认识活动的一种类型而得到研究。

古代与近代认识论由于研究范围的局限而形成的偏见，使评价未能被当作认识论的对象。古代和近代认识论是以人对自然的认识为对象的，探讨的是人认识自然的方法和途径。弗兰西斯·培根有句名言："人作为自然界的臣相和解释者，他所能做、所能懂的只是如他在事实中或思想中对自然进程所已观察到的那样多，也仅仅那样多；在此之外，他是既无所知，亦不能有所作为。"①弗里德里希·恩格斯曾说过："人的思维的最本质的和最切近的基础，正是人所引起的自然界的变化，而不仅仅是自然界本身；人在怎样的程度上学会改变自然界，人的智力就在怎样的程度上发展起来。"②在改造大自然的实践中人类意识到，要命令自然，就必须服从自然；要服从自然，就必须认识自然。将自然作为人类认识的对象，将认识自然的方法作为认识论的主题。在古代和经过黑暗的中世纪而迎来的近代，这都被认为是理所当然的。但是如果把认识自然的方法当作认识论的唯一课题，那么就可能形成对认识的偏见。这种可能，在西方认识论发展史中变成了现实。

在探讨人认识自然的方法的过程中，唯物主义哲学家们形成了这样的偏见：要达到真理，就必须排斥人的主观因素。这成为唯物主义哲学

---

① ［英］培根：《新工具》，7 页，北京，商务印书馆，1984。
② 《马克思恩格斯选集》第 4 卷，329 页，北京，人民出版社，1995。

家的基本信念；人实际上无法排除主观因素，因此，人们不可能达到真理，这是在与唯物主义者同样的前提下，怀疑主义者的基本见解；不仅人的认识不可能排除主观因素，而且世界本来就是由人的主观感知组成的，"存在就是被感知"，唯心主义者的这种极端化与前两者观点的前提并不矛盾。他们所共同信守的是主观与客观是不相容的，要么是纯粹的客观性，要么是纯粹的主观性。这种形而上学的思维方式，使唯物主义哲学家将人的主观因素视若认识之大敌，他们力求排除一切主观因素，以达到认识与认识对象的完全重合。古老的真理符合论正是这一信念的象征。

当认识对象是自然界时，哲学家所要排除的主观因素是人类共同具有的主观性，如巴门尼德说的"茫然的眼睛""轰鸣的耳朵和舌头"对发现真理所形成的阻隔。普罗泰戈拉的隽句"人是万物的尺度"，说的也仅是人的感觉是事物的尺度，人的感觉对达到真理形成了障碍。尽管人类的这种主观因素是无法完全排除（甚至无法排除）的，但唯物主义哲学家仍然坚持：只有排除了主观因素，才能达到认识与对象的符合。"排除主观因素"，成了唯物主义认识论的旗帜。而评价恰好是与这一理想背道而驰的。评价要以人的需要为尺度，不仅评价不能排斥主观因素，而且这种主观因素还成为评价的核心。在哲学家们竭力要排除的主观因素中，情感因素首当其冲。"在哲学中，甚至在日常生活中，最常见的事情就是谈论理性与情感的斗争，就是重视理性。"①情感被理性和真理所反对，而评价却具有鲜明的情感色彩。在古代和近代哲学中，尤其在近

---

① ［英］休谟：《人性论》，451 页，北京，商务印书馆，1980。

代哲学中，追求认识的普效性、确定性被当作认识论的最高准则。但评价却与此大相径庭，因人、因时、因情势不同而不同的显著特征掩盖了它的确定性、普效性。由于评价与古代和近代认识论的基本信念是如此的格格不入，所以，不论古代或近代认识论都未把评价列入认识论范围是有其逻辑必然性的。在西方近代哲学发展的最高阶段——德国古典哲学的康德那里，人的认识与评价被截然隔离在不同的领域。

并不因为认识对象是自然，评价就不存在。人们在认识自然界时，不仅要认识自然界本身的存在与发展规律，而且要认识自然界对人的意义。但是，由于在自然界与人的关系中，人类的需要的共性远远超过其差异性，所以，当认识论的目光仅停留在自然界与人的关系时，尤其是在人改造自然尚未受到自然的残酷报复时，人们很难意识到研究评价的意义。如果认识论将人对社会的认识作为自己的对象（在古代和近代哲学中虽包含着不少对社会的见解，却没有关于社会认识的见解），那么人们就将看到社会认识中所存在的明显的冲突，就将意识到评价与认知的差异，从而意识到将评价作为认识论研究的一个独特问题所具有的价值。但这在将对自然界的认识作为唯一的认识论研究对象的古代和近代认识论中不是现实。

古代认识论和近代认识论将人类认识自然的方法当作人类唯一的认识方法，唯物主义哲学家把客观性原则当作认识真理性的最高原则，这形成了一种认识论的定势。马克思曾说过："唯物主义在它的第一个创始人培根那里，还在朴素的形式下包含着全面发展的萌芽。物质带着诗意的感性光辉对人的全身心发出微笑。……唯物主义在以后的发展中变得片面了。……唯物主义变得敌视人了。为了在自己的领域内克服敌视人的、毫无血肉的精神，唯物主义只好抑制自己的情欲，当一个禁欲主义者。"①这种定势不仅影响了当时的哲学家，使他们未能意识到评价在人类认识中的地位，同时也制约了当代的哲学家：拒斥评价纳入认识论领域的，以其不具有客观性为理由；而欲接纳评价，为评价在认识论中争取生存权利的，则以评价与认知具有共同的客观性（其中不乏以牺牲评价本身特点、削评价之足适认知之履为代价）为论据。

现代认识论的研究范围有了较大幅度的拓展。它不仅保留了对原来认识论关于认识自然的途径、方式和可能性等问题的探讨，而且拓展到社会认识领域，最富有成效的是：对历史研究的反思、对道德命令的反思、对审美原则的反思和对决策理论的研究等。即使对科学认识的研究，也突破了原认识论的界限，拓展了对科学认识论本身的反思（认识论的更高层次）。认识论研究对象的拓展，开阔了人们的视野，使人们看到"评价"在认识中的作用。于是"认知"一统认识论之天下的局面被打破了。

20世纪人文科学、社会科学、科学哲学的自我反思，尤其是价值论的诞生，使认识论的发展找到了新的起点，它标志着认识论的发展已进入一个新的阶段。在这个新的阶段，人们的目光已不仅注视着自然，而且注视着社会；不仅注视着人认识自然的方法，也注视着人认识社会、认识自身的方法。在人们的思维方式中，纯主体、纯客体两者水火不相容的形而上学观念正在逐渐被破除，人们看到了主体和客体的相互交融，看到了它们之间除了认知之外更复杂的关系，乃至这些复杂关系

---

① 《马克思恩格斯全集》第 2 卷，163～164 页，北京，人民出版社，1957。

之间的相互影响。人们越来越意识到,认识自然的方式仅仅是人认识方式中的一种,而且在认识自然的方式中,也不仅仅有清寂、洁净的认知,在其中还有情感的奔涌,有价值判断,有社会生活的折射。人们在已经将认识放在真空中,抽象性地研究了理想模型后,才更感到这种抽象化、理想化的局限,才更感到将其放入真实的生活中,把握它复杂形态的必要。于是人们不再把在近代看来是阻碍真理的情感、价值判断,看成是认识的恶魔,而是重估它们在认识中的地位和意义。在对价值判断的研究中,虽然人们仍念念不忘审美判断和道德判断这两种基本的类型,但现在的研究却远远超出了对这两种类型的探索。科学评价的合理性在科学哲学中的地位日益显要,决策合理性在社会管理中日益受到人们的重视等,这些都使对价值判断的研究进入了一个更为广阔的领域。伦理学家和美学家在对道德判断和审美判断的反思中,将其研究推至一个更高的层次。因此,20 世纪社会科学、人文科学的发展,从深度和广度上都为评价活动的研究提供了重要的理论氛围和真知灼见,使我们有可能踩在巨人的肩膀上,展望评价更为广阔的天地。前人艰苦卓绝的劳作,预示了认识论研究的一条新途径,但对这一问题的探索,对这一新天地的开拓仍需要我们付出艰辛的努力。

尽管人们已意识到价值判断在社会科学、人文科学乃至自然科学的研究中非但是不可祛除的,而且是无须祛除的;尽管人们已看到评价在人类生活中具有重要意义,意识到它在社会管理、各类决策中占据重要位置,但是,认识论尚未将评价作为一种特殊类型的认识活动来进行专门研究。人们看到的更多的是价值判断的作用,而对价值判断本身机制、特点的研究尚嫌不足。而且在论及价值判断时,往往很难完全摆脱近代哲学的偏见，于是常常把价值判断当成一种偏好、情绪的表达。哲学家们对价值判断无论是褒或贬，在价值判断主要是人的情感表达这一点上似乎达成了一种默契。而且因此而拒斥将评价纳入认识论研究领域的势力仍很强大。逻辑实证主义就是以此为由强烈地拒斥评价的。卡尔纳普认为，实际上一个价值陈述只不过是在迷惑人的语法形式中的一项命令。它既不是真的也不是假的。它不断定任何东西，因而既不能被证明也不能被否证。它只不过是一种愿望的表达而已。所以哲学必须拒斥这种既不真又不假的形而上学命题。① 罗素说，"关于'价值'的问题完全是在知识的范围以外"②。"当我们断言这个或那个具有'价值'时，我们是在表达我们自己的感情，而不是在表达一个即使我们个人的感情各不相同但却仍然是可靠的事实。"③ 如果两个人在价值问题上意见不一，那么他们不是对任何一种真理有不同看法，而是一种口味的不同。④ 艾耶尔在他那本被视为逻辑实证主义通俗读本的《语言、真理与逻辑》中，详尽而清晰地表达了他对将价值问题的知识作为知识的类型，或者说将价值判断作为认识的一种形式的拒斥。⑤ 因为价值判断只是一种情感的表达，它不是关于事实的判断，它不能像认知一样，既不真也不假，所以它不属于认识的范围，它是认识论应该拒斥的——这就是逻辑实证主

---

① 转引自[美]M. 怀特：《分析的时代——二十世纪的哲学家》，220～221页，北京，商务印书馆，1981。

② [英]罗素：《宗教与科学》，123页，北京，商务印书馆，1982。

③ 同上书，127页。

④ 同上书，127页。

⑤ [英]A. L. 艾耶尔：《语言、真理与逻辑》，116～130页，上海，上海译文出版社，1981。

义的论证，同时也是元伦理学中非认识主义的共同见解。

逻辑实证主义对价值判断的这种见解，使 20 世纪伦理学、美学、历史学，甚至科学哲学都带有一种浓郁的被称为相对主义的色调。如艾耶尔所说，伦理判断没有效准，在具有不同的道德价值观的人之间不可能判明是非；因为没有是非，我们不可能提出任何论证去证明我们的系统更优越。我们在处理有别于事实的纯粹价值问题时，理屈词穷，论证无法进行，我们最后只得乞助于谩骂。①

宾克莱在《理想的冲突》一书中写道："我们的时代常被称为相对主义的时代。在所谓爵士音乐式时代的二十年代中，沃尔特·李普曼观察到'一些现代性的酸'已经使过去各种宗教式的笃信溶解了。"②关于所有价值都是相对的这个信念，一种流行的解释就是认为所有价值都是随意定的，并不是以理性为根据的。依据这个观点，个人的任何行为都没有理性的理由可说，救一个人的性命正如犯了杀人罪一样是非理性的。③

先哲们留下的瑰丽宝藏和环绕着评价的种种谜团，更让人感到研究评价活动的必要和迫切。

---

① ［英］A. L. 艾耶尔：《语言、真理与逻辑》，116～130 页，上海，上海译文出版社，1981。

② ［美］L. J. 宾克莱：《理想的冲突——西方社会中变化着的价值观念》，6 页，北京，商务印书馆，1983。

③ 同上书，9 页。

三、评价理论的建构

(一)评价的本质

评价是人类的一种认识活动。它与认识世界"是什么"的认知活动不同，它是一种以把握世界的意义或价值为目的的认识活动，即它所要揭示的不是世界是什么，而是世界对于人意味着什么，世界对人有什么意义。

在现实中人与世界的关系具有三种基本类型，即认识与被认识、改造与被改造和利用与被利用。世界是人认识的对象、改造的对象，同时又是人赖以生存的对象。在这三重关系中，认识是改造的前提，改造是认识的目的；而认识与改造都是利用的手段，利用是认识与改造的目的。如前所说，人类的生存方式与人类生活的特点就是合规律、合目的地改造客观世界，以满足人类的需要。人类对于客观世界的利用是以改造为前提、为手段的，人类所利用的世界，实际上是人为了满足自己的需要而改造的和在原有基础上创新了的世界。正因如此，人对世界的认识就不仅要认识世界本身是什么，世界的运动规律是什么，而且要掌握世界对人的意义，掌握哪些是对人有利的，是人可以利用的，而哪些是对人有害的，人应避免的，哪些是经过改造后可利用的，以及在现有的基础上我们可以创造一个什么样的价值世界为人所利用，等等。人的认识有两种不同的取向：一是揭示世界的本来面目，二是揭示世界的意义或价值。前者曾是认识论全神贯注的问题，后者是认识论未曾关注，但却应加倍关注的问题。前者可称为认知，后者可称为评价。因此，在认识活动中，评价的定位是：一种以揭示客观世界的价值，观念地建构价值世界的认识活动。在人类活动序列中，评价的定位是：一种相较于认知更接近于实践（改造世界）活动的认识活动。评价是以认知为基础的，将认知包含于自身的，更高一级的认识活动。实践既基于对客观规律本身的认识，又基于对满足人的需要的价值关系的认识。世界本身的规律和世界对人的价值，就构成了实践活动的两个尺度：其一称为合规律，其二称为合目的。

所谓价值，就其深层而言，是指客体与主体需要的关系，即客体满足人的需要的关系。当客体满足了主体的需要时，客体对主体而言是有价值的；当客体部分地满足了主体的需要时，客体对于主体而言具有部分价值；当客体不能满足主体需要时，客体对主体是无价值的；而当客体损害了主体的利益时，客体对于主体具有负价值；当客体尚未满足主体的需要，但却具有满足主体需要的可能时，客体对主体具有潜在的价值；当客体尚未损害主体的利益，但有可能损害主体时，客体对主体具有潜在的危险，即潜在的负价值。就其表层而言，价值是客体满足了主体需要而产生的一种效应。它是一种效果，一种可以感知的存在。当这一效果不是可能的而是现实的时，它与世界的其他现象具有共同的特点：它是外在的、表面的、多变的、丰富多彩的、可以直接认识的。而产生这一效应的主体与客体之间的关系却是内在的、深藏的、不能直接认识的。评价主要不是对已有的这种效果与这种现象的把握，而是对其深藏的作为产生这一效果的主体与客体关系的把握。它主要不是将现有的价值世界映射在人的脑海里，而是运用思维的能动性、创造性去揭示现象背后的价值关系，建构未来的价值世界。因此，评价的对象是主体与客体之间的价值关系。

　　"对象"一词的意义颇为含混。《现代汉语词典（第7版）》的一种解释是：行动或思考时作为目标的人或事物。指行动的客体或思考的客体。行动的客体，是可以通过感官而直接把握的客体，思考的客体却不是通过感官可以直接把握的客体；行动的对象只能是现象，而不能是本质；效果是可以观察的，而关系则是不可观察的。关系是事物内部的相互作用、相互制约和相互影响，这不是仅靠观察便可把握的，而必须是通过观察、借助观察、依靠理性才能把握的。现象和本质是不能等同的，效果和关系也是不能等同的，"如果事物的表现形式和事物的本质会直接合而为一，一切科学就都成为多余的了"①。行动的对象不等于思考的对象，尽管它们之间有联系，可以由此及彼，但它们却不是等同的。所以，我们必须明确地说，所谓评价的对象是主体与客体之间的价值关系，是指评价作为一种认识活动，它的目标是揭示主体与客体之间的价值关系，它思考的对象是主体与客体之间的价值关系。

　　因为评价是一种观念活动，是一种在观念中建构价值世界的活动，所以它不可能是一种本能活动，尽管它是由本能活动发展而来，并以本能活动为基础的。如前所说，本能活动的机制之一是趋利避害，这可以说是评价的前形式。人类仍然保持了这种前形式，而且，在与人的身体有直接关系的方面，这种准评价仍然起着重要的作用。但是，人类的活动已远远超出了生理需要的范围，即使是人的生理需要也大部分或者说绝大部分都社会化了，具有了社会的形式，同人的社会活动紧密地联系在一起了。因此，仅以身体的感觉器官来反应客观世界的活动已成为人

---

① 《资本论》第3卷，925页，北京，人民出版社，2004。

类活动中非常小的一部分,尽管它仍很重要。人类活动领域的拓展,使评价活动远远地超出了本能,超出了生理需要的局限。换言之,本能活动已不是人掌握世界的主要手段,人对价值世界的把握是以观念活动为特征的评价。手遇火而缩回,眼遇强光而回避,这不是评价的结果,这只是本能的反应。

(二)评价的特点

评价的目的是要揭示主体与客体之间的价值关系,在观念中建构价值世界,那么评价者如何才能做到这一点呢?是如何做到这一点的呢?

在价值理论中较有代表性的有以下三种假说。其一是直觉主义假说。直觉主义认为,价值是事物本身固有的一种属性,评价所表达的就是事物的这种客观的性质。对于这种客观的性质,不能通过经验认识的方式来给它们下定义,而只能通过直觉的方式来把握它。直觉主义认为,通过直觉作出的判定是客观的、绝对的、普遍有效的,是必然符合价值的。其二是自然主义假说。自然主义认为,事物本身不具有价值,价值完全取决于主体的需要,主体所需要的,所追求的就是有价值的,无论对象是否现实地存在着。因此,评价实质上不过是人的主观需求的表达,它不具有普遍有效性。其三是情感主义假说。在情感主义者看来,评价既不表达经验事实,也不是直觉所把握的某种性质,它所表达的是情感、态度、欲望。它没有真假之分,严格说来也没有普遍的客观有效性。①

以上三种假说对于把握评价的特点都颇有启发，但它们也各有局限。在现实评价中，直觉的确是把握客体价值的一种方式，但它却不是唯一的方式。同时直觉主义关于价值的假说也难以让人信服。因为，既然价值仅是客体的一种属性，那么为什么对于这种属性就必然要用不同于认知的认识方式（如直觉）来把握，而不能用认识客体其他属性的认识方式来把握呢？而且这种学说主要以道德判断为蓝本，他们所说的是对善与恶的直觉，而就现实人们的善恶评价而言，善与恶的尺度刚好是社会教育的结果，是社会发展到一定阶段的产物，人们并不存在一种超验的先天的直觉力，人们对善恶的直觉不过是长期教育潜移默化的结果，是以社会道德规范为尺度的评价过程浓缩化了的结果。如果将价值判断诉诸这种神秘的无根基的直觉，实际上等于宣判了价值研究的死刑，因为人们不能从这种研究中得到任何有益的启示，而只能祈祷直觉灵感的降临。

自然主义的假说也说出了评价的一个重要特点，评价的确与主体的需要息息相关。问题是如果说人所想要的就是有价值的，那么反过来是不是也可以成立呢——是因为有价值所以人才想要，人想要的只是有价值的东西。如果反过来也可以成立的话，那么到底是鸡生蛋，还是蛋生鸡恐怕就很难说清楚了。况且依据这种理论，人们要把握的就只是自己想要什么，把握的只是自己的愿望，那么这又如何能使人实现这种愿望

---

① 江畅：《现代西方价值理论研究》，305～307 页，西安，陕西师范大学出版社，1992。

呢？人总不能只生活在幻想中吧。评价是为了能够达到满足人的需要的目的的一种手段，人们知道自己需要什么的确十分重要，但知道如何才能满足这种需要难道不是更为重要吗？情感主义的假说，也如同自然主义的假说，它虽说出了评价的一个特点，即评价表达情感，也唤起情感，但评价却不是也不能仅仅表达主体的情感。评价必须能够告诉人们什么是值得追求的，什么是能够追求的，而不能仅仅说什么是我喜欢的我想追求的。

在前人研究的基础上，可以提出以下一种既不同于直觉主义，也不同于自然主义和情感主义的假说。这属于认识主义的假说。

第一，价值的实质是主体与客体之间的一种特殊关系，即客体满足主体需要的关系。既然是关系，它就必然包含关系的双方，而不能仅是关系中的一端。琴瑟不弹不响，美妙的乐曲，既不是单纯地出自手指，也不是单纯地出自琴弦，而是手指拨动琴弦的结果。价值并不能依赖评价而存在，评价所能做的是揭示价值关系，而不是制造价值关系，它可以引导人们去创造价值，却不能单靠评价自身就把价值关系创造出来。因此，评价仍应遵循唯物主义认识论的基本原则，把揭示不依赖评价而存在的价值关系作为自己的目标。

第二，评价作为把握客观存在的价值关系的一种观念性活动，它具有自己独特的运作方式。评价活动包含两层关系：第一层是评价主体与评价客体的关系，评价客体即评价活动所要揭示的对象，也就是价值关系；第二层关系是价值主体与价值客体的关系，即价值关系的两端之间的关系。评价也就是要揭示价值主体与价值客体的关系。而价值主体，在价值关系中不是以实体的形态存在的，而是以价值主体的需要的形式存在的，即评价实际所把握的是价值主体的需要与价值客体的属性与功能的关系。那么，从逻辑上说，评价活动就具有这样的操作程序：一是，把握价值主体的需要；二是，把握价值客体的属性与功能；三是，以价值主体的需要衡量价值客体的属性与功能，判断价值客体是否能满足价值主体的需要。在这一活动中，评价的标准，就其实质而言，就是评价主体所把握的、所理解的价值主体的需要。

在价值关系中，任何一方的变化与不同都将使这一关系发生变化。其中价值主体需要的变化所导致的价值关系的变化，最引人注目。就同一价值主体而言，其需要也是多方面、多维度的，相对于这一维度而言，是有价值的客体；相对另一维度而言，可能是无价值的，甚至有可能是有负价值的。能满足人的物质需要的，不一定能满足人的精神需要；能满足人的情感需要的不一定能满足人的道德需要。因此，同一客体的同一方面与价值主体的不同需要就构成了不同的价值关系。就同一价值主体而言，因为其需要是随着主体的活动而变化的，所以这种变化前后的需要与同一客体也就构成了不同的价值关系。而不同的价值主体有可能由于不同的需要而与同一客体构成不同的价值关系，也可能由于相同的需要而与同一客体构成相同的价值关系。因此，价值关系的确部分地取决于价值主体的需要，而且由于价值主体的需要是衡量价值客体的尺度，是作出价值判断的尺度，所以在价值关系中，价值主体处于主动的、支配性的地位，因此会被人误解为评价就仅是反映价值主体的需要。而实际上，评价所反映的是评价者对这一价值关系的观念建构，而不只是对价值主体需要的观念建构。

评价主体与价值主体在逻辑上是不同的，价值主体属于评价客体中的一部分。事实上，两者既可能是合二为一完全重合的，也可能是部分重合的，还有一种可能就是完全不重合的。第一种情形，评价主体与价值主体完全重合。在这种情形中，评价者所判定的是价值客体对自己的意义、价值，这恐怕是人类生活中最为常见的一种情形，因此有人把这一情形说成是评价的唯一情形，其实不然。评价的第二种情形是评价者与价值主体部分重合，即评价者是价值主体中的一员。第三种情形是价值主体与评价主体完全不重合，这时的评价主体是一个价值关系的旁观者。对于这三种不同的情形，评价的过程实际上都是以评价者所把握的价值主体的需要为尺度衡量价值客体的意义。所以，在评价活动中，评价者对价值主体需要的把握就成为至关重要的因素。而无论是这种把握还是整个评价过程都离不开评价主体的心理背景系统，因此，假说的第三方面就是评价主体是在特定的评价情境中，受到评价主体心理背景系统的制约，而在知情意交互作用下进行评价的。通过这种评价，人们在评价主体的观念中建构了一个价值世界，这就是本书关于评价过程的假说。

本书后五章的逻辑结构是：首先分析评价主体，这一分析是通过分析评价主体的心理背景系统实现的。其次分析评价的心理运作过程，最后分析评价的心理运作过程的机制。第五章，将对评价的研究拓展至社会，拓展至主体间的交往关系，并力图揭示在这一交往关系中评价的规律与特点。本书的第六章是对评价的反思，是对评价规范的研究。如果说第二章至第五章是侧重描述评价的过程，或者说侧重于对评价现实形态的观念重建的话，那么第六章就是对评价的规范性建构，它所探讨的是什么是评价的合理性，评价应该怎样才是合理的。

　　│　　# 评价主体的心理背景系统

一、理论的前提

在 18 世纪，德国哲学家伊曼奴尔·康德，曾以一个其他哲学家未曾问过的问题，开始了他别开生面的认识论研究，这就是：认识是如何可能的？当我们今天面对评价这种独特的认识活动时，我们仍不得不从康德所提出的这一问题开始。

评价作为认识活动的一种，具有与认知活动相似的一面。作为评价活动的主体必须选择评价客体，选择评价的角度，必须获取和解释评价客体的信息，这种选择和解释是评价活动的前提。而这一活动的完成，依赖于评价主体在该次评价活动之前所具有的心理背景和认识图式。除了与认知相同的一面之外，评价活动还有其独有的特点。评价主体不仅要把握价值客体自身的信息，而且必须把握与价值客体相关的参照客体的信息，然后将这两类信息进行比较。参照客体的选择也同样依赖于评价主体在该次评价活动之前已有的知识背景。更为重要的是，评价是评价主体以一定的标准衡量客体意义的活动，而这标准，从其基本方面来说，是先于价值客体，先于当下评价活动的。这个先在的标准成为评价活动的核心，成为制约评价结果的直接因素。评价结论的不同，最主要的原因，是评价标准的不同。如按照中国时下流行的审美标准，唐朝的杨贵妃不可能是美人。如果按照唐朝流行的审美标准，赵飞燕大概不会获得沉鱼落雁之誉。因此，就评价而言，我们要问的是：收集、整理和解释评价信息的工具是什么？作为评价之核心的标准又来自何处？对第一个问题的回答，我们受益于康德与康德所启迪了的哲学家和心理学家。而对第二个问题的回答，我们却超出了康德，受益于以马克思命名的哲学。可以这样来概括这种回答：评价是以评价主体的心理背景和评价图式为前提的，而评价的图式不是评价主体生来就有的，它是评价主体在特定的文化背景中、特定的社会活动过程中逐渐形成的。对于当下的评价活动来说，评价的图式和评价的标准是先在的，但却不是先验的。它不是从来就有的，而是评价主体社会生活的产物。

伊曼奴尔·康德曾写过这样一段不太为我国学者重视的话："我生性是个探求者，我渴望知识，不断地要前进，有所发明才快乐，……卢梭纠正了我。我意想的优点消失了。我学会了尊重人，认为自己远不如寻常劳动者之有用，除非我相信我的哲学能替一切人恢复其为人的共同权利。"①或许这就是康德哲学的灵魂。在康德的认识论中，我们看到康德将被西方古代唯物主义和近代唯物主义所剥夺的一无所有的认识者，重新恢复了人的尊严。或许正是在这个意义上，汉斯·赖辛巴哈、卡尔·波普尔和伯特兰·罗素才说，康德哲学完成的是一次反哥白尼的革命，而不是如其所说的哥白尼式的革命，因为康德认识论的中心是人，而不是物。

在西方古代唯物主义和近代唯物主义认识论中，人是被动的，心灵是被动的。古希腊哲学家亚里士多德把人的心灵（"感觉的心灵"）比作"蜡块"，认为感觉就是外物印在蜡块上的痕迹。17世纪英国哲学家约翰·洛克的认识论的基本原则和出发点就是，人的心灵原本是一块"白板"。18世纪法国哲学家霍尔巴赫曾为感觉下过这样一个定义："所谓感觉，乃是一种被触动的特殊方式，……（'被'的重点是引者所加）。"正如卡尔·马克思在《关于费尔巴哈的提纲》中所说，"从前的一切唯物主义（包括费尔巴哈的唯物主义）的主要缺点是：对事物、现实、感性，只是从客体的或者直观的形式去理解，而不是把它们当作感性的人的活动，当作实践去理解，不是从主观方面去理解。所以，和唯物主义相反，能动的方面却被唯心主义抽象地发展了，当然，唯心主义是不知道真正现实的、感性的活动的"②。马克思指出，包括19世纪德国唯物主义哲学家费尔巴哈在内的以往的唯物主义哲学家，在认识论上的共同缺点，即没有看到人的能动的一面，没有看到认识的能动的一面。但是马

---

　　①　转引自［英］诺曼·康蒲·斯密：《康德〈纯粹理性批判〉解义》，39页，北京，商务印书馆，1961。

　　②　《马克思恩格斯全集》第3卷，6页，北京，人民出版社，1960。

克思尚没有明确地指出在认识的能动性一面中，包含着认识图式，而只是原则地认定人的认识是与人的实践活动紧密相关的，认识对象是实践活动的对象和结果。所以，在马克思主义哲学的传播中，马克思主义哲学认识论被简单地等同于旧唯物主义认识论。在被苏联化和 20 世纪 80 年代以前中国化的马克思主义认识论中，没有认识图式的位置。应该说，使我们清晰地认识到认识图式在认识中的作用的是伊曼奴尔·康德，是让·皮亚杰，是托马斯·库恩和现代解释学。

康德关于认识先验范畴的理论启发了让·皮亚杰，皮亚杰把认识图式的形成与演化及其在认识中的重要作用，作为他所创立的发生认识论的核心。作为心理学家的皮亚杰，通过大量心理学的研究，使这种认识图式理论具有了更强的可信性，同时，也使康德的哲学从晦涩的形式中解放出来，为人们所把握。皮亚杰的工作，为康德认识论中的这一珍宝拂去了历史的尘埃，使其获得了现代意义。而这又启发了 20 世纪另一个具有重要影响的哲学家托马斯·库恩。托马斯·库恩的"范式"理论引起了科学哲学的一场重大的革命，乃至人们谈到科学哲学时就不能不谈到库恩，谈到库恩时就不能不谈到"范式"。正如科学哲学的另一位哲学家劳丹所说："今天，在科学哲学、科学史和科学社会学中，没有一个活跃分子对科学合理性问题探索的方法不发生格式塔转换，这种转换是由于库恩影响了人们关于科学的看法而形成的。"①就中国年青一代马克思主义哲学或认识论研究者来说，几乎没有不受到让·皮亚杰和托马

---

① ［美］L. 劳丹：《科学与价值——科学的目的及其在科学争论中的作用》，序，5 页，福州，福建人民出版社，1989。

斯·库恩影响的。正是他们的观点，使这一代(不只是这一代)哲学家彻底否定了旧唯物主义关于心灵是一块白板、认识是被动的的见解。

另一个使我们清晰地意识到认识图式作用的哲学流派是现代解释学。现代解释学的开创者20世纪德国哲学家马丁·海德格尔在他的主要代表作《存在与时间》一书中写道："解释向来奠基在先行见到(Vorsicht)之中，它瞄着某种可解释状态，拿在先有中摄取到的东西'开刀'。""无论如何，解释一向已经断然地或有所保留地决定好了对某种概念方式表示赞同。解释奠基于一种先行掌握(Vorgriff)之中。""任何解释工作之初都必然有这种先入之见，它作为随着解释就已经'设定了的'东西是先行给定了的，这就是说，是在先行具有、先行见到和先行掌握中先行给定了的。"①现代解释学的另一著名代表格奥尔格·加达默尔在《真理与方法》一书中写道："如果我们想正确地对待人类的有限的历史的存在方式，那么我们就必须为前见概念根本恢复名誉，并承认有合理的前见存在。"②

如果说在十几年前现代解释学所谓"偏见是理解的前提"，还让人感到惊世骇俗的话，在今天，中国哲学家大概不会再对此深以为异，因为以上几个学派的思想快速和集中地涌入我国，已使传统认识论的防线彻底崩溃，承认人的认识有一个先在的前结构，承认认识图式在认识中的作用，几乎已成为一种新的"教条"。所以，我们所需要做的已经不是为

———————————

① [德]马丁·海德格尔：《存在与时间》，184页，北京，生活·读书·新知三联书店，1987。
② [德]汉斯-格奥尔格·加达默尔：《真理与方法——哲学解释学的基本特征》上卷，355页，上海，上海译文出版社，1992。

认识图式的合法地位呐喊，而是在承认认识图式的合法性的前提下，研究作为评价的前结构的内容与特点，研究评价的前结构的运作机制。

如果说康德把人作为认识论的中心，那么在康德那里的人还是不完整的。或许他过于尊重人的尊严了，在他的哲学中，人只是理性的化身。与其说他把人作为认识论的中心，不如说，他仅把人的理性作为认识论的中心，而这一理性是以先验范畴的形式展示自身的。康德的先验范畴在皮亚杰的认识论中演变为逻辑化了的认识图式，这种认识图式中包含了动作图式，于是在内涵上较康德的先验范畴有了进一步的拓展。在库恩的哲学中，"范式"虽然是康德的先验范畴和皮亚杰认识图式的逻辑延续，但它的内涵已囊括了人的信念等非理性的因素，内涵进一步丰富，外延进一步扩展。现代解释学所说的"先见"的内涵，是从功能上界定的，而具有这种功能的先见，其内涵与外延必将远远超过康德的先验范畴。因此，认识主体的认识背景在上述理论的发展中，呈现越来越丰富的趋势，作为认识论中心的人也越来越具有现实感。但毕竟还是局限于认识，而没有将人的其他活动与人的认识活动融为一体。

卡尔·马克思给我们的启示是：人首先是实践活动的主体。人的认识能力是在实践活动中获得的，认识取向是由实践活动的目的而确立的，人的认识是以人的实践为基础的。在人的实践活动中，人将外在于他的社会文化转化为内在的认识背景，凝聚了认识的图式、评价的标准。在马克思主义哲学中，人是历史的、具体的，是特定社会关系的产物和特定社会关系的创造者。因此，人的认识背景就其实质而言，是社会文化背景的缩影，在不同的社会文化背景中，人的认识背景有其特定的内容。个体之间的差异性所反映的主要是社会生活的差异性。因此，人在马克思主义认识论中更血肉丰满，更贴近现实。这个人有情感，有欲望，有改造社会的能力，有创造性，在受动与主动两方面都表现出：人的本质，在其现实性上，是一切社会关系的总和。

与康德和马克思不同，西格蒙德·弗洛伊德则在山峰的另一面，向我们展示了人的潜意识、人的非理性、非情感这一被淹没在海水之下的巨大山体。可以说，自哥白尼发现地球并非宇宙的中心，达尔文发现人类有他的动物祖先之后，弗洛伊德的发现使人类的自尊心再一次受到致命的打击。弗洛伊德指出，"精神分析有两个信条最足以触怒全人类：其一是它和他们的理性的成见相反；其二则是和他们的道德的或美育的成见相冲突"。"精神分析的第一个令人不快的命题是：心理过程主要是潜意识的，至于意识的心理过程则仅仅是整个心灵的分离的部分和动作。"①在弗洛伊德看来，意识的心理过程仅仅是整个心灵的很小的一部分，犹如冰山之一角。弗洛伊德的潜意识理论，再一次改变了人类认识的图景，使我们无法在谈及认识的背景时，不谈及人的潜意识领域。诺曼·布朗（Norman O. Broun）曾说过："任何一个慎重接受西方的道德和理性传统的人，敢于对弗洛伊德所说的话投以坚决、果敢的一瞥，那的确是一段令人震撼的经验。被迫接受许多伟大思想的黑暗面，的确是对人的一种侮辱……去经验弗洛伊德的想法，有如人类第二次分尝禁果。"②禁果一旦被品尝，伊甸园便失去了。人类无法再回到那冰清玉洁的理性世界，人类不得不正视自己无助的一面。

---

① ［奥］弗洛伊德：《精神分析引论》，8～9 页，北京，商务印书馆，1984。

② 转引自 Lawrence A. Pervin：《人格心理学》，郑惠玲编译，217 页，台北，桂冠图书股份有限公司，1986。

评价主体的心理背景系统的假设，就是受益于上述这些看来截然相反，但却可以统一的理论。套用弗洛伊德的话，评价的标准，仅是冰山之一角，而评价主体的心理背景系统才是那巨大的被海水覆盖着的山体。

二、评价主体心理背景系统的构成

这个隐藏在海水下面的巨大的山体，是以评价主体的生理系统为基础的有机统一的整体。它包含五个互相联系、互相渗透又相对区别的子系统。这五个子系统构成相对有序的有机结构，在这一相对有序的有机结构中，第一个层次是评价主体的无意识领域，第二个层次是评价主体的个性，第三个层次是评价主体的知识系统，第四个层次是评价主体的社会规范意识，第五个层次是评价主体的价值观念体系。

(一)心理背景的生理基础

人的生理系统是心理活动的自然前提，这已不是哲学的猜测。脑科学、神经生理学、心理生理学的研究已将早在古代就有的这种哲学猜测，转化成自然科学的说明。然而，在研究评价活动时，特别指出生理系统对心理背景的影响，是十分必要的。首先因为，评价是以人的需要为尺度的衡量客体意义的活动，而人的需要中最基本、最强烈、最明显的就是人的生理需要。生理需要是人的所有需要的基础。正如 A. H. 马斯洛所说："假如一个人在生活中所有需要都没有得到满足，那么生理需要而不是其他需要最有可能成为他的主要动机。一个同时缺乏食物、安全、爱和尊重的人，对于食物的需要可能最为强烈。""如果所有需要都没有得到满足，并且机体因此而受生理需要的主宰，那么，其他需要可能会全然消失，或者退居幕后。这时就可以公正地说，整个有机体的特点就是饥饿，因为意识几乎完全被饥饿所控制。此时，全部能力都投入到满足饥饿的服务中去。这些能力的状态几乎完全为满足饥饿这一目的所决定。感受器，效应器，智力，记忆，习惯，这一切现在可能仅限于是满足饥饿的工具。""对于一个其饥饿已经达到危险程度的人，除了食物，其他任何兴趣都不存在。他梦里是食物，记忆里是食物，思想活动的中心是食物，他感情的对象是食物。""当人的机体被某种需要主宰时，它还会显示另一个奇异的特性：人关于未来的人生观也有变化的趋势。对于一个长期极度饥饿的人来说，乌托邦就是一个食物充足的地方。他往往会这样想，假如确保他余生的食物来源，他就会感到绝对幸福并且不再有任何其他奢望。生活本身的意义就是吃，其他任何东西都是不重要的。自由、爱、公众感情、尊重、哲学，都被当作无用的奢侈品弃置一边，因为它们不能填饱肚子。"①尽管在忍受饥饿的一定限度内和在某种特殊的情境中，人能够因更高级的需要而抑制最基本的需要，能够"废寝忘食"，圣人能够为一种理想和信念不惜牺牲生命，但在一般情况下，对于凡人而言，人的生理需要是首先要求满足的需要。中国哲学家刘向在《说苑》中写道，墨子说："食必常饱，然后求美；衣必常暖，

————————

①　[美]A. H. 马斯洛：《动机与人格》，42页，北京，华夏出版社，1987。

然后求丽；居必常安，然后求乐。"①人类是在满足生存需要的基础上追求享乐需要的。卡尔·马克思也曾说过："对于一个饥肠辘辘的人说来并不存在着食物的属人的形式，而只存在着它作为食物的抽象的存在；同样地，食物可能具有最粗糙的形式，并且不能说，这种饮食与动物的摄食有什么不同。忧心忡忡的穷人甚至对最美丽的景色都无动于衷。"②

其次因为，基于人类需要体系的最深层的生理需要（生存需要），还以各种方式影响着人的其他需要，影响着以其他需要为尺度的评价活动。同时，在某些评价中，生理需要本身就构成评价尺度或是评价尺度中最基本、最主要的因素。人类由性选择和生命繁衍的需要而产生的生殖崇拜，就成为人类早期艺术的一个重要的，也许是最重要的主题。即使在文明高度发展的现代，人类对人体的审美评价，仍无法脱离人类的生理需要和生殖需要。从最根本的意义上说，人类的审美需要就是人类表现自己生命的需要，就是从这种生命表现中获得享受的需要。③ 在谈到人的美的感受时，乔治·桑塔耶纳说："我们审美敏感的全部感情方面，……就是来源于我们的性机能的轻度兴奋。""性赋予人一种无声而有力的本能，驱使他的身心不断地向往异性；性使得选择和追求伴侣成为他生活中最可爱的事情之一；获得伴侣就有最强烈的快感，遇到竞争就引起最剧烈的愤怒；寂寞无偶就永远郁郁不乐。"④D. H. 劳伦斯更是直截了当地说："性和美是一回事，就像火焰和火是一回事一样。""只要

① 《说苑·反质》。
② 马克思：《1844 年经济学—哲学手稿》，79～80 页，北京，人民出版社，1979。
③ 蒋培坤：《审美活动论纲》，27 页，北京，中国人民大学出版社，1988。
④ ［美］乔治·桑塔耶纳：《美感》，40 页，北京，中国社会科学出版社，1982。

有性火在微妙地升腾，丑八怪也会变得可爱起来。这就是性的魅力：一种美感的传递。"①在个体的生活中，生理需要是个体评价和选择的基本尺度之一。

诚然，人的生理需要除了具有与动物本能需要的一致性外，它还具有人的社会性特点；它是人类需要体系的基础，但不是全部。正如马克思所说："饮食男女等等也是真正人类的机能。然而，如果把这些机能同其他人类活动割裂开来并使它们成为最后的和唯一的终极目的，那么，在这样的抽象中，它们就具有动物的性质。"②人的生理需要是属于人的需要体系的，而这个体系是在人的社会化活动中产生的，因此，人的生理需要有了它社会化的表现形式，自然的性吸引演化为人类的爱情、婚姻。在这种演化中，性的吸引降至不甚重要的位置。在婚姻和爱情中，非生理的需要占了重要的位置。在某种社会情境中（如中国的"文化大革命"），人们甚至耻于承认或未意识到性吸引在爱情中的位置。人们强调人的其他需要——被称为高级需要的社会需要；而忽视或贬损人的生理需要——被称为低级需要的需要。在社会生活中，当人们谈及爱情时，它的确不再仅仅是性的吸引，诸多的社会因素似乎比性的吸引更为重要，尤其这种爱情在将婚姻作为目标时，就更是如此。只有在一些非常情境中，当一切社会的因素都未被考虑时，性的吸引在爱情中的重要性才充分地表现出来。

除上述原因之外，在研究评价主体的心理背景时要特别强调它的生

---

① 《安宁的现实——劳伦斯哲理散文选》，3、5～6页，上海，上海三联书店，1992。

② 马克思：《1844年经济学—哲学手稿》，48页，北京，人民出版社，1979。

理基础，因为与认知不同，评价是对客体与主体需要的满足关系的判断，而这种满足关系，首先是被评价者最直接地感受到的。在评价者对客体价值的判断中，有一种类型就是评价者以自己的感受为评价尺度，对客体价值作出判断。所以，感受、情绪在评价活动中，直接是评价结论的一部分，而且是至关重要的一部分，是以显在的方式存在于评价结论中的。人的评价有情感性、瞬间性，是因为它的结论与认知的结论相比，在更大的程度上依赖于人的感受和情感。而人的感受和情感又与人的生理状态直接相关。关于这一点，病理心理学的研究，给我们提供了许多颇有价值的证明。它解释了我们仅从社会环境、当下情境和评价主体意识活动等方面所无法解释的现象。如一位成年女性可能会在某一时候，突然地感到莫名其妙的忧郁和焦虑不安，感到悲观与绝望，仿佛世界末日的来临，而突然又雨过天晴，那令人悲痛欲绝的感受顿时消逝得无影无踪。在这期间，周围的环境并没有发生任何可以解释这种现象的变化，当事人的意识深层的因素，也不可能发生如此迅速和反差极大的变化，如果离开病理心理学的解释，可能只好相信冥冥之中的神灵了。而病理心理学的解释是如此的简单，又如此让人信服，这就是因为该女性生理状态的急速变化引起了她心理的极大反差。病理心理学对易激惹性，即各种轻重不同的易怒倾向的解释是，高级中枢机能的损伤，包括结构损伤、毒素作用、血糖过低、女性月经期、疲劳、困乏、脑缺氧、缺钙等，均会引起易激惹性。

病理心理学及生理心理学的研究成果，使我们看到，生理因素是制约评价的一个不可忽略的因素。现实中的任何一种评价或评价的变化，或许仅仅是由于生理的因素导致的。驾驭评价的并不全是理性，也不全是情感，在一定程度上有可能是无意识，甚至可能完全是生理之妖在作祟。因此，我们在理性地认真对待他人对我们的评价和我们自己的自我评价时，的确不该忘了操纵评价的生理因素。人的评价虽然不仅仅受生理因素的制约，但绝不是不受生理因素制约的。评价主体的生理状况虽不是影响评价的唯一的全部的因素，但却一定是其中的一个因素，这就是生理系统在评价中的位置。

(二)评价主体的潜意识领域

潜意识(Subconsciousness)与无意识(Unconsciousness)基本上是通用的。在西格蒙德·弗洛伊德的理论中，潜意识指的是一种被压抑的、当时知觉不到的本能欲望和经验。弗洛伊德认为，潜意识是精神活动的最基本的过程，它对人的行为和思想有决定性影响。潜意识包括个人的原始冲动和各种本能，以及与本能有关的欲望。这些本能和欲望因受到风俗习惯、道德和法律的约束而被压抑或被排挤在意识阈限之下。但它们并未泯灭，它们还会自主地积极活动，直接或间接地影响个体的行为。

精神分析学界泰斗之一的卡尔·古斯塔夫·荣格在他生命的最后一年所写的一本书中写道：无意识是指被压抑的，当时无从直接知觉的本能、欲望和经验。无意识部分是由大量暂时晦涩难解的思想、朦胧含糊的表征、模糊不清的意象组成的。它是人们已遗忘了的经验。在遗忘这一常态过程中，由于人注意力的转向，某些思想观念便失去它们特有的能量。他先前所关注的诸事物被置于阴影黑暗之中，这宛如在探照灯照亮一片新的区域时，其他区域被留置于黑暗中一样。这种遗忘是无法避免的现实，因为，在某一个时刻，意识仅仅能够将有限的几个意象保持完全清晰的状态，而且甚至就连这种清晰状态，也是变动不居的。然而，被遗忘的思想观念并没有终止其存在。虽然它们不能为人随心所欲地重新展现出来，但它们却存在于阈下状态之中——存在于能够回忆起的区域的阈限之外——从这一区域的阈限那里，通常是在多余的完全遗忘之后，这些思想观念才能够随时随地、自然而然地重新浮现出来。由于我们的注意力转向他处，或者因为我们的感官接收到的刺激太微弱，所以一些我们看到、听到、嗅到、尝到的东西并未留下知觉印象。然而，无意识却注意到它们，而且这类阈下的感官知觉在我们日常的生活里扮演至关重要的角色。在我们不知不觉的状态下，这类知觉影响着我们对事件和他人的反应方式。当一种情景、一种气味、一种声音唤起往昔岁月中的情境之际，这类"暗示"或者说"引触"效力便可解释神经病症的起因，也可以解释令人感到愉快记忆的起因。

荣格发现，正如意识的内容可以潜入、消逝在无意识之中一样，从未为人所意识到的新内容同样可以从无意识里生长、浮现出来。无意识不仅仅是往昔岁月积淀的贮藏之地，还满满地蕴藏着未来的心灵情境和观念的胚芽。除了从久远的往昔岁月的意识中所唤醒的记忆之外，完全崭新的思想和创造性的观念——那些从未为人意识到的思想和观念同样能在无意识那里表现自身。它们宛若莲花，从心灵的幽暗深处显现出来，构成阈下心灵的一个最为重要的组成部分。同时，荣格还认为，无意识不只是个人的，也是集体的。集体的无意识更基本，更原始，它是人类在生物进化和历史发展中所获得的经验的沉积。集体无意识是不容否认的全人类的共同遗产。

　　无意识中的事件以梦的形态向我们展现出来，通过梦中象征性的意象进入意识状态，从而影响人的活动——既包括认知、评价，也包括实践。《梦境与潜意识》一书的前言说道：在梦中我们跌落、飞翔、恐惧和无助。任何以及所有情感都迸发于那纷乱的大脑，迫使我们以难以接受的，却显然来自我们以自己思想的方式考察自己。因而，在每个梦中，我们审视自己，拒斥自己，认可自己，更深入地认识自己，要不则是逃避自己。① 荣格认为，梦的总体功能是恢复我们的平衡，通过生产梦的材料，以一种微妙的方式，重新建立整体的心理平衡机制。这就是在我们的心灵结构中梦所扮演的补偿性角色。里查德·戴明认为，在原始社会中，梦总是显得极端重要。有时人们认为梦可以统辖人的一切行为。印度尼西亚的塞诺伊部落就是这种社会。那里的人们早晨起来第一件事就是全家人聚在一起轮流述说晚上做的梦。之后，大家一起来分析梦的意思，共同决定每个做梦者应当做些什么来驱赶梦中恶的力量和利用好的兆头。② 荣格认为，即使是文明人，有时也能够观察到，梦（甚至是他那无法回忆起来的）可以改变他的心绪，或者使他的心绪变好，或者变坏。③

　　对于精神分析学的理论，尽管评说不一，褒贬相异，但是它所揭示的心理现象，或许是每个人多少都有所体验的。不同的仅在于，在某些

---

　　① ［美］里查德·戴明等：《梦境与潜意识——来自美国的最新研究报告》，前言，1
页，上海，复旦大学出版社，1991。

　　② 同上书，6～7 页。

　　③ ［瑞士］C. G. 荣格等：《人及其表象》，17～39 页，北京，中国国际广播出版社，
1989。

人的评价中，这种无意识的影响强烈些，而在另一些人那里不是那么强烈；有些人明显地意识到了这种影响，而另一些人未明显地意识到这种影响罢了。在现实中，人们很难避免梦幻与现实的混淆。可谓"庄周梦为蝴蝶，栩栩然蝴蝶也，自喻适志与！不知周也。俄然觉，则蘧蘧然周也。不知周之梦为蝴蝶与？蝴蝶之梦为周与"。这种混淆，这种疑惑，就使人们常将梦中所示作为现实所是，从而梦中所见和梦中所体验到的情感就成为影响现实的评价的一个不可轻视的、重要的因素。

(三)评价主体的个性

个性一直是心理学研究的一个重要领域。个性对人的认识活动的作用，已得到了心理学研究的证明，在评价活动中个性的影响比在认知活动中更为突出，更为重要。

奥尔波特(G. W. Allport)对个性的界定：个性是决定人的独特的行为和思想的个人内部的身心系统的动力组织。[①] 心理学家认为，从广义上说，个性结构包括个性倾向性、个性心理特征、个性心理过程、个性心理状态和自我调节系统五个基本方面。

第一，"个性倾向性"是指决定人对事物的态度和行为的动力系统，它是以积极性和选择性为特征的。其中包括需要、动机、兴趣、理想、信念和世界观等不同成分。这些内部世界系统使人以不同的态度和不同程度的积极性组织自己的行动，有目的有选择地对客观现实进行反应。个性倾向性的动力性还表现在：它制约着人们所有的心理活动。

---

① 转引自高玉祥：《个性心理学》，10页，北京，北京师范大学出版社，1989。

第二，"个性心理特征"是指在心理活动中表现出来的比较稳定的成分，它包括"气质""能力"和"性格"。现代心理学一般认为，"气质"是不依活动目的和内容为转移的典型的、稳定的心理活动的动力特征。它是表现在心理活动的速度、强度、灵动性方面的动力特征。"性格"是表现在人对现实的态度和行为方式中的比较稳定的独特的心理特征的总和。作为个性中的性格，其特点表现在两个方面：其一是对现实态度的个性特征，即对特定对象的较持久的反应倾向上的个性特征；其二是指在行为方式方面的个性特征。正如恩格斯所说："人物的性格不仅表现在他做什么，而且表现在他怎样做。"①性格体现出个人的独特风格。它体现在个体的态度、意志、情感等方面。如在对待自己态度上的性格特征有谦虚或自负，自信或自满，自豪或自卑，自尊或羞怯等。它是个人的独特的反应倾向和风格。"能力"是指顺利地完成某种活动所必备的心理特征。人的认识能力主要表现在人的注意力、感知力、观察力、记忆力、思维力、想象力、创造力等方面。能力是认识的前提，同时也是在认识和实践中不断提高的。能力是评价的前提，特殊的评价活动，需要评价者特殊的能力。卡尔·马克思曾说："对于不辨音律的耳朵说来，最美的音乐也毫无意义，……对我说来任何一个对象的意义（它只是对那个与它相适应的感觉说来才有意义）都以我的感觉所能感知的程度为限。"②

第三，"个性心理过程"指个体在认识（感觉、记忆、思维、想象）、情感、意志等心理活动方面的独特之处。它是个性特征和个性倾向性的

① 《马克思恩格斯全集》第29卷，583页，北京，人民出版社，1972。
② 马克思：《1844年经济学—哲学手稿》，79页，北京，人民出版社，1979。

动态过程，是个性心理特征和个性倾向性的表现。

第四，"个性心理状态"。个体的心理状态是心理活动的背景，它是个性心理特征的直接存在形式。个性心理特征不过是从个体不断变化的多种多样的心理状态中抽象出来的稳定的经常的基本的特征。同时，心理状态还是心理过程向个性心理特征转化的中间环节。由于反复进行的心理过程和某种特定的心理状态的长期结合，这种心理状态被巩固下来，逐渐形成稳固的态度和习以为常的行为方式，就转化为性格特征。

第五，"自我调节系统"。自我调节系统以自我意识为核心，在心理结构上包括认识、情感和意志三个方面。它在认识方面包括自我感知、自我分析、自我观念、自我评价等；在情感方面包括自我体验、自尊、自信、自豪等；在意志行动方面包括自我监督、自我命令、自我控制。自我意识使评价主体能够意识到自己的个性心理倾向和个性心理特征，因而能够对各种心理成分进行调节和控制，使个性心理诸成分形成完整的结构系统。如果自我意识失调，就会发生人格分裂。[①]

在评价中，个性心理特征使评价者在感知外界事物、理解外界事物、解释外界事物的过程中，具有独特的心路历程，具有独有的认知特点、情感体验。每个人都有他自己的个性心理特征，有的人情感丰富细腻，对外界事物的刺激十分敏感，而有的人则豪放洒脱，百无禁忌。

心理学的研究表明，决定个性的因素可以分为两大类：（1）遗传，（2）社会环境。这两者是密不可分的。一个人的个性，在任何时间或地

[①] 转引自高玉祥：《个性心理学》，25～30 页，北京，北京师范大学出版社，1989。

点，应当是以下条件相互影响的结果：（1）他的特有的遗传密码；（2）他出生前后环境的影响；（3）他对现时环境的理解；（4）他自己的无意识力量；（5）他的自我意识——作为自己行为的重要决定者的他对自己的评价。① 人的个性心理特征是在遗传和后天社会化交互作用的过程中形成的，它作为评价的心理背景系统中一个子系统，制约着个体的评价，成为个体进行评价的先在条件。任何评价都是在特定的个性心理特征的背景中进行的，因而都带有个性心理特征的印痕。

(四)评价主体的知识系统

知识是人类认识的成果。它是在人类实践活动中产生和随着人类实践活动的发展不断发展的。人类知识体系是极其庞大而复杂的。它包括人们在日常生活中所积累的经验，即日常生活常识，也包括更高层次的科学知识。在科学知识中，既有对自然界的知识，也有对社会发展、人类的自身发展的知识。因此，知识系统也可被称为知识经验系统。某一阶段上的人类知识反映了该阶段的认识水平，成为创造新知识的基础。每个时代，每个历史阶段对客观事物所作出的评价是受这个时代、这一历史阶段人类知识水平制约的。伯纳德·科恩在《科学革命史》中写道："在光作为一种连续波动现象被发射、传播和吸收的定论下哺育起来的科学家，要在 1905 年放弃这一已被人们接受的光的理论，而承认爱因斯坦关于不连续的光量子这个富有启发性的概念，是极其困难的。同

---

① ［美］J.O. 陆哥、G.L. 赫胥勒：《生活心理学》，412～413 页，贵阳，贵州人民出版社，1987。

样，任何一位已树立了植物和动物的种是固定的这一信念的人，要去接受达尔文在 1859 年提出的物种进化的概念，也是极其困难的。"孟德尔最初出版他的著作时，其他人正在研究遗传的融合和变异而没有研究遗传的确定性。科学界还未成熟到接受他的发现，所以，没能得到人们的理睬。就某种意义上来说，孟德尔超前他的时代半个世纪之久。因而在那半个世纪中，这一成果无人理睬。科学以及与之相联系的技术进步，给人们一幅关于自然界的全新图景。它改变了人对自然、对人自身的评价，科学的发展，向人类展示出一个新的价值世界。托马斯·库恩在评价哥白尼革命时说：它是一场思想革命，一场人的宇宙和人与宇宙关系的观念转变。它不仅是科学革命，而且是一场人类智力发展和人的价值系统的革命。[①]

对于个体来说，在其社会化过程中，很重要的一个方面就是学习人类在实践中产生和积累起来的各种知识。弗兰西斯·培根曾说过，人的天性犹如野生的花草，求知学习好比修剪移栽。通过对各种知识的学习，个体获得了评价、选择事物的能力，获得了生存和发展的能力。同时，个体所接受的各种各样的知识也使个体获得了认识世界、理解世界、评价世界的独特的视界，独特的方式和方法。如同在人类知识发展的不同阶段，人类有不同的认识，具有不同知识结构的评价者，会对同一事物作出不同的评价。不同的知识凝聚成不同的认识背景，这种背景直接左右着评价的向度和限度。鲁迅曾说过，《红楼梦》，"单是命意，

[①] ［美］I.伯纳德·科恩：《科学革命史——对科学中发生革命的历史思考》，36、105 页，北京，军事科学出版社，1992。

就因读者的眼光而有种种：经学家看见《易》，道学家看见淫，才子看见缠绵，革命家看见排满，流言家看见宫闱秘事"，对拉斐尔的名作《西斯廷圣母》，人们或许称赞它精美的构思与表现技巧，可一位著名的医生对它的评价是：画中婴儿（基督）瞳孔放大，有肠虫病，应该给他开药。对于同一部《哈姆雷特》，欧洲浪漫主义文学的杰出代表歌德认为，这写的是一个具有艺术家的敏感而没有行动力量的人的毁灭；英国激进诗人兼批评家格尔律治认为，这写的是一个像哲学家那样耽于沉思和幻想的人的悲剧；精神分析学之父弗洛伊德则认为，这写的是俄狄浦斯情结。不同的知识背景，使他们产生了不同的理解，而不同的理解就构成了不同的评价。只有考古学家，才能从一块破旧古老的瓦片中，发现历史的演变；只有天文学家才能从茫然无际的星空，窥视宇宙的秘密。专门知识的训练，使人获得一种独特的认识能力，看到一幅独特的世界图景。

对同一个评价者来说，当其知识结构发生变化时，就会对同一事物作出不同的评价。卡尔·马克思在研究经济学之前，与研究经济学之后，对资本主义所作的评价有显著的差异。德国的批判，直到它的最后的挣扎，都没有离开过哲学的基地。[1] 马克思看到了德国哲学"停留在纯粹思想的世界的范围内"的弱点，提出须要跳出哲学的圈子并作为一个普通的人去研究现实。[2] 于是马克思从哲学转向对经济学的研究。通过对经济学的研究，马克思在更深刻地把握人类生存的物质前提和人类生活方式的基础上，产生了科学的和系统的唯物史观。马克思对资本主

---

① 《马克思恩格斯全集》第 3 卷，21 页，北京，人民出版社，1960。
② 同上书，262 页。

义的批判不再停留在道德抨击的范围内，而是把资本主义看成人类历史上一个必然的阶段，将现代资产阶级看成是一个长期发展过程的产物，是生产方式和交换方式的一系列变革的产物。① 知识结构的变化，使马克思能够从经济发展、社会进步的角度去评价资本主义在人类历史上的地位，肯定资产阶级在历史上曾经起过非常革命的作用。② 肯定它在不到一百年的阶级统治中所创造的生产力，比过去一切世代创造的全部生产力还要多，还要大。③ 马克思主义研究者认为，马克思从 1844 年开始研究政治经济学，其意义不仅开辟了一个崭新的科学研究领域，而且为已经开始探讨的历史唯物主义和共产主义理论，提供了经济学的论证，从而为建立统一的马克思主义科学体系奠定了最初的基础。④

评价主体的知识背景在评价过程中是如此的重要，在许多场合下，在许多情势中，我们常常因为知识的贫乏，而感到无力评价客体的意义。在科学、技术分化如此之快、发展如此之快的今天，隔行确如隔山，知识背景的不恰当，使我们丧失了对某些客体进行评价的能力，如果强行评价，则必将造成评价的错位。随着人类科学技术日益飞速的发展，评价个体的知识系统在评价背景中的作用会越来越重要。

(五)评价主体的社会规范意识

在卡尔·马克思看来："人的本质不是单个人所固有的抽象物，在

---

① 马克思、恩格斯：《共产党宣言》，252 页，北京，人民出版社，1972。
② 同上书，253 页。
③ 同上书，256 页。
④ 中国人民大学马列主义发展史研究所：《马克思恩格斯思想史》，94 页，上海，上海人民出版社，1982。

其现实性上，它是一切社会关系的总和。"①每个人都是在一定的社会关系中，在与社会关系的互动中，成长为一个社会的人，一个具有社会文化意识的人，一个真正意义上的人的。在评价主体的心理背景系统中，评价主体的社会规范意识是非常重要的一个组成部分。

评价主体的社会规范意识是一定社会文化的产物，是个体接受社会文化儒化的产物，是个体社会活动的产物。它既带有评价者所处社会文化的共性，又带有评价者独特社会活动的丰富个性，是评价者在社会活动中所形成的个人对社会生活规范的基本观念，是个体所内化了的社会规范。这些基本观念就成为评价者衡量社会生活，进行行为选择乃至人生选择的基本尺度。社会生活是纷繁复杂的，个体对社会生活的理解和所形成的社会规范观念也是森罗万象的。下面所列举的仅是其中的几种。

其一，道德观念。

道德观念是社会规范观念中最基本的观念之一。道德是调整人们之间以及个人与社会之间相互关系的行为准则和行为规范的总和。让·皮亚杰说："一切的道德都是一个包括有许多规则的系统，而一切道德的实质就在于个人学会去遵守这些规则。"②个体从婴儿时期起，就要遵守许多规矩，就从成人那里接受社会的道德行为规范，并在其社会化的过程中，逐渐将特定社会、特定社会集团(阶级)所肯定的道德准则和道德规范加以内化，从而形成了自己的道德观念。这些观念就成为个体判断

---

①　《马克思恩格斯选集》第 1 卷，56 页，北京，人民出版社，1995。
②　［瑞士］让·皮亚杰：《儿童的道德判断》，1 页，济南，山东教育出版社，1984。

自己和他人行为善恶的准则。

其二，角色意识。

莎士比亚在他的名剧《皆大欢喜》中写道："偌大的世界，一个舞台。男男女女，皆为演员，他们出出进进，进进出出，在这个时代，各自扮演着许多角色。"每个人都在人生和社会的舞台上表现自己。正如"演员在舞台上有明确的角色，社会中的行动者也占据明确的地位；演员必须按照写好的剧本去演戏，行动者在社会中要遵守规范"①。人在社会中拥有不同的社会位置，而社会对处于不同位置的人的品质和行为有不同的期望。在个体社会化的过程中，社会通过各种方式将这种期望传达给个体，而个体则在社会活动中主动地接受了这些期望，形成了自己的角色意识和角色理想。从而个体便按照这种角色意识和角色理想去衡量他人和判断自己。每一个社会和每一种文化都有着自己独特的社会角色期望，因而生活在特定社会和特定文化中的个体的角色意识必然地反映着这个社会、这种文化的特点。同时，社会的角色期望是通过个体的社会经历在个体的社会活动中逐渐内化为个体的角色意识的，因而它又具有个体的独特性。不同的角色意识和角色理想就构成了不同的角色评价标准。

在角色意识和角色理想中包含着个体关于这一角色的道德意识，但不仅仅限于此。角色意识和角色理想包含着比道德更为丰富的内容。善恶仅是角色理想的一个标准。善恶尺度只能划分个体对某一角色的扮演是否及格，而不能显示对该角色的扮演是否优秀。况且，在某些角色理

---

① ［美］乔纳森·H. 特纳：《社会学理论的结构》，430 页，杭州，浙江人民出版社，1987。

想中，有许多内容是难以纳入善恶范畴的。如在性别角色期待中就是如此。威廉斯（Williams）和贝斯特（Best）1982 年从对 30 个国家的儿童和学生的研究中获得证据，从澳大利亚、英格兰、以色列、日本、马来西亚、秘鲁到津巴布韦，遍及各种文化的男女角色特征观念实际上是相似的。大多数文化都一致使用如下一套"男性"的形容词：主动积极的、有攻击性的、自信的、有支配欲的、有事业心的、理性的、坚强的、铁石心肠的，同时也是懒散的、粗心大意的、粗鲁的。"女性"的形容词包括柔情的、有依赖性的、爱空想的、易激动的、好心的、有魅力的、顺从的、多嘴多舌的和懦弱的。[①] 一个男性"不自信"，人们会认为他缺乏男子气概，但却不会认为他不道德。社会的道德规范所反映和概括的是社会生活中重大的、带有全局性的社会关系的本质，表现和规定的是具有全社会意义的共同行为要求。[②] 而角色期望则是在更具体的层次上规定人们行为的规范，因而它具有道德规范所不能涵盖的更为丰富的内容。

其三，评价者所接受的文化习俗。

鲁思·本尼迪克特在《文化模式》一书中说，风俗习惯对人的经验和信仰起了决定性的作用。没有人会用不受任何影响的眼光看待这个世界，人们总是借助于一套确立的风俗习惯、各种制度和思维方式来观察这个世界。即使在哲学探索中，人也不可能超越这些俗套；他的真假观念仍然与特定的传统习惯有关。个人生活史的主轴是对社会所遗留下来的传统模式和准则的顺应。每一个人从他诞生的那刻起，他所面临的那

---

① ［英］道格拉斯·W. 贝斯黑莱姆：《偏见心理学》，220 页，长沙，湖南人民出版社，1989。

② 夏伟东：《道德本质论》，96 页，北京，中国人民大学出版社，1991。

些风俗便塑造了他的经验和行为。该社会的习惯就成了他的习惯，该社会的信仰就成了他的信仰，该社会的禁忌就成了他的禁忌。①

个体所接受的社会的风俗习惯、禁忌，不仅成为其个人行为的准则，而且也成为其评价判断自己和他人行为的标准。每一文化模式都有自己的风俗与禁忌，它使生活于其中的个体的评价不可避免地戴上这一文化模式的有色眼镜。这一有色眼镜使个体在感知人类行为、解释人类行为和评价人类行为时有了独特的背景和尺度。变态行为的跨文化研究所提供的证据表明，对类似行为的解释在各个文化中可能会出现很大的差异。因为用来定义变态的语词，如"越轨""异常""稀奇古怪"等，其尺度都是社会公认的行为标准、社会公认的规范。如"越轨"是指明显不同于社会公认的行为标准的行为。② 一旦个体的行为与一种文化模式所公认的规范、行为标准即习俗不一致，那么承有这种文化模式观念的评价者就会将其行为视为变态行为，从而作出否定性评价。的确，是习俗而不是本能塑造了人，塑造了人的评价标准。

英国人类学家 E. 泰勒认为，文化"包括知识、信仰、艺术、伦理道德、法律、风俗以及作为社会成员的人可以获得的其他一切能力和习惯"③。丰富多彩的社会文化生活造就了丰富多彩的社会文化观念。但这些观念并非若沙粒纷然杂陈，在个体的社会活动中它们被整合为一种有其内在凝聚力的观念体系，即个体的价值观念体系。

——————————

① ［美］鲁思·本尼迪克特：《文化模式》，2 页，杭州，浙江人民出版社，1987。
② ［美］罗伯特·G. 迈耶、保罗·萨门：《变态心理学》，16 页，沈阳，辽宁人民出版社，1988。
③ ［英］E. 泰勒：《原始文化》第 1 卷，1 页，美国史密斯出版社，1958。

(六)评价主体的价值观念体系

价值观念是评价主体关于客体世界(人生、社会、自我)价值的根本观点。它是评价主体的心理背景系统的核心。

评价主体的价值观念体系的深层结构或者说其内核是评价者的关于客观世界意义的基本信念。价值观念体系中的这一深层内核,是以其最基本的公理为起点的。对于这一观念体系而言,这一公理是自明的,也是不可证明的,同时也是价值观念的持有者不加怀疑未感到需要证明的信仰。这一深层结构是较为稳定和较单一的。价值观念体系的次一层次或它的中层结构是各种规范和准则。这些规范和准则构成了评价的基本取向、基本标准。价值观念体系的最外层,即价值观念体系的表层,是许许多多具体的评价标准。这些评价标准一方面受价值观念体系内核和中层的制约,另一方面又受评价情境的影响,有较大的境遇性、易变性。

评价主体关于客体价值的信念系统,作为价值观念体系的深层结构,从根本上制约着评价主体的评价。作为价值观念体系内核的信念是以应然的形式存在的。它与关于客体实际存在状态的信念有密切的关系,但是又与它们有所不同。它的基本表达方式是"主义"和"理想"。"主义"是属于社会意识形式层次的。它是对关于客观世界应然状态的一种系统的理论和主张。对于评价主体来说,不一定自觉地、明确地将某种系统的理论和主张作为自己价值观念的核心,也并非所有的评价者都能意识到自己价值观念体系中所存在的这种系统的理论和主张。当然也并非在所有的价值观念体系中,作为其内核的主义都是以系统的、理论化的形式存在的。在通常的情况下，某种"主义"是演化为社会心理而不是以其本来的面目，即社会意识形式，作用于评价者，存在于评价主体的价值观念中的。无论"主义"的表现形式如何，也无论评价主体对此是否自觉，在评价主体的价值观念体系中起着支配作用的，就是人们称为"主义"的东西。如道德评价的集体主义、个人主义、功利主义、享乐主义；人生评价的完美主义、自然主义、怀疑主义、斯多葛主义等。这种主义成为持有者观察世界、评价世界的立足点。

在人生价值领域中有着重要影响的两种不同的主义，即悲观主义和乐观主义。在悲观主义者看来，生命没有任何价值，或者说，即使它包含价值成分的话，这些成分的总和也远远被无价值的成分所超过，以致总的价值只是一个负数。因此，不活比活着更好。意大利诗人雷奥巴底在他的《致自己》一诗中感伤地表达了这种情绪：永远休息吧，心灵/你已经跳过够久的时辰/这世界，已没有什么值得你激动/也看不到什么有意义的征兆来临/生命，就是心酸和苦辣/除此之外，只是一片泥污，一团泡影/啊，从今以后安静吧，心灵/让绝望最后一次占据你的心境/人类的命运除了死亡别无他路/从此你要轻视自己和你的本性/轻蔑那暗中腐蚀世界的卑污权力/轻蔑那笼罩众生的无限空虚。① 与这种灰暗颓废的人生观形成鲜明对比的，是青年时代的卡尔·马克思在他的中学毕业论文《青年在选择职业时的考虑》一文中那令人振奋、激越的乐观主义的宣言："如果我们选择了最能为人类服务的职业，我们就不会为任何沉

---

① 转引自[德]弗里德里希·包尔生：《伦理学体系》，245～246 页，北京，中国社会科学出版社，1988。

重的负担所压倒，因为这是为全人类作出的牺牲，那时我们得到的将不是可怜的、有限的和自私的快乐，我们的幸福将属于亿万人。我们的事业虽然不显赫一时，但它将永远发挥作用。当我们离开人世之后，高尚的人们将在我们的骨灰上洒下热泪。"①不同的价值观念使人看到了不同的世界，感受到不同的生存意义，获得不同的生存态度。不同的价值观念引导人们踏上人世间不同的道路，在历史上留下不同的碑碣。

在评价主体的价值观念体系时，作为内核的不一定是，或常常不是某一种主义，而是有密切联系的一组"主义"。它们分别指向客观世界几个不同的领域：人生、社会、物质世界、精神世界等。这些"主义"形成了关于这些领域的理想。理想是指向未来的，它以"应是"的形式表达了人们关于某一事物、某一现象的未来形象的设想。乔治·桑塔耶纳说，我们面前时时都有一个绝对的理想，而事物的价值就在于它合乎这一理想。②对某一事物的理想就构成了评价这一事物的标准。这种理想"正象一座星辰，从永恒事物之所在照耀万物"③。评价活动从某种意义上说，就是将客观事物与关于这类事物的理想进行比较，或用理想去衡量客观事物的过程。理想作为指向未来的目标系统，充分地体现了评价的超越性特点。评价者的理想是一个多维度的综合体。其中每个维度都有自己特定的对象、特定的应用范围和特定的取向，并且，统摄着一系列评价规范和基本准则。

---

① 转引自［德］海因里希·格姆科夫等：《马克思传》，北京，生活·读书·新知三联书店，97 页，1978。

② ［美］乔治·桑塔耶纳：《美感》，8 页，北京，中国社会科学出版社，1982。

③ 同上书，8 页。

评价主体价值观念体系的中层结构就是由其深层内核所统摄的规范和准则。它们较价值观念的深层结构有着更丰富的内容，更为具体，指向更为明确。例如，在中国传统价值观中，儒教、道教各有不同的人生理想，因而就有不同的人生准则。儒家哲学，从孔孟直到程朱陆王，都认为仁义礼智等道德是人最重要的需要，因而道德在人生中具有最高的价值。人生的理想是成为"君子"，而君子的基本准则是"义以为上""仁以为上"。在道德价值与其他价值发生冲突时，要毅然决然地"成仁取义"。当生命价值与道德价值发生冲突时，君子"无求生以害仁，有杀身以成仁""舍生而取义"；当道德价值与享乐价值发生冲突时，"君子无终食之间违仁，造次必于是，颠沛必于是"。"富贵不能淫，贫贱不能移，威武不能屈"乃君子也。君子要"文质彬彬""重义轻利"，且有历史的责任感、使命感，要胸怀坦荡，"执两用中"，等等。当一个人做到这些时，他就是君子，反之则是为儒教所不齿的小人。

道教追求的是"至人"而不是"君子"。"至人"的人生基点和最高原则是"法天贵真""不拘于俗"。"不能法天，而恤于人，不知贵真，禄禄而受变于俗"的被儒家视为君子者，道家认为是愚人。在道家看来，儒家所孜孜以求和津津乐道的仁义道德等不但对人类社会没有益处，而且为害甚烈。循规蹈矩、遵守道德标准不是至人所欲，而是愚人所为。庄子认为，仁义之说，是非之辨，都是桎梏人心的精神枷锁，提倡仁义道德会诱发人们爱利贪欲，破坏无知无欲的自然天性，致使人们为求得一个好名声而残生伤性。因此，他主张人要"安时而处顺"，把"死亡、存亡、穷达、贫富、贤与不肖、毁誉、饥渴、寒暑"看作"事之变，命之行"而泰然处之，以保持自然的本性。道家看重的是"全生葆真"超然物外的人生态度，鄙弃的是追名逐利的儒家哲学。儒教与道教不同的人生理想，产生了不同的人生评价准则和规范，因而对人、对人生有不同的评价。儒所褒者，道贬之。

世间之事千变万化。基本的评价准则与规范，只能为评价者提供一般的评价尺度，而不可能使之具有每每应验、处处相适的评价标准。在实际评价中，评价者使用的标准只保持了价值观念体系的深层结构和中层结构的大致取向。实际操作中的标准只是在基本原则方面受到价值观念的深层中层结构的制约，除此之外，这些标准的实际形成，受到具体的评价目的、评价信息获取过程的影响，受到评价情境的影响，受到评价者当时生理状态、心理倾向等因素的影响。

现代伦理学中一个独特的派别境遇伦理学的创始人约瑟夫·弗莱彻在他的《境遇伦理学》中阐述了境遇伦理学关于道德评价的理论。弗莱彻认为，基督伦理学的最高原则，也是唯一不可变更的原则，是爱。除此之外，所有其他一切规则都是有条件的，只有它们在任何境况中碰巧符合爱的要求时才是正确的。因此，道德行为的原则或规则，最好也不过是些谨慎的概括而已。爱的决定是在境况中作出的，而不是由命令所规定的。在一定境况中的最仁爱的事情就是正当的，好的，尽管它可能是违背基督教的十条戒律或其他说教。[①]

尽管价值观念系统是评价主体心理背景系统中最重要的一部分，但它却不能取代其他部分，也不能离开其他部分而单独发挥作用。可以

---

① ［美］约瑟夫·弗莱彻：《境遇伦理学》，9～50 页，北京，中国社会科学出版社，1989。

说，以上所说到的几个子系统与生理基础，既和衷共济又各司其政。

三、评价主体心理背景系统的功能与运作机制

评价主体的心理背景系统就其实质而言，是评价者在一定的文化背景和社会关系中通过一系列特定的社会活动所形成的需要系统。这一需要系统深刻地烙有评价者所处其中的文化背景、社会关系的印记，也深刻地反映了评价者独特的社会经历和社会活动，因而它是评价者所处于其中的文化，所位于其间的社会关系，所经历的社会活动的结晶。这一系统包含着从基本的生存需要到最高的自我实现的需要在内的一系列层次不同但彼此相系的需要，包含着关于满足各种需要的基本方式和途径的意识。

评价主体的生理系统，是产生评价主体本能需要的物质基础。在评价的心理背景系统中，它通过以其为基础而产生的本能需要、生理需要而对评价发生作用。评价主体的潜意识状态是这种本能需要的一种心理表现形式。评价者的个性反映了评价者独特的心理需要及这一需要的独特的表现和表达方式、独特的体验方式，以及这一需要所形成的独特的行为动力系统。评价者的知识系统、社会规范意识、价值观念体系既是评价者社会需要与评价者所处的社会文化环境交互作用的产物，又是评价者社会需要的表现。在"规范、准则"等外在形式中蕴含着、深藏着的是评价者的社会需要：安全需要、爱的需要、自尊需要和自我表现的需要。个体的需要只有在与他人、社会的成功交往中才能实现。个体的社

会活动经历、个体所接受的文化传播使个体将社会的文化规范、社会的知识体系、社会的价值观念内化为自己的心理背景系统，以使自己能成功地与他人、与社会交往，以使自己能获得安全、爱、自尊与自我实现。人类学的研究表明，全人类的基本或最终欲望并不完全像人们有意识的日常欲望那样各不相同。各种不同的文化可能提供完全不同的方法来满足某一特定的欲望。正如这个人想要成为好猎手的欲望与那个人想要成为好医生的欲望可能有着同样的原动力和根本目的。因此，两个看起来风马牛不相及的行为可能表达的是同一个欲望，反映的是同一种需要。人的需要、人的行为目标本身远比通向这些目标的条条道路更具有普遍性，因为这些道路是由特定的文化、特定的生活背景决定的。① 尽管评价者的知识系统、社会规范意识和价值观念体系的表现方式及内容丰富多彩，但它们只不过是评价者的社会需要的产物和表现。

评价主体在一定的文化背景、社会关系和社会活动中所形成的这一需要系统，构成了评价主体的相对稳定的评价的可能性范围和基本倾向。评价主体的这一需要系统形成了一种可能的心理情感氛围，一种评价的能力，一种价值取向，一种心理（知觉、情感、思维）定势，一种基本的评价标准系统，并以多种不同的形式作用于评价。

它使评价者从特定的角度去感知和筛选、理解和解释、整理和加工关于评价对象的信息。任何观察都不是中性的，都是经过认识图式来加工和整理的，在评价中评价者对评价信息的获取和解释，就是经过评价主体的心理背景系统加工和整理的结果。正是评价主体心理背景系统所

---

① ［美］A. H. 马斯洛：《动机与人格》，26～27 页，北京，华夏出版社，1987。

形成的这种先在的前见，使评价者获得了整理客体信息的工具，有了获取客体信息的可能性，同时也有了独特的观察角度、整理模式、解释模式。正因如此，在生活的惊涛骇浪前，英雄看到的是挑战与机会，激起的是满腔豪情，一身胆识；而懦夫看到的则是毁灭，是死亡，产生的是怯懦与恐惧。正因如此，面对千姿百态的生物世界，达尔文看到的是环境与生物的关系，看到的是自然选择物种进化；而神学家体验到的是上帝的全知与全能。

评价主体的心理背景系统使评价者具有了一定的兴趣和趣味，一定的价值倾向，一定的评价标准，从而获得了评价的能力和评价的尺度，使评价具有了主体方面的可能性，也使评价从根本上无法摆脱主体因素的缠绕，无法祛除评价主体的个性色彩。世界上没有两片相同的树叶，更没有两个相同的评价。所谓一致的评价不过是对两个具有差异性的评价之共性的抽象与肯定。正如人们将不同的树叶均称为树叶。

评价主体的心理背景系统各个部分的相互作用，使评价主体在一定的客观情境中，产生一定的心理反应、情感反应。可以说在现实评价情境中，评价主体所产生的情感，正是评价主体心理背景系统与客观情境一拍即合的产物，是多种可能性中的一种演化的结果。曹雪芹笔下的林黛玉所处的时代、所处的社会地位及她独特的生活经历，塑造了她独特的个性，独特的情感定势、知觉定势和思维定势，所以这些使她在旖旎的春色中，"独把花锄泪暗洒，洒向空枝见血痕"。悲叹飘零的桃花，哀怨凄楚的人生："一年三百六十日，风刀霜剑严相逼；明媚鲜妍能几时，一朝漂泊难寻觅。"评价主体的心理背景系统不是与生俱来的，也不是固定不变的，但当它作为某一评价的前见时，它对于评价者和当下的评价而言，就具有绝对的意义：它以情感方式、感知方式、思维方式、价值取向等形式全方位地统摄着评价。

评价的心理背景系统各个部分在评价过程中的运作方式有所不同。评价主体的生理系统中稳定的部分，如天生的结构、天生的缺陷等设定了评价主体的评价限度，所谓瞽者不能辨其色，聋者不能明其声。处于经常变化中的生理状态，一是作为一种生理需要直接进入评价，成为评价的尺度而对评价发生作用；二是形成一种心理情感氛围，使评价带有一定的情绪色调。生理状态对评价的影响，往往是来之如山倒，去之如云烟，来也匆匆，去也匆匆。一旦生理状态发生变化，它所引起的情感系统会马上发生变化，而以其为尺度的评价会随即改变，人的生理系统既是较稳定的，又是瞬息多变的，经常影响到评价的既不是那较为稳定的部分，又不是分秒更新的细胞活动，而是其中的生理状态。它对评价的作用方式，既可能通过梦境影响评价者，也可能直截了当地充当评价者意识中的评价尺度；既可能只营造氛围，也可能直接当政。

评价主体的个性在评价中主要是以感知定势、情感定势、思维定势的方式作用于评价。评价主体的个性是评价活动中相对稳定的因素。尽管人的性格是后天形成的，也不是一成不变的，但它的变化相对于生理状态的变化而言，要少得多。当一种性格形成后，除非有特别的外在影响，十分不同于以往的环境，否则个性便具有极大的惯性和稳定性。正所谓江山易改，禀性难移。个性的稳定性，使评价主体的评价具有一定的可把握性。了解评价主体的个性特征，常常可推测出评价主体尚未作出的而可能作出的评价，同时也有可能发现该评价者评价的一般特点、一般趋向和其长处与短处。可以通过发现评价者性格的局限，把握评价所可能有的局限。评价的个性色彩，相对于评价者个人而言，是评价较稳定的一面，只有在众多评价者相比较之时，在众多具有个性色彩的评价争奇斗艳时，评价的个性色彩才会被当作评价的不可靠、不确定的因素。

评价主体的知识系统、社会规范意识和价值观念体系主要是以评价标准的形式作用于评价。而评价主体的潜意识领域则通过上升至意识层面，影响评价主体的情感状态，影响评价的标准，从而间接地作用于评价。

尽管评价的心理背景系统各部分在评价中的作用各有不同，运作方式各有不同，但它们之间还是有密切联系的，还是会浑然一体协同发挥作用的。从主体角度而言，评价是在一定的心理情感氛围中，在以一定的方式感知、整理关于评价信息的基础上，运用价值尺度对客体意义进行衡量。评价主体的心理背景系统作为一个整体在评价活动中的功能，主要通过评价图式和评价的情感氛围两种形式而展现。评价图式是评价主体心理背景系统诸多因素的凝练与升华，是这些因素的抽象化、逻辑化、格式化了的相对稳定的形式结构或框架。它出自评价主体的心理背景系统，属于这一系统，但不等同于这一系统。从层次上说，它是更表层的，它的深层是评价主体的心理背景系统。评价图式的主要功能是作为评价活动中选择、整理、解释信息的工具而存在。评价图式具有皮亚杰所说的结构的三个特点，即整体性、转换性和自身调整性。[①] 它本身不是不可变的，但它具有相对的稳定性，这使评价者在一段时间内的思

---

① ［瑞士］皮亚杰：《结构主义》，2 页，北京，商务印书馆，1984。

维具有相对稳定的特点。

因为评价图式的抽象性，它与具体的对象的关系表现为一对多，即某一种评价图式往往是对应某一类评价对象的。对同一个评价者而言，由于评价对象的类型不同，这可能导致几类各具特点的评价图式的运用。如对科学理论的评价，其图式的主要精神可能是理性的，而对生活的评价，其图式的主要精神可能是情感的，对他人行为的评价，其图式的基调可能是苛求的，而对自己的评价，图式可能是宽容的，等等。这些性质上、取向上不同的评价图式并不会因其不一致，而引起评价者心理的不平衡。相反，它们往往各司其职，和平共处。所以，在对自己的评价进行反省，或把握他人的评价特点时，有必要了解不同评价图式各自的特点，而不能一概而论地说某人的评价具有什么特点。较为合理的提法是，某人对某类事物的评价具有什么特点。

因为评价图式是逻辑化、格式化的，所以它是评价活动中较为稳定的部分，同时又不是单独发挥作用的部分。它是与整个评价主体的心理背景系统所营造的可能情感氛围协同作用的。情感不是评价图式的一部分，而是协同评价图式运作的一部分，情感是非图式化的，是流动的，如行云如流水。因此，评价活动一方面具有理性的因素，另一方面又具有情感的因素。评价结论的作出取决于评价主体稳定的评价图式，又取决于评价者在特定的情境中所产生的情感(这种情感是评价主体的潜意识领域外在化的一种方式，是生理状态的一种心理化方式)。

评价主体的心理背景系统犹若一个巨大的魔方，有许许多多可能的组合方式。某一种组合方式的出现，不仅依赖评价的心理背景系统本身所蕴含的丰富内容，而且依赖于评价情境。

第三章 | 评价的心理运作过程

　　评价的目的是把握价值主体与价值客体之间的价值关系。对这一价值关系的把握不只是一个心理运作过程，又不能不包括心理运作过程。将评价仅仅归结于心理运作过程，将显得狭窄，但是如果忽略了评价心理运作过程，那么将显得荒谬。承认评价具有一个心理运作过程，并不等于将评价归结为心理学，或有心理学倾向。评价活动，作为一种观念活动，不可能没有心理运作过程，对评价的研究，不可能不借助于心理学研究的成果，正如现代认识论不可能没有心理学的基础。但对评价的研究的确不能囿于心理学的成果，就如认识论不能等同于心理学。

　　评价的心理运作过程，是研究评价活动的一个不可缺少的、重要的方面。评价的心理运作的目的，是形成评价的结论。从理想状态来说，评价的心理运作过程应包括：确立评价目的和评价参照系统、获取评价信息、形成价值判断三个主要环节。

所谓理想状态是相对于现实状态而言的。现实的评价活动形态较为复杂，而为了能较简洁地、概括地展示形态各异的现实的评价活动的心理运作过程的本质特点，就需要将其抽象化、规范化。另外，因为现实的评价形态在水平上是参差不齐的，为了能真正地把握评价的一般特点，就必须从评价的最高级形态着手，通过对高级形态的把握来理解低级形态，找出低级形态的缺陷。因此，所谓理想状态是指对现实存在的评价的高级形态的抽象与概括，其中还含有阐述者对评价的应有状态的设想。评价的理想状态既来自评价的现实状态，又超越现实状态；既是理解与把握现实评价状态的结果，又是反观现实评价的理论模型。

一、确立评价目的与评价参照系统

评价的高级形态是一种理论化的、有意识、有目的的观念活动。这一活动的灵魂是评价的目的，它统摄着整个评价过程。因此，评价目的的确立，以其运作的顺序而言，应该是评价心理运作过程的第一步；以其运作的逻辑而言，应该是评价心理运作过程的前提。确立了评价目的系统，才有可能确立评价的参照系统。评价的参照系统是以评价目的为核心的，是评价目的具体化的评价图式，它由四个方面构成一个格式塔结构，成为评价的逻辑框架。评价心理运作过程的其他环节，就是在这个逻辑框架中展开的。可以说，评价目的制约着评价的参照系统，而评价的参照系统制约着整个评价活动。如果评价目的是明晰的、稳定的，评价的参照系统是充分体现这一评价目的的，而评价的整个过程在逻辑上是遵循这一参照系统展开的，那么至少可以从逻辑上说，这一评价是合理的。

按照历史和逻辑的顺序，本应首先阐述评价目的的确立，但是为了叙述的方便，为了能更清晰地展示评价目的对评价参照系统乃至整个评价活动的制约，我们先从评价参照系统的确立开始阐释。

(一)确立评价参照系统

评价的结果有多种表达方式，就语词表达这一种方式而言，其具体形式各有不同。但是无论它的表现形式如何，评价结果实质上所蕴含的意味都可以简化地表达为：X 是有价值的(或无价值的)。在此"X"指的是价值客体。"有价值的"是 X 的谓词，在日常语言中，常采用"好的""美的""善的"等此类的语词作为替换词。在"X 是有价值的"这个表达式中，"有价值的"这个谓词实质上是一个相对语词。按照斯蒂文森的见解，这个相对语词只有被扩展为含有空白的表达式，并且这个空白被适当地填充时，这个语词的含义才会清晰[①]，否则它所表达的含义就是含糊不清的。

"X 是有价值的"其含空白的扩展式为"X……是有价值的"。这个空

---

① ［美]R. B. 培里等：《价值和评价——现代英美价值论集粹》，126～146 页，北京，中国人民大学出版社，1989。

白所可能包含的内容有五个方面。其一，"X 对谁是有价值的"；其二，X（对谁）的哪一方面是有价值的；其三，X 与什么相比（对谁的哪一方面）是有价值的；其四，以什么为标准衡量 X（对谁的哪一方面比什么）是有价值的；其五，"谁认为 X（以什么尺度对谁的哪一方面比什么）是有价值的"。其中第五个方面指的是评价主体，前四个方面指的是判定价值客体的意义（或价值）所参照的因素。换言之，它所揭示的是价值客体在什么意义上是有价值的。"对谁""就什么方面而言""与什么相比""以什么为标准进行衡量"，分别指的是评价中的价值主体（对谁）、评价视角（就什么方面而言）、评价视域（与什么相比）、评价标准（以什么为标准），这四个方面构成了评价的参照系统。因此，可以从语言分析的角度，将评价的参照系统定义为：具体价值判断中的价值术语（好的）等的限制条件。或从操作的角度，将其定义为：评价者作出价值判断所参照的条件。或从功能的角度，将其定义为：评价主体对价值客体的意义予以不同程度的肯定或否定的比较因素的体系。

评价参照系统的确立是进行具体评价操作的前提。任何一种评价活动都是以评价的参照系统为依据的。只不过评价主体有时对此不自觉而已。

评价第一个方面需要确定的就是价值主体，即价值关系中的主体。价值关系是指主体与客体之间需要与满足需要的关系。在这一关系中，主体的需要处于支配地位，它是衡量客体价值的尺度。所谓价值，从现象形态上说，就是客体满足主体需要的一种效应[1]，以其本质而言，价

---

[1]　王玉樑：《价值哲学》，93 页，西安，陕西人民出版社，1989。

值是价值主体与价值客体之间的一种关系。当 X 满足了主体 S 的需要时，就称 X 对 S 是有正价值的；当 X 未满足 S 的需要时，就称 X 对 S 是无价值的；当 X 不仅没有满足 S 的需要，反而损害了 S 的利益时，就称 X 对 S 是有负价值的。在 X 与 S 的这种关系中，S 就是所谓的价值主体。任何价值都是相对于确定的主体而言的。同一事物与具有不同需要的主体形成了不同的价值关系，因此对于具有不同需要的主体而言，这同一事物就具有了不同的价值(或正价值，或负价值，或无价值)。在具体的价值关系中的这个主体，不是抽象的人，而是具体的、在一定社会关系中的、在一定文化背景下的、在一定历史时期的人，是具有特定身份、特殊需要的人。哈特曼曾举过这样一个例子。产科医生："琼斯夫人，我有一个对你来说非常好的消息。"病人："我不是琼斯夫人，而是琼斯小姐。"产科医生："琼斯小姐，我有一个对于你来说非常坏的消息。"哈特曼说，一个孩子对于琼斯夫人来说是"好的"，而对于琼斯小姐来说就是"坏的"，因为它不满足琼斯小姐的需要。① 因此，就其实质而言，所谓某物有价值是相对于特定的价值主体的特定需要而言的。人的需要是多层次多维度的复杂体系。所谓 X 满足 S 的需要，指的仅是 X 的某一方面满足 S 的某一种具体的需要(在一定时间、一定空间、一定情境中的需要)。因此，这就引申出评价参照系统的第二个方面：评价的视角。

从表面形态上看，评价视角指的是评价所取的角度。而从实质内容

---

① ［美］R. B. 培里等：《价值和评价——现代英美价值论集粹》，78 页，北京，中国人民大学出版社，1989。

上看，评价视角是价值关系中的主体与客体的交汇点，或是评价主体所意识到的价值关系的主体与客体的交汇点。价值客体无论多么微小，多么简单，都是一个混沌的多面体。人的需要也是如此。而且价值客体是变化发展的，人的需要也是变幻无常的。所以，用人的需要来衡量客体，如果没有具体限定的话，这种衡量实际上是人不欲为之的。在现实评价中人们并不企求在所有方面，在所有层次上，在无尽的时间流转中对客体作出包揽无遗的评价，而是根据实践的需要选择确定的评价视角，即在对客体和主体都作了必要的限制的前提下，以主体某一时空内的某种需要来衡量某一时间内的价值客体的某一方面。评价主体不可能也不奢望对价值客体作出囊括无遗的价值判断。人的理性是有限的，在我们所面临的大多数境况中，我们所能观察到的各种事物，或优先考虑的东西，只不过是为数不多的一部分。从人类理性的有限性上说，只有选定了评价视角的评价才是现实的。

评价视角的确立，是评价可能进行的前提。在评价活动中，因评价者选定的视角不同，所以价值客体向评价者会显现出不同的景致。这使价值客体的信息在评价者的眼里，有的凸显为图，有的隐而为底。价值主体的需要亦是如此。评价视角的选取确立了评价的方向，同时也确定了评价的限度。从不同评价视角作出的评价，在逻辑上是不相同的，是不可置换的。

评价参照系统的第三个方面是评价视域，即评价者所选择的判定价值客体 X 价值的比较范围。在现实中，不是只有 X 与 S 形成了或可能形成价值关系。当有一组与 X 相似的 X^1、X^2、X^3……X^n 与 S 形成或可能形成价值关系时，为了确定 X 的价值，评价者就需要将 X 与 X^n 系列进行比较。在这种情境中，X^n 系列就构成了判定 X 对 S 的价值的比较范围。评价视域是评价者根据评价活动的目的，基于自身的知识水平而对客观存在着的 X 与 S 的关系的可比较范围的观念性把握。

评价与认知活动相区别的一个重要特点在于，评价的结论是具有相对性的。这种相对性较充分地表现在"X……是有价值的"这个评价表达扩展式中。X 的价值，取决于它对 S 的需要的满足，即所谓 X 是有价值的，是相对 S 的需要而言的(且不论 S 的需要是变化的)，是相对 S 某一方面的需要而言的；同时，是相对与 S 的这一需要形成价值关系的其他客体而言的，即对 X 价值的判定是在将 X 与其他同 X 相似的、与 S 的这一方面的需要有或可能有价值关系的 X^n 的比较中形成的。在这种情况中，X 的价值实质是以比较级或最高级的语言形式表达的。虽然并不是所有的评价都是"借助于成为评价对象等价物的、可以比较的价值对象性而进行的"[①]，但这毕竟是评价中一种非常普遍的形式。在科学理论评价中，科学家们用真或美的尺度去衡量不同的科学理论的价值，对它们作出比较和选择。德国天文学家开普勒在年轻时就是哥白尼理论的忠实信奉者。他说之所以相信哥白尼的学说，仅仅因为哥白尼体系比托勒密体系具有更大的数学简单性及和谐感，因为哥白尼的学说更符合他所信奉的科学美学原则——简单、合理、和谐。[②] 在其他领域，尤其在作为决策过程的一个阶段的评价活动中，比较同类客体，以判定价值客体的价值也是非常普遍的。决策科学的一个基本原理就是：没有一组备

---

① ［捷］弗·布罗日克：《价值与评价》，62 页，上海，知识出版社，1988。
② 徐纪敏：《科学美学思想史》，220 页，长沙，湖南人民出版社，1987。

选方案，就谈不上决策。决策就是将这组备选方案进行比较，以选择较佳的方案的过程。人们在购物时最普通的经历，恐怕就是比较选择了。某一物品，我们一眼看去，可能会感到十分满意，但看到另一件物品时会觉得原来的远不及眼前的。所谓不怕不识货，就怕货比货，这再通俗不过地表达了这种情形。

因此，为了评价客体的价值，评价者不仅要把握价值客体本身的信息，而且要常常把握与价值客体相关的另一些客体的信息。只有这样才能通过价值客体与"另一些客体"的比较，而对价值客体的意义作出较为有效的、合目的的衡量。在许多情况下，如果评价者对价值客体之外的，其他可以与价值客体形成比较的客体的信息一无所知，那么他就会感到几乎不可能对价值客体作出评价。例如，对一理论研究成果意义的辨别，如果评价者不了解该学科的研究状况，不了解这一学科有关问题的研究情况，那么他就不能确定这一理论是否具有独到之处，是否可谓之为一种新的创见。因此，在科学理论的评价中，人们要求"评价主体必须首先是所在研究领域中的专家。他们既有深厚的理论功底，又有高超的实验技巧；既熟悉本学科的研究现状，又能对其发展潜力和方向做出高瞻远瞩的预见"[1]。他们必须能，或比别人更能"独上高楼，望尽天涯路"。

在评价活动中，即使是从同一视角对同一价值客体作出评价，假若评价视域不同，评价的结论也将不同，有时甚至相反。换言之，对同一价值客体的评价相去甚远或颇具差异的原因，很可能是评价视域不同。

---

[1]　舒炜光：《科学认识论》第 3 卷，475～476 页，长春，吉林人民出版社，1990。

比如，对我国现时生产力发展水平的评价，视域不同其评价结论明显不同。假若以旧中国的生产力水平，或以落后于我国的一些发展中国家的生产力水平为参照客体，那么就会得出我国生产力水平很高的结论；但如果以世界发达国家的生产力水平为参照客体，那么将会认为我国现时生产力发展水平是落后的，是亟待大力提高的。斯蒂文森说："高"这个词当被用作谓词时，通常就把 X 与其他东西联系起来，而"其他东西"并不总是同一个东西；根据"高"的说出场合不同，它可以是这个东西或另外一个。例如，四层高的大楼在一个村子里就是高的，而在纽约则不算高，因为随着大楼所在地的改变，用以作为比较的建筑种类也在改变。再比如，5 英尺 11 英寸①的高度对一个人讲是不是高个儿，这要看这个人是男的还是女的，而且还要看这个人（如果是男的）是属于这个还是那个种族。因此，"高"有一种不只是通常所谓的语言环境和实际环境产物的意义，它能对问题提供不同的解答。

"对于什么而言算高的"②，不仅蕴含着评价的比较范围，而且蕴含着第四个方面，评价标准，即它不仅蕴含着"与……相比 X 是有价值的"这样一个问题，而且蕴含着"以……来衡量 X 是有价值的"这个问题。评价标准是评价参照系的核心。价值主体的需要是评价标准的基础。在评价活动中，评价主体所理解的价值主体的需要以评价标准的形式起着衡量价值客体意义的作用。评价标准是评价活动的一个逻辑前提，评价者对价值客体意义的判定是依评价标准而作出的。评价活动中最深刻的

---

① 5 英尺 11 英寸＝180.34 厘米

② ［美］R. B. 培里等：《价值和评价——现代英美价值论集粹》，127 页，北京，中国人民大学出版社，1989。

差异就是由评价标准的差异所引起的差异。由评价视域所引起的评价差异是一种表层的、容易纠正的、容易达成统一的差异，而由评价标准的差异所造成的差异却是一种深层的、难以达成统一的差异。不同时代评价的演变、不同文化评价的冲突、不同主体评价的歧义，究其根本无不在于此。评价的演变，就其根本而言不过是人们评价标准的演变，在评价的合理性问题中，最艰涩的问题莫过于评价标准的合理性，关于评价的各派学说最针锋相对的也莫过于此。

评价的参照系统由以上四个方面构成一个完整的格式塔结构。而使这一格式塔结构得以成立的，作为这一格式塔结构灵魂的，是评价的目的。

(二)确立评价目的

评价目的，所指的是进行评价的理由，所回答的是为什么要进行评价。在现实活动中，人们进行评价的理由是复杂的，但从理论抽象的角度来说，可以概括为以下两类。

第一类评价的目的是实践。评价是人类实践活动中的一部分，是人类行为中的一部分。为了一定的实践目的而进行的评价是评价中颇为典型的，也可以说是最常见的一类。该类评价的特点是，评价目的是由实践的目的决定的，而实践目的是由在该次评价之前的实践活动和评价活动决定的。该次评价的目的虽然受到以往评价活动的制约，但它是该次评价活动的前提，是先在的条件，同时是在评价活动开始前就预先设定了的。

在科学决策中，评价的目的就是决策和行动，评价的理由是由科学决策的目的规定的。科学决策的一般程序是首先确定目标，然后拟订备选方案，选择备选方案，最后是执行备选方案。尽管在科学决策的每一环节中都包含着评价，但评价最集中、发挥最主要作用的，是在选择备选方案的阶段。如《投资评价与相关决策》的作者斯悌芬·鲁比所说，无论是市场决策、国际外交决策乃至婚姻决策，所有的决策在本质上都是基于不同方案相比较的概念。作出这一比较的基础是评价。决策的两个必要前提是：存在替换方案；存在目标。而任何替换方案被评价的唯一原因是要对它作出决策。故所采用的评价方法必定与决策目的及该目的的表达方式有关。决策的目的就成了评价的目的。若我们的目的是以尽可能短的时间从 A 地到 B 地，那么就必须用与该时间目标有关的一致的评价标准来评价从 A 地到 B 地的各条路线和各种手段，并选择其中费时最少者。① 如果决策的目标不是一个而是多个，以上例为例，决策的目标不仅是"最短时间"而且还有较低费用，那么评价就较为复杂了，在多种方案取舍中，评价标准的指向和层次都会发生变化，但没有发生变化的是，它仍以决策的目标作为自己的目的。

在日常活动中，上述情形也是常见的。例如，对一本书的评价。评价这本书的目的是决定我是否买下它，确定该书的作者是否已达到博士的水平，这种评价目的的不同直接决定了评价标准、评价视角、评价视域的不同。在不同目的的评价中，价值主体是不同的。在第一种情况下，价值主体是我本人，而在第二种情况下，表层的价值主体是国家、

---

① ［英］斯悌芬·鲁比：《投资评价与相关决策》，1～7 页，北京，中国石化出版社，1991。

社会，是学科的发展、科学研究的水平，而深层的价值主体是人类，是人类认识世界的需要。由此可见，评价目的的转换，将直接引起评价参照系统的转换，从而引起整个评价活动的转换。

第二类评价的目的是自我反思。评价是人类实践活动中的一部分，但这并不意味着所有评价都直接指向实践活动（此处用的实践与上面用的实践都取其狭义，即指与思维活动相区别的人类活动）。在实际评价活动中，有一部分评价仅是以人的自我认识为目的的。以反思为目的的评价便是其中的一种。这类评价的特点有三：一是评价主体与价值主体只有逻辑上的区别、时间上的区分，而没有实体上的区分；二是评价的部分过程是在尚未确定评价目的，尚未确定评价的参照系统时就开始了的，这个"部分过程"是指评价者对价值客体信息的感知和整理过程；三是客观的价值关系已经形成，而作为价值主体和评价主体的人，尚只知其然，而不知其所以然。在这种情况下，评价就是以揭示其所以然，揭示已形成的价值关系的本质为目的的。简言之，这类评价的目的是揭示已形成的价值关系，是反省评价者自己已获得的价值感受。

试举一例加以说明。在观看奥斯卡金像奖最佳影片《阿甘正传》时，我并不知道这是奥斯卡金像奖的获奖影片，也并没有想到要去评价它，只是一种无明确目的的消遣。但在看这部影片的整个过程中，我被深深地打动，并受到强烈的感染，以致当影片结束后，我仍久久地沉浸在这种强烈的情绪中不能自拔。如果到此为止，我所作的不是评价。但是没有到此为止，我想弄清是什么如此强烈地感染了我，这种价值感受产生的原因是什么。用评价的术语表达就是价值客体到底以什么满足了我哪一方面的需要，才使我产生了对这种价值关系的感受。当确定这一点时，我便开始涉足评价。而这一评价的目的是反思，是揭示业已产生的而我却不知其所以然的价值关系。在这种情况下，我看电影时对影片内容的了解已由非评价过程，转化为评价过程的一部分，转化为评价中对价值客体信息的把握。原来的非评价过程，现在转换为评价过程。但在转换之后，我仍需对价值客体（《阿甘正传》）进行信息整理——回忆它的情节、表现手法，它所渲染的情绪，它所表达的观念等。同时，我仍必须对我自己潜在的在观看这部影片前未意识到，而在观看影片时被唤醒的需要进行反思，从而解释这种价值感受产生的原因，揭示实际所存在的价值关系的内涵。

在这种情形中，从现象上看，评价目的似乎并不是先于评价活动的，因为在评价目的确定前，评价活动的一部分已经开始了。可实质上，原先开始的那种活动，如果没有后来的转变，就不是评价活动的一部分。只有评价目的确立了，原来的过程才被纳入评价，才转化为评价活动的一部分。因此，即使在这种情形下，评价仍然是以评价目的为先在条件、为前提的。这时整个评价参照系统的确立仍是以评价目的为核心、为统帅的。

简言之，评价目的的确立在评价活动中所具有的至关重要的作用表现在，它制约着价值主体、评价视角、评价视域和评价标准的确立，从而制约着整个评价活动。评价目的的清晰明确，是参照系统合目的性的必要条件，评价目的的明确与稳定，是整个评价活动合理有效的必要条件。评价目的不清晰、不明确，整个评价将如黑夜行船，盲人驾马；评价目的不稳定，整个评价将杂乱无章、自相矛盾，令人不知所云。尽管评价目的在评价活动中如此重要，但它仍然仅仅是保证评价活动合理有效的一个必要条件，而不是其充分必要的条件。仅是评价目的的明确既不能完全保证整个评价过程合逻辑，也不能保证评价的合理。要达到评价的合理还必须满足包括评价目的明确、清晰在内的一系列约束条件。

二、获取评价信息

　　所谓评价信息，指的是由评价目的约束的、由评价参照系统要求的，有关价值主体、价值客体及参照客体的信息。所谓"获取"有广义和狭义之别。其狭义获取是指信息的收集过程、搜索过程；广义获取是指包括收集和搜索在内的整个信息的处理过程。在此，我们取其广义。所谓获取评价信息，是指获取有关价值主体、价值客体与参照客体的信息。

　　评价的目的是揭示价值或预测价值。价值的存在分为深层与表层两种方式。价值表层，也可被称为现象，是价值客体作用于价值主体后产生的一种客观效应。这种效应，可以是心理的，如主体的满足感、喜悦、幸福等，也可以是生理的，如解除了某种疾病，产生了某种生理变化等；可以是精神的，也可以是物质的；可以是个体的，也可以是社会的，诸如此类，不一而足。但这是价值的表层或现象的存在方式。把握了表层，还不能说已把握了价值。价值的深层的也可以说是本质的存在方式是价值主体与价值客体之间的一种特定的关系。只有把握了这种特定的关系才是真正把握了价值，从只知其然到知其所以然。例如，经过本能遗传和大量的试错过程，动物可以"知道"哪种草可以止血，"知道"

哪种植物可以食用，等等，即"知道"哪些是对它有真正价值的，但只有人类医学、生理学等科学研究，才真正揭示了这种草可以止血的原因，这种食物有益的原因和有何种益处。我们不能说，动物的活动就是评价，而只能说它是一种类似的评价，或准评价。人类的评价活动就其本质而言，必须能够既知其然，又知其所以然，能从知其然到知其所以然。

如此看来，要实现评价的目的，要揭示价值、预测价值，是不可能将深层的价值关系作为直接感知的对象的。或者说，从操作上说，评价的对象不可能如有学者说的，可以直接作为感知对象（所谓价值事实），如同我们说"树"是我们的认识对象。其操作方式也不可能对这所谓的价值事实本身直接地作出反映——摹写，即使是能动的摹写。而只能通过对价值主体的需要与价值客体的属性与功能的研究，才能揭示价值的深层存在方式，揭示实际上已经存在的价值关系和预测将会存在的价值关系。评价既不像这种反映论者所说的那么简单（其实并不简单，因为按其所说，根本无法操作），也不像直觉主义所说的那样神秘。对价值的认识过程可分解为两个主要阶段：一是分别获取价值客体、价值主体、参照客体的信息；二是根据这些信息作出价值判断。在进行了如此分解后，我们会发现，对价值的认识过程与对客体的认识过程是有相似之处的。迄今为止，心理学、脑科学，也包括传统认识论的研究成果，都为我们揭开评价活动的面纱提供了有益的帮助。在下面的论述中，我们将把这些丰富的成果作为我们研究的背景，但略去对研究成果的阐述，而直接切入评价的独特之处。

（一）获取价值客体的信息

价值客体是价值关系的承担者之一。在现实中价值客体的类型是纷繁复杂的。存在的事物可以分为多少种类型，价值客体就有可能分为多少种类型。根据在评价活动中评价者操作方式上的差异，我们可以参照卡尔·波普尔三个世界的著名理论，将它们归为四大类型：第一种类型是波普尔所说的世界 1，即包括物理实体和物理状态的物理世界；第二类是精神的或心的世界，包括意识状态、心理素质、思维模式、道德品质、情感方式等，可称为世界 2；第三类是客观化了的心理世界、意识世界，如书籍、艺术作品等，可称为世界 3；第四类是人的行为，可称为世界 4。

在评价活动中，人们对同一类价值客体的评价，往往运用较为近似的，甚至是相同的评价图式，表现出近似或相同的评价倾向。而且在对同类客体的评价之间往往形成干扰，形成不恰当的由此及彼的晕轮效应。而对于不同类型的价值客体，评价者往往会有不同的评价图式，在评价的取向和注意力的分配、理解方式等方面会存在较为明显的差异。因此，当论及获取价值客体的信息时，除了需要把握对各类价值客体进行评价时所具有的共同性的一面之外，还需要对评价中几类较为典型的情况略作分析，就其共同性的一面而言，对不同类型价值客体信息的获取，应有两个相同的基本环节，即信息筛选和信息解释。

1. 信息筛选

在获取价值客体信息的过程中，评价主体必须冒的第一个风险，就是根据评价目的将本然状态的客体进行"整容"，使之成为价值客体。这种整容过程，是以评价视角为直接尺度的。在信息收集过程中，评价视角已使评价者对大量与评价视角不合的信息视而不见、听而不闻，在收集了信息之后，评价视角再一次使评价者对所收集的信息进行合目的化的处理。经过这样的整容而变为价值客体的客体，已与其本然状态有了明显的差异。本然状态浑然一体的各类因素，经过整容被变成了图与底的关系，合目的的被凸显为图，而不合目的的(被认为不合目的的)被淡化为底，这种淡化程度有时是如此之高，以致人们常常意识不到它的存在。这种"整容"过程，是抽象化的过程，它割断了客体各因素之间本来的联系，使客体变为合评价目的的单面客体，但它的结果却是使客体具体化为一个可以进行评价操作的具体存在。客体的本然状态是具体的，但在未进行合目的化处理时，它是无法付诸评价操作的，因而也可以说它对于评价活动来说，是抽象的存在、可能的存在。

"整容"是评价主体取得价值客体信息中必须承担的风险。评价者经过这一跳跃是必要的。因为只有经过这一危险的跳跃，评价活动才具有了可能。人的理性能力是有限的，不应该使之放任自流，而必须将其合目的地用于有限的方面。然而，评价者所作的这一跳跃又是危险的，因为它有可能因为评价视角选择不当，或以评价视角对价值客体信息的选择不当，而使评价差之毫厘，谬以千里。尽管客体的存在是不依人的意志为转移的，但对客体信息的筛选，却是以人的目的、人的知识水平、人的信念、经验、情感，或言之，以评价主体的心理背景为基础的。因此，仅在这第一次跳跃中，评价就不可能摆脱评价主体心理背景与评价目的的影响。而且这种影响是如此重要，以至于整个评价中实际处于操作状态的价值客体，就是这个被如此整容后的客体。

2. 信息解释

这将是评价者必须承担的第二次大的风险，是较第一次更为惊险的跳跃。约翰·麦奎利曾对解释的特征作过一个较为明确和系统的概括。他认为，解释有六个主要特点。解释的第一个特点是，任何解释要得以进行，都必须以解释者对他不得不解释的东西已有的某种理解为前提。假如没有这种前理解，我们所面对的东西全然是陌生的，我们只能盯着它，甚至没有进入理解的可能。解释必须基于前理解。解释的第二个特点是解释过程涉及某种循环。尽管我们是在前理解的基础上开始解释的，但解释的整个过程是获得一种新的理解。解释的第三个特点是解释需要的表达模式不止一种，要使这种解释成为可能，只有采用另一种表达模式。例如，将一种语言翻译成另一种语言。在这种解释过程中，一般的解释方向是从不太熟悉的东西到非常熟悉的东西。解释的第四个特点是，解释者与他正在进行解释的东西之间有某种兴趣上的共鸣，以及他用于解释的语言或表达式只有相应的恰当性。解释的第五个特点是承认解释的科学成分。承认有某些能排除漫无边际的主观解释的"客观"标准，承认对某些问题可以用不同程度的"科学的"方法予以解决。解释的第六个特点是，必须把解释看作科学，看作艺术。解释凭借了解释者的经验和想象，是具有创造性的重建。也许我们不应该说"真实的"解释，而应该说"负责的"解释，这里"负责的"指的是解释者对本文富有建设性的回应。① 之所以如此冗长地引用麦奎利的话，是因为我找不到比他所

---

① ［英］约翰·麦奎利：《神学的语言与逻辑》，139～142 页，成都，四川人民出版社，1992。

采用的更好的方式，来表达我对解释特点的理解。

如前所说，由于价值客体类型的不同，评价主体所用的和所应该用的评价图式也是不同的，这种不同在解释这一环节表现得尤为充分。

对第一类价值客体即物理客体和物理状态的评价，有日常经验与科学理论两个层面。在日常经验层面，绝大多数价值客体的信息囿于经验到的这些客体的功能，而对它的结构、要素、作用机制等缺乏知识，可谓只知其然。而在科学理论的层次，则需要以这些客体专业化的理论知识背景为基础，不仅知其功能，而且知其何以有如此功能，知如此功能之所以产生的运作机制，及这一功能的约束条件。日常经验领域是这类评价中范围最广泛的领域，也是我们最常见的领域。但即使是在日常经验的层面，当要对价值客体进行评价时，我们也必须具备关于价值客体的必要的知识背景。比如，我们要购置影碟机，就需要作出比较和选择。而要作出比较和选择，我们就必须知道它的功能，这是不言而喻的，而且必须知道有关这一功能的几个主要指标，知道衡量它好坏的经验方式和尺度，不然，我们就只能盲目行动。

购买行为是商品经济中最为常见的行为之一。而要能使购买更合目的，就必须经过对所欲购买客体的评价过程。在作出评价结论前，必须要获得价值客体的有关信息，而且必须对这些信息进行解释。如对于商品的某一性能指标，就需要通过解释，才知道它的含义。例如，购买牙膏。牙膏盒上标有"双倍含氟"字样，对此在未经解释前还不能算作已获得了关于该牙膏的信息，只有知道氟对牙齿的功效及双倍的意义后，这一指标才变成评价者已获得的信息。这种解释是以客观的认知方式为主的。在这一解释过程中，主体会尽量减少个人的好恶对这一信息解释过程的影响，而且较下面所说的关于另外几类客体的评价而言，个人的好恶在这一解释过程中的（只是在解释过程中）影响是最小的。在这种评价中，评价者较容易保持科学的态度，而且另外的判断者也较容易判定评价者是不是保持了科学的态度。在这一解释过程中，需要有前理解。这种前理解有两种获取方式：一种是在该次评价前已经具备的，作为知识形态而存在的前理解；另一种是在该次评价前尚未具备的，仅以方法论原则而存在的前理解。比如，在购买牙膏前，我不知道氟的作用，可我知道怎样才能获得关于氟的功效的知识，这也是一种前理解。同时需要有表达方式上的转换，如将数据转化为关于功能的日常语言等。总之，它体现了解释的全部特点，是解释的一种类型。这种类型的评价有四个特点：在这种评价中，知识背景的作用最为重要；它的客观性、科学性特点最为明显；主体间的差异最小；对其进行二级判定达成主体间共识的可能性最大。

对第二类价值客体，即对意识状态或心的世界的评价，诸如对心理素质、思维模式、道德品质、情感方式等价值客体的评价，就比对第一类价值客体的评价要困难：不仅信息筛选过程的难度增大，而且信息的解释过程更为复杂。例如，教练要评价某一运动员的心理素质，以确定他的心理素质对于比赛成绩而言的优与劣，那么首先必须弄清，心理素质指什么，心理素质的表现方式是什么，这是筛选的前理解，解释的前理解（它可以是经验层次的，但最好是有科学理论依据的），然后由此确定观察的视角与范围。在据此收集了一定的信息的基础上，教练必须再根据他自己对人在这方面的素质的理解和直接的或间接的体验，来分析各种心理素质对比赛成绩的影响，进而分析不同类型的心理素质发挥作用的外在条件和内在根据，然后才有可能对该运动员心理素质的优劣作出理性的判断。

在这类评价中，"体验""自省"是重要的理解手段，是解释评价信息的重要途径。它所采用的方法，在科学层面是以心理学的研究方法为主的，在日常经验层面是以心理体验与自我反省所得到的对人的心理特点及规律的理解为基础的。因为对人的心理的认识难于对物理世界的认识，它的研究方式与测定方法受到伦理的、法律的、文化的、技术的多方面的限制，所以，在这一类型的信息解释过程中，评价者所冒的风险更大。这里不仅有从一般（根据心理学知识）到个别的风险，而且还有以己度人的、由个别推及个别的风险。要对这类信息作出"负责的"解释，评价者必须具有关于人类意识的知识，关于人类心理的经验与对这一经验的反省，必须具备比被评价者更优秀的心理状态。例如，要评价被评价者的思维模式，评价者必须更能发现这一思维模式的特点，还能揭示它的优劣，而要做到这一点，评价者的思维必须是在更高层次，具有更优特征，不然就无法理解他人的思维模式，就不可能对其作出"负责的"解释与合理的评价。

与前一类评价相比较，该评价也有一些特点：其一，评价者知识背景中关于人的心理的知识是重要的，但对人的心理活动的信念较相关知识的作用更为重要；其二，它的主观性因素与特点较为明显，它直接受制于评价者个人的心理特征。一个具有刻板思维方式的人，会将别人极富创造性的联想，当成条理不清、思维混乱的表现。一个理智有余、情感欠缺的人，会把别人的情感当作神经质、不正常的反映。由于第二点，所以在这类信息解释中，个体之间的差异较为明显；对其进行二级判定同样会陷入一级解释的困境，因此，仅部分主体间共识的形成是有可能的。

对第三类价值客体的评价，即对客观化了的心理世界、意识世界的评价，诸如对书籍、艺术作品，包括音乐、绘画、电影、小说、雕塑等的评价，是解释学研究最多的领域，是价值哲学关注的两个最重要的领域之一，也是美学研究的首要领域，同时也是历史学涉及价值问题的主战场。解释学所总结的解释的特点，大都是以此类评价为蓝本的。对这类价值客体信息的解释是相当困难的，其难度之甚，几乎令人望而却步。

解释学着手开拓的第一领域就是语言，尤其是文字语言。解释学所关注的焦点，始终是与人文理解相关的解释问题。解释学认为理解的目的，是澄清和把握由他人和历史留传给解释者的文献、典章、艺术品等精神产物，即所有对象化（物化）了的精神。对这种精神的把握，有一明显的困境就是，文字使言谈和话语被固定起来，因此这使言谈和理解有了时间上和空间上的分离，使所发生的理解过程永远失去了主体在直接对话过程中的那种直接性和敏感性，同时还由于语境和历史情境的丧失，语言的破缺和最初意图的隐匿，使本文变得扑朔迷离。人类精神的客观化，使思想变成了独立于思想者的一种具有独立意义的存在。正是这样，使人类精神发生了一种根本性的转折，这种转折就成了一切误解、歧见，甚至谬论的渊薮。① 在这种信息解释过程中，评价者所具有

---

① 李步楼、李权时、贺绍甲：《现代西方哲学中的真理观》，285～288 页，武汉，湖北教育出版社，1991。

的知识，所拥有的体验，所持有的信念、价值观，乃至当下所经历的情感都成为解释不可祛除的前提。

解释客观化的人类精神产品的如此困境，使自近代开始的以追求科学性、追求客观化为旗帜的史学观念受到沉重的打击。何兆武和张文杰认为，近年来西方历史哲学发展的一般趋势是把历史研究越来越看作一种人文研究而非一种科学(包括社会科学)，看重点越来越转到历史写作的结构和布局方面，似乎是日益回到自古以来文史不分的传统老路上去。① 历史学家曾认为，自己是肩负展示历史本来面目重任的使者，而解释如此这般的主观而非客观，的确令人尴尬。不唯如此，解释的困境与在编写历史时就不可避免的主观性，使传统史学的观念发生了重大转变，使史学家们对历史学的功能有了新的认识。但这并不意味着史学从此失去了它独特的存在价值，而只意味着人们对史学绝对客观性的迷信已经结束；史料的解释是困难的，但不是不可能的；史料的解释是可能的，但不是纯客观的，也不是唯一的。对史料的理解不是纯粹客观的，不是唯一的，但对史料的评价却不能离开对史料本身及相关信息的获取，如果离开了对价值客体信息的获取，评价则变成了无本之木、无源之水。

对艺术作品的评价有两个较为分明的领域：一是日常经验的领域，二是学术研究的领域。在日常经验领域或欣赏领域，解释的困境似乎并没有让人感到失望，相反，它甚至还带有解放的意味。在这一领域，人

---

① ［英］沃尔什：《历史哲学——导论》，译序一，7页，北京，社会科学文献出版社，1991。

们按照自己的水平、自己的喜好去理解文本，而较少关心文本究竟是怎样的。如前所说，当精神产品客观化后，它便有了独立的意义，有了与创造者的意图在时间和空间上的隔离，这就为解释提供了广阔的余地。在日常经验和欣赏的领域，当听贝多芬的《第三交响曲·英雄》时，我们不一定非要知道贝多芬写这首曲子的历史背景，没有必要知道贝多芬想通过这首曲子所表达的观念是什么、感受是什么，我们应该知道的是这首曲子的旋律，听这首曲子的演奏，体会我们在听这首曲子时的感受。这是艺术作品的一种独立于艺术创作者的价值。对这种价值的判定是人类生活中很重要的一个方面，尽管从学术研究的层面来看，它是低级的，但它的存在是有合理性的。当作品的历史背景已隐匿或已久远时，人们对艺术作品的评价，仅以人们当下的理解为基础，以人们自己的需要为尺度，这不是完全不合理的。

在武汉大学读书时，曾有一件事给我留下极为深刻的印象。武汉大学如同城堡般的原哲学系楼前有一条很长的樱花大道，每年三四月，淡粉色的樱花盛开，给人一种如临仙境的感受。它吸引了许多游客到此欣赏。有一天我听说，有人到校长办公室声泪俱下地坚决要求校方砍掉这些树，原因是这些樱花树是日本人占据武汉大学时种的。那些呼吁者认为，它们所表现的不是美，而是中国人的耻辱。这些人的感受并不可笑，他们的要求也并不是完全荒谬的。由此，我想到许多诸如此类的现象，如曾受到鲁迅痛斥的林语堂的作品，邓丽君唱的那首"何日君再来"，等等。于是我禁不住追问：在对这些艺术品的评价中，是不是只有一种解释是合理的？如果是的话，是不是只有知道历史背景的，知道作者原意的，知道诸如此类的种种解释与在此基础上的评价才是唯一合理的？如果确实如此，美的领域，或许有许许多多的客体受到无情的砍伐。因为，有许多作品是我们并不知道，也不可能知道的，起码是不可能完全知道作者原意的。还有一些作品则可能是作者的原意与我们的观念相对立的。如南唐国君李煜的词。他的词所表达的是政治上无能的皇帝的感慨。我们既不欣赏他的人格，又不欣赏他的感慨，如此这般，他的词对我们来说，就只是丑不堪言的，又怎能激起我们的美感？荒谬的是，它竟激起了我们的美感。按照上述的观念，这种美感只能是不可理喻、不合理的。当面对这种荒谬时，我们深信荒谬的根源不在于现实生活，而在于我们的观念。对艺术作品的解释究竟应该采取什么样的方式，究竟应该将哪些信息作为必须把握的信息，这是 20 世纪文艺批评理论的一个主题，对其的著述汗牛充栋，其观念的转变更是不可思议。我们还是不要再侵犯文论研究者的领地了，把空白留给将来的阅读。

与日常经验的领域不同，科学研究领域可不像欣赏领域那么潇洒自由。如果要评价一件作品在艺术发展史上的地位，要评价这一作品的历史价值，的确需要更"负责地"解读文本，知道文本的原有含义，当然究竟需要知道哪些信息，这也取决于评价的目的，相对于不同的目的，解读的范围与深度是不尽相同的。

在以上个案分析的基础上，我们似乎可以得出这样的结论，与前面两类评价相比，解释该类价值客体信息的特点在于：它更强地依赖于评价主体心理背景系统的整体效应，同时它具有更强的主观性、创造性，也更需要由这种心理背景的格式塔结构所产生的感悟力、理解力，更需要灵感，个体间的差异性更为突出；要对这一解释作出判定不是不可能，但却不能不包含判定者的主观前理解，这种主观前理解的作用是如此之强，以致人几乎忘了还会有客观性可言。

但在客观化的心理世界中，除了上述类型以外，还有一个很重要的部分，这就是自然科学著作、社会科学著作和人文学科著作。对于科学著作信息的解释，到目前为止，似乎尚未受到相对主义的侵害。人们仍认为只要具备相应的知识背景，只要知道该学科所研究的问题及该学科的发展成就，就可以理解它们。对社会科学著作，人们解释它的信心，就比不上对自然科学著作的解释信心。正如人们对物理世界的认识较对社会的认识更能达成一致。在自然科学著作中，作为科学家本人的个体化的心理因素已消逝，自然科学著作如同被提纯过的蒸馏水，留下来、记载下来的是主体间可以达成共识的部分。自然科学著作所展示的是人类的一个认识阶段，而不是某人的一种认识。而社会科学所反映的是某个历史时代、某种文化、某个社会阶层中人对人自身的认识。从研究方式来说，它是某位社会科学家个人的研究成果，因此这种认识就保留了社会科学家所处时代、文化、阶层及本人价值意识的内容。尽管社会科学家曾一再强调要保持道德中立，要在社会科学中祛除价值判断，但这似乎是不可能的。这不仅因为社会科学研究者将社会的哪些方面的研究作为他的研究对象，会受到他世界观和价值观的影响；而且因为人在解释社会的现象，形成对社会规律的认识时，必须依赖于他对人性、人的心理活动规律、人的行为等的理解，而在这些理解中，不可能祛除主体泛化，即由己及人的因素。在检验手段上，社会科学理论不可能像自然科学理论那样在基本可控制的条件下进行检验。当这种理论被付诸检验时，这种理论就已经对社会本然状态的行为形成了一种暗示，而这种暗示就使社会行为本身发生了变化，因而其检验的客观性被打了折扣，且不说这种理论的检验还要受到政治、法律、伦理等各种力量的限制。因此，社会科学的客观性问题成为困扰社会科学家和哲学家的一个问题。20 世纪，在某种意义上可以说是科学哲学的世纪，但在繁荣昌盛的科学哲学中，社会科学的地位是微不足道的。在人们看来，社会科学尚未达到科学的境地，它主要还是社会科学家自己的一种见解。因此，对社会科学家著作的解读，就不可避免地遇到对社会科学家本人意识过程的解读的难题，同时也不可避免地遇到社会科学家在写社会科学著作时所遇到的那种自我缠绕的困境。

对人文学科著作的解读，在人们的眼里，并不比对一件艺术品的解读更客观和可靠。人文学科指的是那些既非自然科学也非社会科学的学科的总和，它是人类知识体系中关于人类价值和精神表现的人文主义的学科。19 世纪德国马堡学派哲学家亨利希·李凯尔特认为，人文学科与自然科学的区别主要是方法：自然科学是"抽象的"，目的是得到一般规律；而人文研究是"具体的"，它关心个别和独特的价值观。尽管在对人文学科与自然科学的区别上，哲学家们并没有达到完全一致的见解，但有一点是共同的，即认为人文学科是以研究人的精神、人类的价值为对象的。既然如此，人文学科著作，就必然地包含了被 20 世纪作为客观性的反义词而使用的意识形态的部分，包含了更个性化的成分。同时，解读者在解释这些关于人类的价值、关于人的精神世界的作品时，同样不可避免地带有强烈的意识形态的色彩。因而解释的结果，不仅较自然科学成果的解释，而且较社会科学成果的解释，更缺少主体间的共同性。仁者见仁，智者见智的命运似乎是无法摆脱的。在对哲学著作的解读中，或许仅仅是哲学家所持有的价值观与解读者所持有的价值观的不同，遮蔽了解读者对这一哲学著作的"负责的"理解和评价。尼采著作的命运可以说是对此的一个绝好注解。

第四类价值客体是人的行为，对人行为的理解难度并不亚于对人隐藏在心灵深处的心理状态的理解，因为它的动机系统就是人的心理状态；也并不亚于对在时间上已很久远，当时的背景已无处寻觅的客观知识的理解，即使行为是我们亲眼所见。我们所看到的行为，如同我们所读到的文字，它们的背景都可能是隐蔽的、复杂的。

对人的行为的解释，在历史上曾有过五种颇有影响的理论。第一种是伊曼奴尔·康德的行为学说。康德设想，在人的认识无法达到的超验领域中，存在着上帝、灵魂和自由意志。正是它们保证人的行为的合理性。人的一切道德概念都完全先天地属于理性，发源于理性。人的行为是受这种先验的绝对命令支配的。如同郑齐文所说，康德的行为学说有把人神化的倾向。第二种是西格蒙德·弗洛伊德的理论。在弗洛伊德看来，人的行为主要是受无意识的本能冲动支配，受原始性欲支配的。郑齐文认为，这有把人兽化的倾向。第三种是华生的行为主义学说。华生认为，人与兽没有区别，人只是有机的机器，人的行动受客观环境刺激的支配，这实际上是人脑对客观环境刺激的反应。他的理论有把人物化的倾向。第四种是马斯洛的理论。这是人本主义的行为理论，它强调人的行为是为了自我实现这一人生最高的目标而进行的。人的理想、希望、目的、尚未实现的潜能等，引导着人的行为，决定着人的行为具有追求自我实现的固有趋势，故有将人美化的倾向。① 第五种是卡尔·马

_____

① 郑齐文：《行为原理》，1～3页，曼谷，时中出版社，1988。

克思的理论，是将人的行为现实化的理论。它既看到了人受环境制约的一面，又看到了人能动地、合目的地改造环境的一面。在马克思的学说中，人的行为在本质上是社会实践的，是有意识有目的的实践活动。同时马克思还认为人的活动是有激情的；激情与热情，是人强烈地追求自己的对象的本质力量。应该说，以上各种理论都带有解释的优势和局限，但都不可能终结人类对自身行为的研究。

在前人研究的成果上，我们可以说人的行为的动机是复杂的，其中有社会的因素、环境的因素、情感的因素，还有其他非理性的因素，等等。相同的行为，背后的动机是复杂的，也可能是相异的；不同的行为，背后的动机是复杂的，但可能是相似的，甚至是相同的。因此，人们对行为的解释如行古蜀道。这些解释不可避免地保留着解释者个人的理解和特点这些非常个性化的成分。如在对一位军人妻子高尚行为的评价中，传播媒介说，她所作的一切是因为她爱国家、爱我们的军队，而在我看来，她首先是爱她的丈夫，只不过她爱的性质和方式与众不同。

对第四类价值客体的直接研究成果，最集中地体现在伦理学中，体现在伦理学关于道德评价根据的研究中。在这一研究中，曾有过三种较为典型的理论。一是动机论。动机论者主张道德评价要以人的行为动机为依据，行为的道德价值只存在于行为动机之中，与结果无关。康德的理论是最为典型的动机论。在康德看来，结果好，动机不善，行为是不道德的；结果不好，动机善良，那么行为是道德的。二是效果论。效果论的主要代表是近代英国功利主义者杰里米·边沁和约翰·斯图尔特·穆勒。穆勒指出，功利主义伦理学主张，动机虽与行为者的品格关系很大，但与这个行为者的道德性无关……①他还根据这一原则，批判了历史上各种动机论，明确主张动机对行为的道德评价无关，评价一个行为是否符合道德，只应看行为的结果。他认为，一个不好的动机作出一个好的行为，只表明这个行为者的品格不高，但行为本身是高尚的。三是动机与效果统一论。马克思主义者主张这一理论，但强调通过效果看动机，因而可称为"侧重效果论"。

　　人的行为不仅是道德评价的对象，而且有道德方面的价值。伦理学所研究的仅是行为评价中的一种，而不是全部。在现实中，行为的价值同样是多样的，有精神的、物质的，功利的、非功利的，等等。在现实评价中，由于动机的难以揣测，人们虽然非常想以动机，或者说更想以动机来作为评价行为的根据，但实际上常常只能以效果为依据，以成败论英雄。这种评价方式的缺陷是显而易见的。在正视了这种缺陷，尽可能地弥补这种缺陷的前提下，功利主义的理论，是不是比动机论更具有功利的优点呢？我想是的。如果将行为的效果作为评价的依据，那么评价信息的解释则变得容易得多，主体间共识的可能性也将大大增强（尽管仍会有分歧）。如果把动机作为评价的依据，那么对行为评价的不确定性将大大增强。两种方式各有利弊，究竟取哪一种，恐怕与我们的信念是不可分的。总而言之，这类评价因为根据的不同（以动机还是以效果），在评价对信息的解释过程中，其特点也不同。如果依据行为的结果进行评价，那么对信息的解释将趋近于对第一类价值客体的信息解释（尽管不同）；如果依据动机进行评价，则更趋近于第二类价值客体的信

---

　　① ［英］约翰·穆勒：《功用主义》，37页，北京，商务印书馆，1962。

息解释。

经过艰难的跋涉,我们终于到了要对这一部分作总结的时候。总括以上对四类价值客体信息的解释,我们可以得出这样的结论:一,对价值客体信息的解释是达到合理的评价必不可少的一部分,尽管在解释过程中困难重重;二,解释必须指向价值客体,以价值客体为本文的研究重点;三,解释不可能完全是客观的、唯一的。但这并不足以使我们悲观绝望,就此放弃解释,放弃评价,因为我们把人看得很现实,没有把人当作神。

(二)获取价值主体的信息

1. 层次与维度

价值主体,作为价值关系的另一个承担者,从直接可以通过感官而感知的存在形态上看,是一个个活生生的有血有肉的人,但就其抽象的实质而言,承担价值关系的是这些活生生的人的需要,而不是其他别的什么。因此,所谓获取价值主体的信息,实质上就是把握作为价值关系承担者的价值主体的需要。

在汉语中,作为名词而使用的"需要"一词有两重含义。一是指人们的一种心理状态,这时所谓的需要相当于一种愿望、欲念、渴望。它是主体的一种心理要求。英文可译为"the desire of sb. for sth."(某人对于某物的渴望)。二是指一种实际存在着的状况。《心理学词典》的解释是:需要(need)是指,有机体因缺乏某种重要刺激而引起有机体的紧张状态，即有机体与环境之间形成的不平衡状态。① 《中国大百科全书》哲学卷的解释是：需要（need）是指，生物体、个人、社会集团和整个社会对其存在和发展的客观条件的依赖和需求。② 后者包含了上述两种含义。就所谓"依赖"而言，它是与《心理学词典》的解释一致的，即指一种实际存在的状态。《朗文英汉双解活用辞典》对这一用法含义的解释是："need，the condition of lacking or wanting something necessary or very useful"。这与《心理学词典》的解释基本是一致的。

因为，愿望（desire）实际上是："在思想上明确地意识到并企图实现的需要"（重点号为引者所加）③，所以，人们在日常语言中，就将两者不加区分地都用"需要"来表示。但就哲学分析而言，这两者是有本质区别的。"need"是指实际存在的状态，"desire"是指对这种状态的心理反应。在实际操作中，两者也是有十分重要的区别的。人们不一定能真实地、客观地意识到有机体实际存在的状态，人们以为自己需要的，不一定真是自己需要的。如果人们能直接地、真实地、完全地意识到有机体的实际存在状态，那么医生的诊断就是不必要的，病人与这种有机体的实际存在状态的关系比医生更直接。但诊断在现实中不仅不是不必要的，而且是非常重要的。医生医术高明的一个重要方面就是诊断准确。在日常经验中，我们有的时候会感到生理上不舒服，或心理上烦躁、忧

---

① 林传鼎、陈舒永、张厚粲主编：《心理学词典》，461 页，南昌，江西科学技术出版社，1986。

② 《中国大百科全书》哲学卷，1044 页，北京，中国大百科全书出版社，1987。

③ 林传鼎、陈舒永、张厚粲主编：《心理学词典》，461 页，南昌，江西科学技术出版社，1986。

郁，但并不知道究竟是什么原因引起了我们的这种感觉。因此，可以说，人的实际需要（need）与人对这种需要的心理反应（desire）是有距离的。正是因为这种距离，评价才不能仅停留在感觉的水平上；正是因为有这种距离，我们才会有评价的失误；也正是因为有这种距离，作为价值主体的人不一定比作为旁观者的评价者更清楚自己实际的需要；也正是因为这种距离，我们下面所说的研究才是必要的。

在获取价值主体的信息时，必须首先区分需要的这两种情况，分别把握价值主体的愿望与价值主体的实际存在状态。除了需要的双重含义之间的区别外，在获取价值主体信息时，还需分清它们与需求的关系。所谓需求，在经济学上指的是在一定时间内和一定价格条件下，消费者对市场上的商品和劳务的需要，是消费者有能力支付的需要。它的两个条件是：消费者愿意购买和消费者有支付能力。① 而就广义而言，它指的是一种被价值主体意识到并提出来的，价值主体有能力实现的需要。它是一种要求（demand），一种愿望（desire）。与作为存在状态的需要不同的是，它是一种愿望；而与一般愿望不同的是，它是一种考虑到实现能力的愿望。人的需要（need）在一定的时间内是有限的，但人的愿望却有可能超出需要"need"的范围，愿望既受到 need 的制约，又具有独立性，具有不切实际的一面。而需求将愿望约束在现实的基础上，使愿望在神往浩瀚无垠的未来时，未忘记自己脚下坚实的大地。在人的行为中，直接起导向作用的是需求，而不是愿望。价值客体可能满足主体的，也是主体的需求，而不是主体的愿望。主体是由价值客体的作用而

---

① 《中国大百科全书》经济学卷，1121 页，北京，中国大百科全书出版社，1988。

获得满足感的，这仍然是这种需要的实现。愿望在广度与深度上都远远超过需求，就某一具体价值客体而言，它不可能满足这种"贪婪"的愿望，而只能满足要求不多的"需求"。但就其发展而言，恰恰是"贪婪"的愿望引导实际的"需求"不断地扩展自己的疆域。

根据上述三个概念之间关系的分析与现实中三个不同方面之间关系的分析，我们可以先提出把握价值主体信息的第一个假设，即对价值主体信息的把握，需分三个层次：需要（need）——愿望（desire）——需求（demand）。

现实中人的需要（在双重含义上）与需求是多方面的、多维度的，同时是多梯度的，这些方面之间并不一定是统一的，有时甚至是矛盾与冲突的。例如，根据中国现在的审美观，姑娘们希望自己是面若桃花，腰如杨柳。而这两种要求在现实中能达到统一，同时实现的，却数量甚少。再以社会期望与角色意识、角色行为为例，同一个个体，由于处在社会的不同关系中，社会对其有了不同的期望，这些不同的期望在理论上有可能是不矛盾的（也可能在理论上就是矛盾的），但在实际操作中，对于各种角色的同一扮演者来说难免发生角色之间的冲突。例如，现代职业女性。她是一个家庭主妇。作为家庭主妇，社会期望她是贤妻良母，中国传统文化衡量贤妻良母的标准，在今天仍被人们用作评价女性的重要标准。尽管社会性质已发生了翻天覆地的变化，尽管女性所担负的社会角色的种类已大大增加。因此，这个"她"，如果想得到社会在这方面的认可与赞同，就必须按这种期望去行动。但是，假如她又是一个学者，那么社会就还会以一个学者的标准，把她作为一个与男性相同的、无性别的人来对待，要求她在学术上有建树，如果她想成为一个好学者，那么她就得按此要求自己。假如她又是一个教师，那么社会会期望她热爱学生，关心学生，教书育人。这些期望分别看来，都是十分合理的，但对于这个"她"来说，却是不堪重负的。因为，要扮演多种角色都需要时间和精力。现在对好"妻子"的要求，已不再仅是贤淑温柔，善管家理财，勤劳，还加上了美丽漂亮。而且对美丽漂亮的评价又非全自然化。因此，如果想成为"好妻子"，那么"她"必须花时间花精力"包装"（20世纪90年代中国流行术语）自己。对"好母亲"的要求就更加苛刻，"她"必须懂烹调，懂护理，懂常见病诊断，懂文学，懂艺术，懂教育，等等，仅此一项，已使她疲于奔命，且不用说这只是她要做的一部分，更不用说她做好这一部分所得到的评价是冲突的——以家庭成员的标准衡量，她的所为会得到社会的赞同，而以学者的标准衡量，她可能会被认为是胸无大志、婆婆妈妈……可见为人之难。在现实中，冲突的不仅是时间和精力，还有多维评价。如果她认同社会的评价尺度，将外在的评价尺度内化为自己的需要和自己追求的目标，我们就需要了解她的这多种需要本身及它们之间的关系。

因为对同一个价值主体来说，需要是多维的，多梯度的（有长远的需要，目前的需要等），因此，我们关于把握价值主体信息的第二个假设就是把握价值主体的各种需要，并把握这些需要之间的轻重关系，使看上去杂乱无章的需要区分出相对确定的层次与秩序，把握价值主体对各种需要的权重（这种权重，不一定是价值主体明确意识到的）。只有这样才可能确定价值客体能否满足价值主体的需要，能在何种程度上满足这种需要，以及满足价值主体需要后，价值主体的主观感受（价值感）将如何。

现实中人的需要还是发展变化的，是随着人类改造世界的实践活动不断发展变化的，随着物质生活水平的不断提高而不断变化的。由自身的活动而引起需要的不断变化，是人类需要的一个基本特征。正如卡尔·马克思所说："已经得到满足的第一个需要本身、满足需要的活动和已经获得的为满足需要用的工具又引起新的需要。这种新的需要的产生是第一个历史活动。"①人的需要是永远不会完全满足的。马斯洛说："人是一种不断需求的动物，除短暂的时间外，极少达到完全满足的状态。"②在悲观主义看来，这是人类的厄运。正是这种无歇无止的欲求使人生往返于痛苦与无聊之间。③ 而在乐观主义看来，正是这种生生不息的欲求，使人类不断自我超越，从必然走向自由。尽管悲观主义和乐观主义对这一现实的评说是不一致的，但他们都看到了这是人类生活中的一个事实。

正是据此，我们可以提出把握价值主体的第三个假设：把握价值主体需要的发展趋势与规律。只有把握了主体需要的发展趋势和规律，才可能把握价值关系的约束条件，把握价值客体满足价值主体需要的约束条件及变化趋势。经济学对边际效用的研究可以作为我们这一假设的特例。在现实中，最主要的评价是指向未来的，是预测性的，因此，要使评价所引导的实践活动合目的，就必须把握价值主体的未来需要，及这种需要产生的条件。在营销活动中，一个好的产品的定位和一个好的广告的定位，不是跟在现有的消费需要之后亦步亦趋，而是应能倡导消费

---

① 《马克思恩格斯全集》第 3 卷，32 页，北京，人民出版社，1960。
② ［美］A. H. 马斯洛：《动机与人格》，29 页，北京，华夏出版社，1987。
③ ［德］叔本华：《作为意志和表象的世界》，427、431 页，北京，商务印书馆，1982。

新观念，领导消费新潮流。

在把握价值主体需要发展趋势的同时，还需要把握价值主体需求变化的内在机制，把握价值主体与其他社会成员的社会互动关系。这也是把握价值主体需要变化趋势的一个重要的方面。只有这样，才能创造新的价值客体，积极地满足价值主体的需要，而不仅是利用现有的价值客体被动地满足价值主体的需要。生活是常新的。只有常新的生活才会使人感到有生命力、有价值。评价的最根本的目的，就是创造新的价值，创造常新的生活。

总而言之，要把握价值主体的需要，不仅要知道价值主体希望什么，还要知道他需要（need）什么，知道他最迫切需要的是什么；不仅知道他今天需要什么，而且知道他明天需要什么；不仅知道他向往的是什么，而且知道他应该向往的是什么。只有做到这几点，才能说是把握了价值主体的信息。

2. 类型与方法

按在评价信息处理过程中运作方式上的差异，我们可以将价值主体分为两种类型。第一种类型是个体。在这一类中有两种情形：一，价值主体即评价主体，两者在实体上是重合的（在时间上、在逻辑上，两者是分离的）；二，价值主体是非评价主体的个人。对第一种情形可称为，评价者"为我的评价"；对第二种情形可称为，评价者"为他的评价"。价值主体的另一种类型是群体。在这一种类型中，可根据该群体与评价者的关系而将群体区分为，评价者所在群体和评价者非所在群体；也可根据该群体在评价者处理信息时归纳的可能性，而将群体分为可完全归纳的群体与不可完全归纳的群体，并可将这后一类评价统称为"为群体的评价"，具体可分解为"为家庭""为阶层""为阶级""为国家""为人类"等的评价。

在这几种情形中，价值客体可以是在前面所提到的四类中的任何一类。而且需要明确的是，无论在这里所提到的哪一类评价，评价者都是以这类评价中的价值主体为目的，是从这一价值主体需要的角度，为确定价值客体对价值主体的意义而进行的。所以，对第一类价值主体中第一种情形的评价，只能称为为自己的评价，为我的评价，而不能称为自我评价。因为"自我评价"这一称谓所限制的是价值客体，而不是价值主体。自我评价中的客体，是评价者个人的心理、行为、精神产品，而不是物理世界。人们常用一句话来表达自我评价的结果："自我感觉良好。"这不可能是他对"空调器"的评价或对诸如此类物品的评价，而只能是对他本人的评价。在自我评价中，价值主体是不确定的，它可以是评价者本身为了自己认识自己的行为对自己的意义而进行的评价，也可以是社会、他人，如以社会和他人需要的尺度来衡量自己的行为。后者最为典型的就是道德评价中的自我评价。而我们在此是为了确立价值主体，所以，应将以自己为价值主体的这类评价称为为我的评价。将第二种情形，称为为他的评价。从而明确了在"为我的评价"中，价值主体就是"我"，这一评价的目的就是揭示客体是否满足"我"的需要；在"为他的评价"中，价值主体是"他"，这一评价的目的是揭示价值客体是否满足"他"的需要，这时"我"退居幕后；在"为群体的评价"中，价值主体是具体评价中所说的那个群体(家庭或人类等)，评价的目的是揭示价值客体对该群体需要的满足情况，这时"我"可以是其中的一分子，也可以不是其中的一分子。即使是一分子，原则上也不应以"我"的需要衡量价值客体的意义，而应以"我们的"需要衡量价值客体的意义。

价值主体的区分，在价值关系的确定中具有至关重要的作用，价值主体是价值关系的主动者，价值关系中的目的，可以说是价值关系的灵魂。尽管价值关系既不可能没有价值主体，也不可能没有价值客体，但两者的地位、作用是有差异的。在现实中，价值判断的多元性，从根本上说是由于价值主体的多元性；价值判断的混乱，从根本上说是因为价值主体的错位与混乱，所以，对于价值主体的区分，我们有必要"咬文嚼字"。

"为我的评价"，其优势在于，评价主体所要把握的是自己的需要。尽管要把握自己的需要也是不容易的，但相对而言，它是容易的。评价主体可以通过各种方式，弄清自己究竟想要什么，究竟缺乏什么，究竟应该追求什么，究竟可以追求什么，尽管对这些信息的把握不可能是绝对无误的，但却可能是相对准确的，因为评价者既可以在感觉的层面了解自己的需要，也可以从理性的层面把握自己的需要。

"为他的评价"情况就有所不同。在这类评价中，"我"作为评价者，不可能完全摆脱以己度人的困境。庄周与惠施有一段对话。"庄子曰：鲦鱼出游从容，是鱼之乐也。惠子曰：子非鱼，安知鱼之乐？庄子曰：子非我，安知我不知鱼之乐？惠子曰：我非子，固不知子矣；子固非鱼也，子之不知鱼之乐，全矣。"①按照他们的这种观点，除了"为我的评价"之外，其他评价都是不可能的。"我"非"他"安知他之所需？但是，如果庄子可知鱼之乐，"我"就可知"他"之所需，毕竟"我"与"他"都属

---

① 《庄子·内篇·逍遥游第一》。

于人类。人类作为一个物种，有其相似的生理基础和在此基础上的心理需求，有相似的社会生活和在此基础上的社会需要。而且通过人类的自我认识的历史，我们有可能把握人的需要与人的社会环境、与人的生理条件的关系。科学研究的手段，使我们能够超越单纯揣度的经验水平，而借助于仪器等物理手段来对人的需要进行测试。并且，我们可以将我们的认识付诸实践的检验，以判定我们认识的真伪。因此，我们并不是完全无能的。但是，我们也不是全能的。科学仪器的功能是有限的，实践经验的结果是相对的，历史的经验虽可参照，但历史本身是变化的，我们与他人的生活是相似的，却不是相同的。所以，我们对他人需要的把握是相对的而不是绝对的。我们既不可能完全超越自己，又不可能只顾自己。这是认识的现实，它包含了认识的局限与认识的可能。

　　对评价主体所在群体需要的把握，介乎对自己需要的把握与对他人需要的把握之间。对评价者非所在群体需要的把握，近似于对他人需要的把握。对可完全归纳的群体（如一个家庭）需要的把握，较之对不可完全归纳的群体（如人类）需要的把握的可能性更大。在把握以群体的方式存在的价值主体的需要时，我们需要掌握关于人类活动规律与特点的更多的理论，进行更多的调查研究，而不能用以己度人的方式，将自己的需要等同于群体的需要。随着群体范围的扩大，我们在把握群体需要上的风险就越大，我们认识的局限性也越大。按照后现代主义的观点，我们绝对不可能对群体的需要有所把握。但在我看来，我们只是不可能对群体的需要有绝对的把握。后现代主义的理论敲响了传统独断论和超主体论的丧钟。的确，没有哪一个人，拥有解释全人类，或某一群体需要的优先权，从理性上说，没有哪一个人拥有这种绝对的权威。我们既没有理由把自己的认识当成绝对真理，也没有理由将另外一个人的认识当作绝对真理。我们所看到的是在这个危险的跳跃中，谁也不可能稳操胜券。但是，后现代主义带给我们的是一片黑暗。如果按照黑格尔的逻辑，我们可以说，这是光明的前夜，它为光明提供了可能。但仅仅是一种可能。我们不甘于在黑暗之中死去。尽管我们的理性是有限的，但我们克服目前限度的努力是不会中断的。摧毁了对绝对主体的迷信，我们更有理由相信我们自己的力量；我们不会再期望成为唯一拥有真理的绝对主体，但不会由此而放弃作为一个主体的存在，不会放弃我们认识的权利。已往哲学、心理学（包括心理学的各个门类）、生理学、人类学（包括人类学的各个门类）、社会学的成果等，都是人类自我认识的重要结晶，是我们进一步认识自我的工具、起点。它们所采用的方法给我们提供了有效的参照。人类走出蛮荒、发展至今的历史，人类从只信外界神秘的力量到相信自己的力量的历史，增强了我们自我认识的信心。每当人类发现了自己的局限，就意味着人类有了克服这种局限的新的可能。

(三)获取参照客体的信息

参照客体，是可以被评价者用来比较价值客体在同类客体中地位的客体。从可能性来说，可与价值客体形成比较的客体，都是价值客体的参照客体。而在实际中，参照客体只是这些可能客体中的一部分，因为评价受到时间、精力、财力的限制，所以不能将所有可能的参照客体都纳入评价信息的收集及解释范围之内。另外，受评价主体知识背景等因素的制约，我们不可能将所有的可与价值客体进行比较的客体纳入自己的视野。评价，在绝对的意义上是判定价值客体对于价值主体有无满足关系认识活动，而在相对的意义上，是判定这一满足关系的大小的认识活动。前者肯定"质"而后者判定"量"。在评价活动中，比较同一类客体从而作出判断，是如此重要，乃至于人们常将评价简单地等同于一种比较。英国哲学家 W. D. 拉蒙特，在肯定了价值判断的这两种形式后，认为前者虽是后者的基础，但后者更为重要，没有后者，主体便无法选择；没有后者，前者就毫无意义。他进一步认为，从广义上说，这两种形式都是价值判断和评价的形式，但从狭义上说，只有后者才是评价。①

　　无论是好，是美，还是善，的确都有一个程度问题，好是相对的。人们常常不满足于知道这是"好的"，而要追问，这是不是更好的，是不是最好的。所有的人都追求和想获得他所认为的最好的东西，只是在客观条件不允许的情况下，才愿意求其次，追求较好的。但是他在知道何物是最好的，而迫于情势只能取其次时，心中的遗憾是不可避免的。即使在这种情况下，他作出的仍然是他所认为的最好的一种选择。他选择的这一客体虽不是最好的，但这一选择行为与选择了最好的客体的选择行为，从整体上比较而言，是最好的——或是风险最小的，或是收益最大的。所以遗憾会慢慢平复。

　　在与不同参照客体相比较时，评价的结论是不同的。评价的结论除

---

　　①　[英]W. D. 拉蒙特：《价值判断》，译者前言，2、11～16 页，北京，中国人民大学出版社，1992。

受到对价值客体、价值主体信息的把握外，还受到参照客体信息的制约。人的评价都是在特定时空条件下，即有限的范围内作出的，因此，它的结论只能具有相对的意义。在现有的条件下，我们认为这是最好的，但除了参照客体范围有所扩大，参照客体有所增加以外，假设其他因素未发生变化的情况下，评价的结论也会发生变化。"相见恨晚"所表达的含义，远远超过了现在用以表达的含义。如果是完美主义者，那么他就要么永远不作出选择，要么总是后悔莫及，这是在现实生活中完美主义者的一个无法走出的怪圈。在管理决策理论中，追求相对满意决策而不是最佳决策已成为管理学家的共识。为了少一点后悔，我们应尽可能多地掌握参照客体的信息；为了使我们不至于陷入后悔而不能自拔的境地，我们应该正视人类理性的有限性、活动的有限性，正视评价的有限性，放弃完美主义的追求。

获取参照客体信息的常见方式有四种。一是，在价值客体信息的刺激下，通过联想而激活在该次评价前获得的类似于价值客体的有关客体的信息，使之成为该次评价信息的一部分。这种方式既依赖于以往的经验，又依赖于评价者当下的联想能力。二是，根据评价目的的要求，有意识地去搜集、去查询可与价值客体形成比较的参照客体的信息。这种方式无论是其信息搜集范围的深度还是广度都既受到评价者认识能力的限制，又受到评价的情势——时间、物力、人力、财力等的限制。三是，在意外境遇中，得到参照客体的信息，这是评价中常见的，是对于评价活动来说偶然的、被动的信息获取方式，把希望寄托在这种获取方式上，就如同守株待兔。四是，发挥想象力，超越现有客体信息的限制，假设未来有一种理想的客体，从而与当下的价值客体形成比较。在这种方式中，被想象的客体，也就成了评价现实客体的一种形象化的标准。

三、形成价值判断

价值判断，是评价主体经过一系列的评价环节而得到的关于价值客体与价值主体的价值关系的结论。价值判断在日常用语和价值学说中有两种含义：一是单指以理论化形式表现的评价结果，即以逻辑中所说的"判断"这种思维形式所表达的评价结果，这是价值判断的狭义意义；二是相当于名词的评价，即泛指评价活动的结果。这是价值判断的广义意义。但后一种用法，在价值理论研究中较少出现。我之所以要用这种广义的"价值判断"来表达评价结果，是因为以下两点。第一点是我认为，尽管在现实中，人们不一定非用语词把评价的结果表达出来，就如不一定非把自己所想的说出来一样，但实际上，评价活动的结果都无一例外地包含了以语词形式出现的价值判断，区别仅在于说出来（或写下来）了没有，仅在于表达的形式是什么，而不在于所要表达的内容有何差异。价值判断可以用情感外显出来，也可以用行动外显出来，情感与行为所显示的都是评价者所作出的这种价值判断，而不是显示情感或行为自身。因此，无论评价结果的表现形式如何，实质上它们都是价值判断的外显形式。第二点是避免语词上的混淆。评价有两种用法：其一是作为动词使用的评价，它指评价活动；其二是作为名词使用的评价，指评价结果。例如，"马克思曾给予弗朗西斯·培根以很高的评价"，这句话中的"评价"一词，便是作为名词而使用的。指谓评价活动结果的评价，也就是我们以价值判断所指谓的那种实在。应该说将本节标题换为，"形成评价"或"作出评价"，会更符合日常用语，但这样就逼迫我们不得不在整本书中，严格地区分评价（evaluate）与评价（evaluation），而这太不方便。所以，我选择了价值判断的广义意义来指谓评价活动的结果。

在这一节里，我们将着重讨论两个问题：一是在已确定了评价目的、评价的参照系统，已获取了评价的信息后，形成价值判断的理想程序；二是价值判断的三种主要形态及各自的思维运作特点。

（一）理想程序

价值判断，是关于价值客体对价值主体有无价值、有何价值、价值大小的判断。作出合理的价值判断的必要前提条件是：评价者必须明确评价的目的，必须确立以这个评价目的为核心的恰当的评价参照系统，必须较充分地、较真实地、合目的地获取关于价值客体、价值主体及参照客体的信息，并将这些信息进行有序化的处理。在这一前提下，评价主体应根据以下程序，对价值客体的价值作出判断。

这一程序的第一个步骤是将评价标准具体化，确定评价标准体系。所谓"体系"，一是指它反映评价目的，体现评价标准的总原则。二是指它是多指标的，其指标是分层次的，如一级指标、二级指标、三级指标等，指标层次的排列呈现由简到繁的趋势，如一级指标取向较之二级指标取向简单、抽象，而二级指标较之一级指标复杂而具体，以此类推。三是指它各个指标根据其在评价体系中与主体目的的关系，有权重之别，每一指标应有适当的权重值。如图书的评价权重可确定为：其社会效益的权重大于其经济利润的权重，或相反，等等。权重的取值应便于计算，权重的分配应采用从粗到细的给值方式。即先粗略地把权数分给一级指标，然后再具体分配给二级指标。由于权重的不同，评价者在各项指标冲突时的取舍原则就体现出来了，评价者的价值取向也体现出来了。四是指它具有各指标的约束条件。五是指这一评价指标体系，在逻辑上是自恰的，即各指标的划分是不重合的、清晰的，各层次的划分是符合包含关系的等。满足了以上五个条件的便可称为评价标准体系。评价标准体系是进行评价的关键，是进行评价的依据，价值判断就是根据评价标准体系而作出的判断。因此，评价标准体系的确立及确立的恰当与否直接影响着评价结论。

作出价值判断的第二个步骤，是以评价标准体系衡量价值客体。这一步骤包括，将价值客体依据评价指标进行分解；以评价指标衡量价值客体各个部分(分解后的各个部分)；然后根据一定的计算方法，得出关于价值客体的综合评价值。

作出价值判断的第三个步骤，是对价值客体的评价标准与评价步骤进行评价，对价值客体的参照客体进行评估，得出关于参照客体的综合评价。

第四个步骤就是将第二步所获得的关于价值客体的综合评价与第三步所获得的关于参照客体的综合评价进行比较，作出关于价值客体的价值判断。

显然，这一模式反映的是一种理性化的，而且理性化程度较高的评价过程。这一模式的基本原则对各类评价都是适用的，但具体操作程序往往用在生活中对于个人或社会群体的存在与发展的举足轻重的情势之中。这一模型的蓝本是科学决策所研究的关于工程、产品、企业评估、人员选拔等诸如此类的评价。它适用于学术著作、教育成效等的评价。用经验的语言来说，它适用于评价者认为需要认真对待、需要理性化处理的评价情势，无论这类评价是为了确定价值客体的哪一类价值——功利的、伦理的，甚至美学的。

(二)现实形态

在现实评价活动中，评价主体的心理运作过程，并不都是逻辑化的理性推演过程。尽管这种理性逻辑推演过程对于获得合目的的合理的评价结论是非常重要的，但它不是达到合理性评价的唯一方式。换言之，非逻辑化的价值判断过程，同样有可能达到合理的价值判断。人类的生活是丰富多彩的，人类的认识形式也是丰富多彩的，拿理性这把剪刀来裁剪人类认识，将非理性非逻辑的都看成是不合理、不足取的，这本身并不是完全可靠的，人类所认识的历史、实践的历史向人们证明，逻辑、理性是人类认识的重要工具，但没有让人类相信，它是唯一可靠的、唯一有效的工具。

理想的模型虽然可以为我们提供分析现实形态、理解现实形态的参照，但它却不是一张可依此恣意裁剪现实的普罗克拉斯提斯之床。现实活动中所具有的形态各异的评价，在人类认识价值的过程中，具有自己独特的功能和独特的存在价值。对价值判断的类型可以作多种多样的划分，下面将要论及的三种价值判断的形态，是以其评价标准的形式为划界标准的。

1. 以感觉为尺度的评价

这类评价标准是以"感觉"的形式存在的，即对价值客体的价值的判断，所依据的标准是评价者的感觉，而不是评价者的观念，也不是评价者经过理性推演而得出的形式化的评价标准体系。以感觉为尺度的评价，不等于感觉。"我感到愉快"，这不是评价，只有下面的情形才是评价：因为它使我感到愉快，而我又认为能使我感到愉快的，便是有价值的，所以，我认为它对于我是有价值的（价值判断）。这类评价标准的观念前提是潜在的，显在的是主体的感觉。所以，可以从直观上说，这是以感觉为尺度的评价。感觉是主体对外界刺激的一种直接反应，类似于动物所具有的本能反应，感觉不是经过思考而产生的，可是评价却是经过思考而作出的。这就是以感觉为尺度的评价与感觉的区别。下面我们所要讨论的，是以感觉为尺度的评价在人类生活中的意义、该类评价的特点，以及它所具有的缺陷。

以感觉为尺度的评价，是人类评价活动中一种基本的、普遍的评价形式。它的基本原则是：当价值客体引起评价者快乐、幸福的感觉时，评价者认为价值客体具有正价值；当价值客体引起评价者厌恶时，评价者认为它具有负价值；当价值客体不能引起评价者的任何感觉时，评价者认为它无价值。可将此原则称为酒神（Dionysus）原则。

心理学将感觉界定为个体对事物个别特性的直接反应，并把感觉分为三大类：一是接受外部刺激，反映外界事物特性的外部感觉，如视觉、嗅觉、味觉和触觉；二是接受机体内部刺激，反映内脏器官状态的内部感觉，如饥、渴、恶心等内脏感觉；三是反映个体各部分的运动和位置情况的本体感觉，如运动平衡感等。在日常语言中，感觉不仅被用来称谓以上感觉，而且还用来称谓个体由客体的刺激（不一定是客体某一特性，也可能是整个客体）所产生的情绪与情感。

感觉就本质而言，是特定社会文化中的人对外界刺激的一种心理反应。这种反应的来源是非常复杂的。正如马克思所说："五官感觉的形成是以往全部世界史的产物。"①它或者产生于人体内部的变动，或者产生于外部的刺激。在刺激与反应之间，有文化与社会积淀的过滤网，有个体以往经历的过滤网。无论是肌体内部的刺激，还是外部客体对个体的刺激都经过了这种过滤网才转换为个体的心理反应，转换为感觉的。因此可以说，人的感觉是打上社会烙印和具有文化差异性的。在某种文化中，一个男子称赞一个女子的美貌，并不会引起这个女子的反感，而在另一种文化中，这个男子这样做可能要冒极大的风险。在 20 世纪六七十年代，"老板"是一种侮辱性语言，被称为老板，会令人感到气愤甚至恐惧，而在改革开放后的今天，这种称呼具有明显的赞美性，而被人们乐于接受。对同一语言信号的不同反映、不同感受是由文化导致的。

在同一种文化中，对同一事物，具有不同经历的个体会有不同的感受。20 世纪六七十年代当过红卫兵，而且是怀着神圣的使命担当红卫兵这一角色的人，看到描写红卫兵形象的作品，与没有经历过"文化大革命"的人相比较，两种人的感觉全然不同。即使就饮食口味而言，不同文化中的人也存在着差异。美国人类学家怀特曾举过一例。他说"人总是人，但口味却各不相同。某人不屑一顾的食物可能被另一人视为美味珍馐。许多中国人一想到乳酪就恶心，而大多数欧洲人则馋涎欲滴，

---

① 马克思：《1844 年经济学—哲学手稿》，79 页，北京，人民出版社，1979。

而且，越是那种散发着腐烂或臭味的乳酪越受欢迎。"①个体所受的教育，所形成的观念，会改变人的感觉。有的人专爱哲理深刻、文采隽永的诺贝尔文学奖获奖作品，而有的人则读之如同嚼蜡。受过专门音乐训练的人，听人演唱时注意的是演唱者的技巧，而普通人则注意演唱是否悦耳，它表达的情感是否引起自己的共鸣。有的人对通俗音乐不以为然，而有的人则为通俗音乐所表达的真实普通的瞬间感受而陶醉。个体在社会中所处的地位不同，对这一社会的感受也就不同。置身于同一都市，有的人享受的是这一都市最前沿的文明，在他们的眼里，这个都市是繁花似锦令人满足的。而对于有的人来说，这个都市是令人不快的。约翰纳斯·斯穆尔在他的《冰书》中写道："我们凝视着海洋。有趣的是，我从内陆来的人们……那里听到多少赞叹海洋的美丽辞藻啊；而同时，在我的渔夫朋友们的用词中，有着对形形色色的事物的评价，却没有一句话描述海洋的美。……静谧或狂暴的海洋，对于返航归来而面前又展现出广袤无垠的辽阔的人们，显得特别无情，海洋的辽阔贪婪而冷漠地吞噬下一天又一天。"②人的每种感觉都是个体与个体外部环境相互作用的产物。一种心理感受积淀着文化，反映着个体的生理状况，保留着个体以往的心理痕迹。以感觉为尺度的评价正是以这样一种心理感受为尺度评判客体意义的评价。

价值理论的研究者曾以不同的方式，关注过人类以感觉为尺度的评

———————

① ［美］怀特：《文化科学——人和文明的研究》，145页，杭州，浙江人民出版社，1988。

② ［苏］列·斯托洛维奇：《审美价值的本质》，39页，北京，中国社会科学出版社，1984。

价。乔治·桑塔耶纳认为，在人的欲望、情感和兴趣以外，不存在任何价值。桑塔耶纳的观点，使伯特兰·罗素否定了自己早期的理论，而明确地提出：赋予某物以价值的正是我们的情感与欲望。① 科学哲学维也纳学派的创始人，也是西方元伦理学派的重要代表莫里茨·石里克认为："价值只能建立在快乐感情之上，它将使幸福的概念与最有价值这一概念同一。"②石里克以这一观点为基点，分析了西方以基督教为代表的反利己主义的道德和古希腊时期的以个人的快乐、幸福为取向的道德，认为前者是一种"要求道德"，它要求人们为了同类的欲望而压抑个人的欲望；而后者是"欲望道德"，它的基本问题是"我必须怎样去幸福地生活"。和尼采一样，石里克更倾向于古希腊时期的道德观而认为后来的以康德为代表的他律的道德观是违背价值的本来意义的。③

R. B. 培里认为，价值是按照兴趣来定义的，而兴趣指的是本能、欲望、感情、意志以及它们的状态、行为和态度家族。"当一件事物（或任何事物）是某种兴趣（任何兴趣）的对象时，这件事物在原初的和一般的意义上便具有价值，或是有价值的。或者说，是兴趣对象的任何东西事实上都是有价值的。"他进一步用一个等式来更明确、更简单地表达了他的这种观点："X 是有价值的＝对 X 发生了兴趣。"培里说"沙漠的寂静，一直要等到某种人的感觉发现它的孤寂和令人恐怖时，才具有价

---

① ［英］罗素：《宗教与科学》，123 页，北京，商务印书馆，1982。
② ［德］M. 石里克：《伦理学问题》，183 页，纽约，纽约多福尔出版公司，1962；万俊人：《现代西方伦理学史》上卷，390～414 页，北京，北京大学出版社，1990。
③ ［德］M. 石里克：《伦理学问题》，80～90 页，纽约，纽约多福尔出版公司，1962。

值；大瀑布要等到某种人的感觉发现它的崇高，或直到它被治理以至能满足人的需要时才具有价值。自然物体或制造的副产品要等到发现它有用才具有价值，因此它们的价值就其珍视的程度而言会随着垂涎它们的渴望而增长"①。培里是在价值的本体论意义上讨论价值的，但他说出了价值认识的一种形式，即以兴趣，或以感觉为尺度的评价。

快乐主义伦理学在"应该"的意义上，肯定了以感觉为尺度的评价。边沁将自古希腊、罗马时起的快乐主义发展成一种系统的、有严格论证的独立学说。边沁说："自然把人类置于两个至上的主人'苦'与'乐'的统治之下，只有它们两个才能指出我们应该做些什么，以及决定我们将要怎样做。在它们的宝座上紧紧系着的，一边是是非的标准，一边是因果的环链。"在边沁看来，快乐和痛苦是人的行为应该如何的标准，他把道德判断的标准归于人的苦乐感觉。快乐就是善，痛苦就是恶。他还从几个方面来量化快乐与痛苦的相对值，从而界定善与恶的量。边沁的结论是"每个人就是他自己的律师"②。

大卫·休谟说，道德毋宁说是被人感觉到的，而不是被人判断出来的。道德只是一些印象。由德发生的印象是令人愉快的，而由恶发生的印象是令人不快的。区别德与恶的印象只是一些特殊的快乐与痛苦的感觉。一个行为、一种品格之所以是善的而不是恶的，其原则就在于它给

---

① ［美］R. B. 培里等：《价值和评价——现代英美价值论集粹》，42～62 页，北京，中国人民大学出版社，1989；江畅：《现代西方价值理论研究》，204～215 页，西安，陕西师范大学出版社，1992。引文有改动。

② 罗国杰、宋希仁：《西方伦理思想史》下卷，368～379 页，北京，中国人民大学出版社，1988。

人以快乐的感觉。正是那种感觉构成了我们的赞美或敬羡。就像我们关于一切种类的美、爱好和感觉作出判断时一样。我们的赞许就涵摄在它们传来的直接的快乐之中。对我们最为真实而又使我们最为关心的，就是我们的快乐和不快的情绪。这些情绪如果是造成德，而不造成恶的，那么在指导我们的行为方面来说，就不需要其他条件了。休谟的结论是：道德的区别是由道德感得来的。①

引述以上论述，仅是为了说明，无论这些哲学家从什么角度怎样评说感觉，他们毕竟都承认，在人类的评价活动中有一种类型是以人的感觉为尺度的评价。至于道德判断是不是以感觉为尺度的，道德评价应不应该以感觉为尺度，以感觉为尺度的评价是不是评价的唯一类型，在此暂不评论。我们所亟须做的，是概括以感觉为尺度的评价的基本特点。

以感觉为尺度的评价，作为人们进行价值判断的一种形式，具有四个明显特点：一是它具有鲜明的私人性和个体差异性；二是它具有强烈的情感体验性；三是它具有直接性；四是它具有明显的易变性。

这类评价之所以具有鲜明的私人性和个体差异性，是因为感觉具有鲜明的个性色彩。尽管人作为一个类有大致相同的生理结构，个体作为社会群体的一分子与社会群体有许多共同之处，社会文化的同一性会使个体反应客体刺激的过滤网带有明显的社会文化的性质，但与观念、信念、理论相比，感觉有更强的个性色彩。虽然感觉就来源而言，就形成过程而言，不仅仅是属于个体的。它是在个体与社会交互作用中产生的。正如怀特所说："某人的嗜好或嫌恶并不由体内固有的嗜好或嫌恶

---

① ［英］休谟：《人性论》，510～516 页，北京，商务印书馆，1980。

决定。相反，偏爱和嫌恶由外界文化作用于机体而产生。"①但就存在而言，就既成状态而言，感觉是属于个体的。它是经过个体的独特的心理、生理过滤网形成的。马克思曾说过："对象如何对他说来成为他的对象，这取决于对象的性质以及与其相适应的本质力量的性质；因为正是这种关系的规定性造成了一种特殊的、现实的肯定方式。"②当一种文化、一种外在的规范变成了这种文化中的个体的一种感觉时，这种文化、这种外在的规范的传播就达到了极致。一位中国哲学家曾说过，最重要的、最难以达到的就是破"心中之贼"。如果当这"心中之贼"，不仅是一种理论规范，而且还成了这个个体融化在血液中的感觉时，这个"贼"恐怕是最难破的了。一个人因为怕惩罚或想当好人而不想做某事与这个人一想到做那件事便有一种厌恶感相比，后一种情况将使做某事的可能性大大减小。

对于作为评价尺度的感觉（或趣味、情感等）的个体差异性，20世纪的思想家给予了充分的重视，乃至被认为是走到了绝对的相对主义或个人无政府主义的极端（托马斯·门罗语）。杜卡斯说："对美的判断完全就像对食品、葡萄酒、气候、消遣和同伴等东西的愉悦性的判断一样。根本说来，所有这些问题均属于个人的趣味问题。""对直接价值的判断（譬如，对审美价值的判断）有别于对不能佐证或反证的间接价值的判断，因此，这些判断仅仅局限于（偶尔也有例外）判断者个人。""关于美的等级划分，仅有的原则是：快感的相对强度，相对的持续时间，相

----

① ［美］怀特：《文化科学——人和文明的研究》，146页，杭州，浙江人民出版社，1988。

② 马克思：《1844年经济学—哲学手稿》，79页，北京，人民出版社，1979。

对的容量和不受痛苦的混合物影响的相对自由。"作为全书的结语，杜卡斯写道："鉴于此况，我们不妨提出一个专断的自由主义主张。不论是谁，都不得反驳任何他人对直接价值的判断，……这就是自由主义的表现。若要对其深究，搞清人们为何那样固执己见，非要坚持自己的直接评价，那是毫无道理的。"①

对感觉所具有的强烈的个体差异性的绝对化理解，使近代英国经验论从唯物主义走向贝克莱的主观唯心主义，又进而导致了休谟的相对主义；对个性的重视，对个性差异的关注，使 20 世纪西方思想史具有强烈的相对主义色彩。这些具有内在逻辑的演变，会使人们对感觉的个体差异性有更深刻的了解。将"我"的感觉当作世界上唯一的感觉或唯一正确的感觉是一架发了疯的钢琴的呓语，但不承认"我"的感觉的存在，不承认"我"的感觉的独特性同样是荒谬的呓语。问题在于，不仅应承认个体感觉的差异性，也应看到不同个体的感觉之间的共同性，以及产生这种共同性的生理的、心理的、社会的基础。

所谓感觉具有强烈的个体差异性是与个体所接受的社会规范和由此形成的观念相比较而言的。对相同行为的分析可能是一致的，但对相同行为的感觉常常是有差异的。有的女性觉得男性面色冷峻是一种至上的美，是具有男子汉魅力的表现，而有的女性则会感到这样的男性缺乏温情浪漫。关于观念的差异性，理解观念的差异性远不及个体感觉的差异性丰富细腻，这或许是人们认为感觉更具差异性的缘由。叶燮说："境

---

① ［美］C. J. 杜卡斯：《艺术哲学新论》，227～243 页，北京，光明日报出版社，1988。

一而触境之人之心不一","天下何地无村,何村无木叶? 木叶至秋则摇落变衰。黄叶者,村之所有,而序之必信者也。夫境会何常,就其地而言之,逸者以为可挂瓢植杖,骚人以为可登临望远。豪者以为是秋冬射猎之场,农人以为是祭韭献羔之处,上之则省敛观稼,陈诗采风,下之则渔师牧竖取材集网,无不可者。更王维以为可图画,屈平以为可行吟"①。

以感觉作为尺度的评价,不仅具有强烈的个性色彩,而且对于评价者来说,它具有以观念为尺度的评价所不及的明显的情感的体验性。心理学家认为,"感觉的生活意义,是与它总是具有情绪色彩这一点相联系的"②。以感觉为尺度的评价,包括了以情感作为评价的尺度,即由于对某物的厌恶而否定某物,由于对某物的喜爱而肯定某物,甚至肯定与某物相关的事物,如中国成语中的"爱屋及乌"。在以感觉为尺度的评价中,评价主体会受到程度不同的情感冲击,体会到情绪的波动。当一种情感抓住我们时,最初的全身心的感受就是顺从这种情感,跟随这种情感的激流而起伏。这种波动,甚至会引起感受者生理的反应与对这种生理反应的心理体验。《雪珂》中雪珂见女儿被人折磨而无力相助,不敢相认的场面,会引起许许多多母亲的强烈的心理共鸣。那一组组催人泪下的镜头,会使一位有着小雨点一般可爱女儿的母亲感到心紧缩的疼痛,此时母亲体验到的不仅是一种强烈的情绪,而且是生理的紧张。

毕加索认为绘画需要的不是解释,而是由画所激起的热忱。他曾说

---

① 叶燮:《已畦文集》卷八《黄叶村庄诗序》。
② [苏]B. B. 波果斯洛夫斯基等:《普通心理学》,170页,北京,人民教育出版社,1981。

过，如果一件艺术品没能引人注视，刮目相看，而是让人无动于衷，那就糟了。一件艺术品一定要使人的心弦为之震动，感情为之激励；要惊人酣梦，发人深省。① 维也纳诗人豪夫曼斯达尔在观看了凡·高的作品回顾展后曾写下这样一段话："我在那些为命运撕裂的风景、静物、拾土豆的几个农夫的画前面，不禁愕然……我不得不承认奇迹般地受到了强烈的冲击。树木，黄色与绿色的地面，残缺石块铺的山丘小路，锡水壶，陶瓷盆，桌子和粗糙的椅子，各自都有了新的生命。那是从没有生命的恐怖的混沌中，从无底的深渊中，向我投射的生命之光。我是感觉到的，而不是领悟到的！这些被造物是由对世界绝望而极其恐惧的怀疑中诞生出来的。它们的存在，将永远地穿破虚无、丑恶的裂缝。我确实感觉到，作者为摆脱恐怖、怀疑和死的痉挛，以这种绘画来回答自己那种人的灵魂。"②

以感觉为尺度的评价，其情绪体验有强度不同的差异，有时评价过程使评价者整体身心都处于情绪的巅峰状态，感到灵魂的战栗与自我的升腾和超越。如站在肃穆的大厅听《国际歌》那不朽的旋律。但许多情况下，这类评价的情感体验也会是温和的，像读朱自清先生的《荷塘月色》所感受到的那种宁静和柔美。

以感觉为尺度的评价，与以观念为尺度的评价相比较而言的另一个特点是它的直接性。它的直接性表现在两个方面：其一是评价主体与价值主体的同一，评价尺度就是评价者本人需要的反映；其二，评价过程

---

① ［法］热纳维埃芙·拉波特：《画布上的泪滴》，82页，北京，生活·读书·新知三联书店，1992。

② 鲍诗度：《西方现代派美术》，34～35页，北京，中国青年出版社，1993。

的高度浓缩。

　　评价主体并不总是价值主体，评价者并不总是以自己的需要为评价的尺度，但在以感觉为尺度的评价中，评价主体与价值主体是直接同一的，评价者所作的判断就是关于价值客体对自己的价值的判断。这使评价过程舍去了评价者进行角色转换，从他人（价值主体）的角度，体会他人需要的中间环节。同时，以感觉为尺度的评价，也舍去了评价者以外在于自己的社会规范衡量价值客体对自己的意义的因素，而仅仅以自己自然而然出现的感觉为尺度。这双重的舍象，就使这类评价具有以观念为尺度的评价所不可比拟的直接性。列·斯托洛维奇在《审美价值的本质》一书中写道：人在审美感知不同的对象和现象时，体验到愉悦或不愉悦。根据直接感情、根据是否喜欢该对象或现象，从而确定它的审美价值和区分美丑的能力叫审美趣味。趣味在这个词的直接含义上用来称呼一种感觉。审美趣味是审美评价的标准。趣味评价在很大程度上是直觉的。它在情感上发生于理性的审美判断之先。审美趣味的直觉本质可以解释趣味评价的直接性。[①]

　　在审美活动中，评价者由于审美客体的节律、色彩等而产生相应的身心感应，这种感应是在瞬间形成的。当处于一种欣赏状态时，评价者似乎什么都没想，什么都被这种强烈的感受所遮掩，而完全沉浸于这种感受之中。评价过程被浓缩了，评价的所有阶段都被瞬间的感受掩盖。仿佛在产生这一感受的同时，评价过程也达到了它的最高阶段，产生了

　　[①]　［苏］列·斯托洛维奇：《审美价值的本质》，238、146～147页，北京，中国社会科学出版社，1984。

评价结果。日本美学家笠原仲二在论及《古代中国人的美意识》时写道：
"以前所论述的种种美的感受，都意味着美的对象与人们的生理的、本
能的追求相近、相合拍时的感情共感；或意味着美的对象与本能的憧
憬、欲求、理性心象相接近、相吻合时的理性的共鸣。换言之，这就如
同光的频率与感觉的节奏相合时所引起的快适感一样，美的对象所具有
的跃动洋溢着生命感的节奏，与人们内部生命的脉搏相谐调、相协和
时，就引起美的感受。"① 桑塔耶纳说：美感"是心灵的一种感应，是快
乐感和安全感，是悲痛，是梦想，是纯粹的快感。它弥漫于一个对象上
而没有说明为什么，它不需要问个为什么。它本身以及它所美化的视觉
就说明其所以然；在这种内感中要究其原因，是毫无意义之举"②。杜
夫海纳写道，美是被感知的存在在被感知时直接被感受到的完满。美的
对象首先刺激起感性，使它陶醉。因此，美的对象所表现的意义，既不
受逻辑的检验，亦不受实践的检验；它所需要的只是被情感感觉到存在
和迫切而已。③ 大卫·休谟说："快乐和痛苦不但是美和丑的必然伴随
物，而且还构成它们的本质。"④杜卡斯在反思审美评价时提出："审美
评价是按照直接价值（immediate value）——也就是根据从审美观照过程
中所得到的快感或恶感——来评价。"⑤康德认为，美只出现在感性的客

---

① 转引自曾永成：《感应与生成感应论审美观》，254～255 页，成都，成都科技大学出版社，1991。

② ［美］乔治·桑塔耶纳：《美感》，184 页，北京，中国社会科学出版社，1982。

③ ［法］米盖尔·杜夫海纳：《美学与哲学》，19～20 页，北京，中国社会科学出版社，1985。

④ ［英］休谟：《人性论》，334 页，北京，商务印书馆，1980。

⑤ ［美］C. J. 杜卡斯：《艺术哲学新论》，187 页，北京，光明日报出版社，1988。

体之中，感性是唯一的判官。审美判断的根本是主体的情感，而不是一个客体的概念。[①]

以感觉为尺度的评价最明显，最令人感到失望的，恐怕就是其易变性。评价是以人的需要为尺度的，而人的需要是变动的，因此，评价具有易变性，似乎是不言而喻的。在各类评价中，以感觉为尺度的评价的易变性最为明显，最为强烈。

以感觉为尺度的评价的易变性之所以如此明显、如此强烈，是因为它是以个人的、当下的、最初级的需要作为评价尺度的。

对作为评价尺度的需要可以进行多种划分。以需要的主体为标准，可以将其划分为个人的、他人的、群体的、社会的、人类的；以需要的时效为标准，可以有短期的、长远的、眼前的需要的不同。它们之间的不同的排列组合，可以使需要具有更多种情形，如社会的眼前利益与社会的长远利益，等等。对于评价者来说，以不同的需要为尺度进行评价，其思维运作过程是有差异的。只有当以个人的，且当下的需要为尺度时，这种评价才是最直接的，也可以说是理性抽象的因素含量最少的。换言之，这类评价与需要的关系是最为直接、最为简单的，需要的任何细微的变化都会直接地反映到评价中。以其他种类的需要为尺度的评价，则因理性判断而使需要对评价的影响延长了距离，增加了屏障，因而需要的变动达到评价时，则力渐轻微。以感觉为尺度的评价集中了评价中所有与需要有最直接关系的因素：个人的——评价者无须假定，

---

① ［德］康德：《判断力批判·审美判断力的批判》上卷，39～40 页，北京，商务印书馆，1964。

无须外推便可把握的；当下的——评价者可直接感受的，不须理解，不须预测，不用思虑；最初级的——尚未被理性阻隔。因此，需要的变动性，就最强烈、最显著地反映在这类评价中。

这种当下的需要，最直接地受到评价者当时的生理状态、心理境况的制约，最直接地受到评价情境的刺激。而这种需要的变化也是最迅速的，评价情境的改变，生理状态的变化，会使评价者的心理状态随之变动，刚刚作为评价尺度的优势需要如果被取代，评价便马上开始发生变化。这种现象曾引起许多文学家的注意，他们用细腻的手法，描写了当某种需要占优势地位时人的那种癫狂痴迷的状态，和一旦这种需要不再处于优势地位时，当事人对自己曾有的癫狂、痴迷的惊讶不解和由此产生的羞愧甚至耻辱感。文学家笔下那令人惊心动魄的巨变，在每个人的现实生活中虽可能难及其强度，但不可能不存在。以感觉为尺度的评价在现实生活中非常普遍，从个体最幼稚的阶段至不惑之年，从赫赫有名之流到默默无闻之辈，以感觉为尺度的评价从未放弃过它的存在，而且地位显赫，以致使得有些哲学家将其作为评价的唯一形式。这类评价可谓使评价的主体性达到了登峰造极的状态，乃至成为价值主观论的主要根据。属于激进的情感主义的逻辑实证主义者认为，因为情感、情绪、态度、欲望等是人各不同、时各不同的，因此评价是完全主观的，是本无所谓真实与虚假、正确与错误的。罗素一直在宣传的被称为价值的"主观性"学说主张，如果两个人在价值问题上意见不一，那么他们不是对任何一种真理有不同的看法，而是一种口味的不同。①

————————

① ［英］罗素：《宗教与科学》，127 页，北京，商务印书馆，1982。

　　至于价值判断，包括以感觉为尺度的评价究竟有没有真假之分，究竟如何区分真假等问题，我们将在本书最后一章详细讨论。在此，所需讨论的是对这类评价的价值判断，即以人类实践、人类生活的需要为尺度评说这类评价的功过。对于情感和感觉的存在，可以说人们毫无异议，对于以感觉情感为尺度的评价的存在，人们也毫无异议。关于这个问题的所有争论与分歧的焦点，在于情感和感觉在人类生活中的价值，以及由此为尺度的评价在人类生活的价值，即这类评价对于人类生活而言究竟是可取的，还是不可取的。

　　从古代开始，无论是在中国哲学家还是在西方哲学家的著述中，都可见到关于这一问题的评说。尽管有不少哲学家讴歌人的情感在人类生活中的巨大作用，甚至有的哲学家将情感作为人之为人、人区别于动物的根本所在，但在西方哲学中，占主流的始终是对情感的贬责。正如休谟所说："在哲学中，甚至在日常生活中，最常见的事情就是谈论理性和情感的斗争，就是重视理性，并且说，人类只有在遵循理性的命令的范围内，才是善良的。人们说，每一个理性动物都必须根据理性来调整他的行为；如果有任何其他动机或原则要求指导他的行为，他应该加以反对，一直要把它完全制服，或者至少要使它符合于那个较高的原则。古今精神哲学的大部分似乎都建立在这个思想方法上；而且不论在形而上学的辩论中，或是在通俗的讲演中，都没有比这个所谓理性超过于情感的优越性成为更加广阔的争论园地。理性的永恒性、不变性和它的神圣的来源，已经被人渲染得淋漓尽致；情感的盲目性、变幻性和欺骗性，也同样地受到极度的强调。"①休谟有一句振聋发聩的警句："理性是并且也应该是情感的奴隶。"休谟是在探讨行动的动机时，提出这一见解的，在休谟看来，"单是理性不足以产生任何行动"。休谟的这一见解仅是非常间接地肯定了以情感为尺度的评价有合理的一面。但这已是对传统哲学的主流思想极大的反驳了。在西方传统认识论的范围内，评价根本未被包括于其中。以感觉为尺度的评价更是哲学家们剥夺评价成为认识论的一个研究课题之权利的理由。

有人说：中国传统哲学从一开始就很重视情感，并把它作为自己的重要课题，建立自己的形而上学，这是中国哲学的最大的特色，也是其他哲学所没有或很少有的。但是，中国哲学所提倡的是理性化甚至是超理性的情操、精神境界，而绝不是感性情感的某种快乐与享受。关于感性情感，中国传统哲学虽然承认其存在，但是并不提倡；对"私情""私欲"则是批判的。它所提倡的是自我超越的理性化的情感。②

由此看来，以重视情感为其特色的中国哲学和以重视理性为特色的西方哲学，在贬斥感性情感这一点上是共通的。按此逻辑，以感觉为尺度的评价对于人类生活的价值是负面的似乎已不可置疑。从逻辑上说，以感觉为尺度的评价因其鲜明的个体性、情感体验性、易变性而与哲学家关于人类认识、人类生活准则的理想——群体、理性、确定——大相径庭。所以它遭到哲学家的贬斥是不足为奇的。然而，这种贬斥却是不合理的。因为它仅仅抓住了情感、感觉的某些负面影响，而且把这些负

---

① ［英］休谟：《人性论》，451 页，北京，商务印书馆，1980。

② 蒙培元：《论中国传统的情感哲学》，载《哲学研究》，1994(1)。

面影响看成是它的全部影响；因为它为了追求社会的一致，认识的确定性，而不惜牺牲了人类生活中最具有生命力、最丰富多彩的现实。就整个社会生活而言，感情是人们行为的直接且巨大的推动力。马克思曾说过，激情、热情是人强烈追求自己的对象的本质力量。[①] 列宁说："没有'人的感情'，就从来没有也不可能有人对于真理的追求。"[②]人的行动不全是由感情支配的，却不能没有感情的支配。带有强烈个性色彩，带有强烈情感体验性的以感觉为尺度的评价，成为构成社会生机勃勃活动的许许多多有激情的人追求自己目标的动力。在这种评价中，虽不乏以超越个人需要的高级情感为尺度的情形，但更为基本的是以不为人所齿，但为人所有的与人的生存息息相关的需要为尺度的现实。与人的生存息息相关的需要，是人的高级需要的基础。没有任何理由为了显示人的高贵而否认这个事实，也没有任何理由，为了人的尊严，而贬损它的价值。

就个人生活而言，这种来自生命底蕴的感觉，是个体最为真实的存在。它表明了个体之为个体，个体之为一个有生命的、独立性的个体的存在，而不是一个机器上的齿轮，或一个螺丝钉式的存在。无数易逝的然而却是真实的瞬间，组成了一幅绚丽多彩的人生画卷。它使个体的生活丰富多彩，使个体真实地感受到自我的存在。当一切人都最真实地感受到自己的存在，最真实地表达出自己的感受时，社会是自由的，社会是丰富多彩的。

---

① 《马克思恩格斯全集》第 42 卷，169 页，北京，人民出版社，1979。

② 《列宁全集》第 20 卷，255 页，北京，人民出版社，1958。

2. 以意象为尺度的评价

在人们对评价类型的探讨中，对以意象为尺度的评价的研究，相对而言是最少的。究其原因，恐怕不仅与对意象的界定有更多的困难有关，而且与——以意象为尺度的评价与其他两类评价相比，在现实评价中受到更多的限制、更不多见——有关。

《简明不列颠百科全书》将意象界定为：人脑对事物的空间形象和大小的信息所作的加工和描述。并指出，和知觉图像不同，意象是抽象的，与感觉机制无直接联系，精确性较差，但可塑性却较强。

心理学家克雷奇等认为，构成我们经验的两种不同的心理元素就是，我们关于存在于物理世界中的此时此地某些物体的知觉，以及当时不在物理世界中，而在我们意识中出现的关于物体的意象。进而他们把意象分为记忆意象与创见意象。所谓记忆意象是指对客体的一种主观经验（视觉的、听觉的等）。这个客体对于经受这种经验来说，曾经作为一种刺激存在过，但是现在并不存在于知觉领域之中。所谓创见意象，是指对一客体的一种主观经验（视觉的、听觉的及其他），但这个客体对于经受这种经验的人来说，从没有作为一个刺激实物存在过，它是一种想象出来的客体。①

美国意象派诗人庞德认为，意象是一种在一刹那间表现出来的理性和感性的集合体，意象在任何情况下都不只是一个思想，它是一团或一堆相交融的具有活力的思想。②

---

① ［美］克雷奇等：《心理学纲要》上册，199～221 页，北京，文化教育出版社，1980。
② 伍蠡甫等：《现代西方文论选》，251 页，上海，上海译文出版社，1983。

根据学者们所作的种种关于意象的界定，可以得出以下推论：形象性是意象最主要的特征。意象是一种形象，然而它不是直接受客体的物理特性约束的知觉形象，更不是现实中的物理形象。意象凝聚了主体的欲望、理想、认识与心灵情调，是欲望、理想、认识、情感坠入直观水平的形象化的产物，它源于主体的现实实践活动，源于主体所接受的传统，源于主体具体的情感体验，源于主体在现实基础上的一种追求和向往。因此，在意象中重叠了现实与理想、情感与理智、观念与欲望等种种因素，是这种种因素的形象化。它是形象，但不是现实具体形象的直观反映，而是以上多种因素的浓缩、积淀和升华。它含有记忆的痕迹，但却不是简单的记忆，它是主体的一种超越现实的追求的凝聚。虽然在不同的意象中超越现实的成分、程度不完全一致，但是哪怕是看上去几乎是记忆的意象，实际上也蕴含了主体的理想，是主体情感和潜意识欲念的集合物。它源于现实，但不停止于现实，它标志着人的心理世界中一种非现实的自由状态，表现出对现实的超越。与现实存在相比，它具有理想性；与感觉相比，它具有深刻性、久远性；与观念形态的理想相比，它具有形象性。因为它的理想性，它有可能成为评价的标准；因为它的深刻性、久远性，它在主体的评价活动中，达到了超越感觉层面的水平；因为它的形象性，它在评价活动中只占评价活动的一部分，只有当理想、观念、情感可以被形象化时，这类评价才有可能出现。而大量的理想、观念、情感是很难形象化的。就广泛性而言，它不如以感觉为尺度的评价；就深刻性而言，它不如以观念为尺度的评价，但它却兼有以感觉为尺度的评价的生动性、情感性、丰富性与以观念为尺度的评价的深刻性。它介于以感觉为尺度的评价与以观念为尺度的评价之间，兼具两者的特点，又有自己的特色，即形象性。

以意象为尺度的评价操作的具体形式，由于意象形式的不同和评价对象之形式的不同而有所区别。

尽管记忆意象与创见意象都不等同于受具体物理特性制约的知觉与记忆，但就这两种意象的差别而言，记忆意象带有更多的记忆性，即主体可以在现实中找到它的原型。尽管主体实际上已将这一原型理想化，但从直观现象来看，它仍与现实中的原型十分接近。所以，其被称为记忆意象。创见意象与记忆意象刚好相反，它仿佛与现实无关，仿佛完全是主体的杜撰，它的理想性表现得淋漓尽致，但其现实基础却表现得十分微弱，人们在现实中找不到它的原型。但实际上它仍是具有现实基础的，它不可能脱离主体的现实生活，是主体在现实基础上，对现实所存在的许许多多具体形象的优点的组合，只不过组合到了与每一原型都不相似的程度而已。

根据对意象所作的上述这种划分和现实中这类评价之客体的不同这两个标准，可将以意象为尺度的评价归结为三种形式。一是评价者以记忆意象为尺度，评价直接呈现于眼前的具体可见的形象。这种类型的特点在于：意象清晰、生动，有明确的现实原型；评价主体对这一评价尺度有明确的自我意识，对评价过程的自觉性较高；不同评价者之间交流的可靠性与可能性最强；就操作而言，该类评价表现为意象与对象的一一对应。"高仓健情结"便是一个范例。

自从高仓健主演的《追捕》《远山的呼唤》等影片在中国上映后，高仓健被许许多多的青年女性当作最为理想的男性和最为理想的恋人的模本。高仓健成了充满深沉的爱意与温情却冷峻得让人难以捉摸的男性的理想化身，他伟岸的体魄，他在扮演银幕角色时的一举一动，被化作女性心中的意象，这一意象必不可免地加入了她们每个人的理想。因此所形成的与高仓健有关的这一意象，实际上是经过她们的理想修饰与加工过的形象。这样的一个意象便成了这些女性评价现实生活中男性的一个标准。《中国青年》杂志发表的调查表明，"高仓健情结"已达到难以复加的程度。竟然有许多女青年以此为标准而慨叹，中国没有男子汉。中国当时的影星在这种意象面前纷纷陨落，甚至被人们讥讽为"奶油小生"。女性的这一评价也影响了男性。男性也以这一意象作为自我评价的尺度，追求高仓健的冷峻。因为这一意象是对现实中高仓健的变形，所以，当高仓健来到中国露出微笑时，他的微笑，竟成了报道的热点。由此可反观：这种意象是如何被理想化和抽象化的。

高仓健情结影响如此之广，如此之久，与今天迭出的偶像崇拜在机制上是一致的。王安忆女士在一篇短文中展示了女性心目中的另一种意象：克莱默先生（《克莱默夫妇》中的男主角）。他没有高仓健的冷峻，与高仓健相比，他显得如此琐细，似乎微不足道，他是个忙碌于家务中的非常普通的男性。但王安忆认为，他更有吸引力，更符合她的理想。如果克莱默成为大多数女性关于男性（丈夫）的意象，那么，或许中国许多男性就不会再因缺乏高仓健的冷峻而遗憾了。许多女性也不会再说中国没有男子汉了。与此类似的是，影视界的"丑星"热、美国西部片中的牛仔热等。

以记忆意象为尺度的评价，因为意象的原型是现实中的一个具体可见的形象，所以，虽然作为评价尺度的意象与这一原型有许多差异，但信息交流的可能性较大，主体间达成一致的可能性就较大。因此，这类评价的影响力、传播力、感染力都更强，在社会上往往会形成一种轰动效应。这是以感觉为尺度的评价力所难及的。

以意象为尺度的评价的第二种形式是评价者以创见意象为尺度，评价直接呈现于评价者眼前的具体可见的形象。

与前一种评价相比，这类评价中的意象较为朦胧、模糊，细节不清晰，它比前一种意象更具抽象性、概括性，更深刻地反映了评价者的理想。同时由于它的模糊性，它具有较大的可塑性，它的情感意蕴更为丰富。评价者对这类意象的自我意识是不清晰的，评价者对这一意象的自我意识与其说是形象，不如说是情调。因此往往在以此为尺度的评价过程中，会出现明显的出尔反尔。这一意象的激活过程，往往带有极大的偶然性和情境性。在一种氛围中，这一意象的这一方面被激活，而被评价者认为，这就是意象的全部，但换一情境，这一意象的这一方面可能会黯淡无光，而另一方面却被凸显出来。这种意象可谓："横看成岭侧成峰，远近高低各不同。"在不同的情境中，意象的呈现是不同的。因此，作为评价者，也往往会对自己转瞬即变的评价感到奇怪，为自己评价理想的不一致而感到遗憾，但难以摆脱千面人似的意象的摆布。福楼拜的《包法利夫人》一书给这一类型的评价提供了一个绝好的范例。

《包法利夫人》一书的女主人公爱玛的脑海中有一个作为她的评价尺度的关于男子的意象。福楼拜写道：这是一个她最热烈的回忆、最美好的读物和最殷切的愿望所形成的幻影。他在最后变得十分真切、靠近，但是她自己目夺神移，描写不出他的确切形象，他仿佛一尊天神，众相纷纷，隐去真相。这个幻影倾注了爱玛的种种爱情理想，表现了她爱情追求的浪漫情调。这个意象具有许多不同的方面，或具有多种变形，在不同的情境中不同的幻象被激活，每当眼前的男子恰好与这一幻象吻合时，爱玛便以为她眼前的这位男子就是她理想中的男子，于是一次又一次地倾注她的全部热情，然而，当这一意象的另外一些方面被激活时，爱玛又认为，她曾以为是理想化身的男子实际上与理想格格不入，于是一次又一次地失望和悔恨。

与第一种类型的意象相比，这种意象具有更强的个体性，在交流中，往往是传播噪声，变异的可能性较大。信息发出者的表述，极有可能在到达屏幕时产生变形。因此，以这类意象为尺度的评价，要么具有私密性，要么只有转换为前一种形式才能得以交流。

以意象为尺度的评价还有一种形式，就是以记忆意象或创见意象为尺度，评价非直接呈现于评价者眼前的形象。

这类评价的主要特点是，它具有一个将语言信息转换为想象中的形象的中介环节。整个评价过程可以表述为：关于价值客体的语言描述刺激评价者，使评价者形成关于价值客体的想象，然后评价者以心中的意象（记忆意象或创见意象）为尺度，衡量这一想象，从而得出关于价值客体的价值判断。

将语言信息转换为形象的过程，反映了评价者的心理积淀。这种心理积淀包括经验的积淀、情感的积淀、观念的积淀等。这一转换，对于评价结果的影响是非常直接的，同时这一转换所体现的主体因素也是非常丰富与强烈的。当某人被称为女强人时，如果人们脑海里出现的形象，是一个彪悍、风风火火、盛气凌人、叱咤风云、颇带男性气质的女人，而人们关于女性的理想，却是一个美貌、温柔、贤淑、谦让的意象，那么很自然，人们会对这个"女强人"作出否定性评价。作为女性，尤其是 20 世纪 90 年代的女性，最不愿意被别人称为女强人。有人甚至认为，到 20 世纪 90 年代，女强人不仅不再是一种赞誉，甚至成了一种侮辱。对"女强人"这一称呼的如此评价，显然与关于女强人的意象有关。当说到女强人，人们想到的是为他人而不惜牺牲自己的，集温柔、美貌、贤淑、谦让于一身的刘惠芳（电视剧《渴望》中的女主角）的形象，想到的是《人到中年》中陆文婷那双时而忧郁、时而热情的眼睛和那楚楚动人的神情、默默奉献的精神等时，人们还会对女强人这种称谓产生反感吗？女性还会为被称为女强人而失望吗？从理性上说，像刘惠芳、陆文婷那样的女性，又何尝不是生活的强者，何尝不是女强人呢？但是，因为人们由"女强人"这一称谓所形成的想象是一种与对女性的理想格格不入的形象，因此，对女强人这一称谓及对被称为女强人的女人作出否定性的评价就是不可避免的。

与以感觉为尺度的评价相比，以意象为尺度的评价具有以下显著特点：

一是间接性。这一特点首先表现在：价值主体与评价主体有了相对的分离，价值过程与评价过程有了相对的区别。在以感觉为尺度的评价中，价值主体与评价主体是合一的，价值过程与评价过程也是合一的。但是，意象作为一种已有抽象性和概括性的坠入直观水平的理想（萨特语），已经具有了相对的独立性。它不仅可以在价值主体与评价主体合一的情形中，充当评价的尺度，而且也可以在价值主体与评价主体分离，评价者作为一个旁观者的情形下充当评价尺度。

其间接性的特点还表现在，评价标准与价值客体不再是一一对应的关系，而是一对多的关系。即使在评价主体与价值主体合一的情形中，评价尺度因为具有了抽象性和概括性，也表现为一对多的操作过程。桑塔耶纳和柏拉图一样认为，所有配称为爱的，都必须有一个理想目标，爱人各自在对方中寻求一种在本质上是永恒和无限的理想形式的体现。在桑塔耶纳看来，爱就是一种对不可及的理想目标的想象的追求。没有人，包括米诺的维纳斯也不能完全展现发展的女性美的理想性质。理想的目标并不存在，它属于想象，在想象中，它被塑造成完美的。[①] 理想目标(意象)，积淀了评价者的理想、情感体验，体现了评价者的追求，由于它的完美化、理想化和超现实性，一个评价标准可以在多次评价过程中发挥作用。这个理想目标，对一些人来说，甚至可以是一生所持有的标准，一生所追求的目标。

　　该类评价的间接性最为突出地表现在，在上述第三种形式中，它需要有一个由语言向意象转换的过程，这个过程受到个体想象力的制约或经过个体想象力的阻隔，也受到语言描述的阻隔。在对价值客体的语言描述中，首先经过了描述者的阻隔，描述者根据自己的评价、感受和他所具有的文化修养，甚至根据语言文字的运用来描述他所见到的对象，而评价者所形成的关于价值客体的形象直接受到这一描述的制约。比如，将一女子描述为"秀丽而颀长"与"秀丽而高大"，这在实质上区别甚微，但它引起的想象有可能差之千里。"秀丽而颀长"引起的联想大概是一位窈窕淑女婀娜多姿的形象，"秀丽而高大"有可能引起一种令人感到遗憾、破缺的想象：一个容貌姣美，但身材与容貌不太协调，过于粗壮魁梧的形象。实际上，这可能仅仅是由于描述者用词不当所致，对象本

---

① ［美］欧文·辛格：《超越的爱》，32～34 页，北京，中国社会科学出版社，1992。

无差别，诸如此类的还有许许多多。《伊索寓言》里有一段关于"舌头"的著名描述。在人类实际生活中，到处验证着《伊索寓言》中关于这一哲理隽永的名言。人类生活中任何一种现象都可以用最美好的语言来描述，从而引起人美好的联想，也可以用最恶毒、最肮脏的语言来描述，从而引起人们的厌恶感。可以说，语言是一种妖术，它把现实变成说话者眼中的、心中的存在，而失去原有的样子。人们常说现实是丰富的，语言是贫乏的，但却没有看到另外一面：现实是单一纯洁的，而语言却是扑朔迷离的。在浪漫主义奔放的语言、瑰丽的想象和带有强烈理想主义倾向的描述中，人们看不到黑色幽默作家笔下的那个荒诞无稽、丑恶难容的世界，也感受不到颓废派的绝望。语言的狡黠，使该类以意象为尺度的评价，受到了严重的阻碍。

二是个体性。

在以意象为尺度的评价中，作为评价尺度的意象所蕴含的和所表现的仍是评价者的需要，它是评价者情感需要的升华。尽管这一意象的形成过程不可避免地打上社会的烙印，含有评价者所受到的教育文化熏陶、社会时尚的影响等因素，但它仍含有评价者鲜明的个性色彩。对于评价者而言，外界的影响已融化为他（她）自己的一种独特的追求。即使在评价主体与价值主体相对分离的情况下，评价者也不可能以价值主体所可能具有的意象，或价值主体的需要来评价客体，在这种情形的评价中，作为评价尺度的仍是带有评价者强烈个性色彩的意象。

与以感觉为尺度的评价相比，以意象为尺度的评价所表现的个体性，侧重于个体的心理层面的差异性，如情感追求的不同，而不是个体的生理层面的差异。在意象中生理层面的渴望已被抽象化，被浓缩和升华了。如在关于女性美的意象中，生殖的需要已被抽象化。这种被浓缩与升华了的意象，似乎已不再与原始的欲望有关。尽管就其形成而言，它是从原始欲望开始的。

在以意象为尺度的评价中，无论是意象的形成过程还是将语言转换为形象的过程，都体现了评价者独特的心理背景，包括情感背景、文化背景和教育背景等。在一个小姑娘那里，"一支漂亮的钢笔"这一陈述，可能转换成一支红得透明、小巧玲珑、有着金亮亮的笔尖的小钢笔的意象，而在成年人那里，可能形成深紫色的英雄金笔或深蓝色派克金笔的意象。"漂亮"所唤醒的意象对他们来说是不同的。就像"美"的意象是不同的一样。对于大多数中国人来说，娟秀、文静的女子是美的，而对于大多数美国人来说，热情奔放充满生命活力的女性才是美的。

意象作为一种抽象化的由积淀形成的直观的理性，更能反映评价者深层的感受、持久的追求和较为稳定的观念，因而也就更能反映评价者的个性。

三是它的情感体验性较之以感觉为尺度的评价更为深沉与持久，较之以观念为尺度的评价更为强烈与明显。因为，意象在评价者心理中持续的时间较之感觉更绵长，对评价的影响更为深刻，它蕴蓄的情感更为深沉和经久。另外，由于该类评价过程的各个环节较为清晰和明显，它的重复性又较高，因此，作为观察者和作为评价者本人都有可能发现控御这一评价的意象，都有可能找出这一评价的局限。因而评价者有可能使自己免于旋踵即变与沉迷不悟的困惑。

3. 以观念为尺度的评价

观念是人们的社会生活、独特的个人经历、所受到的教育等各种因素在思维中的抽象、概括与定型。它是感觉、情绪、情感的积淀。与感觉不同，它是一个更高的认识阶段的结果，它属于人们的理性认识层次。在日常语言中，观念被用来指谓人们对某种事物、某种存在的见解与看法。在使用过程中，人们还常常将其简化，而将对某一方面的见解与看法称为"……观"，如将对世界的一些根本的见解与看法，简称为世界观；将对哲学的性质、功能的见解和看法称为哲学观。诸如此类的还有道德观、历史观、文学观、人生观、审美观等。在现实中，观念家族是庞大而复杂的，它的内容是极其丰富的，它涵盖了人类生活的所有领域和方面；它的来源是极其复杂的，有的源于经验，有的源于权威，有的仅仅是一种超验的信念；它的形式是多样的，有禁忌、习俗，有准则、规范，有信仰、信念；它的性质是良莠混杂的，既有真知灼见，也有荒诞无稽之言。正是这些错综复杂的观念构成了人们评价各种不同客体的不同评价标准。以观念为尺度的评价是左右社会活动的一种非常重要的评价。我们以人们最常见的，也最常提起的道德评价为例。道德评价的最基本的尺度就是人们的道德观念。任何一种规范伦理学（一种以人的行为及道德标准为自己研究要义的伦理学）都是通过对善与恶、正当与不正当、应该与不应该之间的划界与标准的探讨，从哲学上论证它所主张的道德观念，道德的基本原则、基本规范和基本要求。它所表达的是伦理学家的一种特定的道德理想和道德追求，宣传的是一种特定的道德观和一种评价人的行为、约束人的行为的标准。如果一种伦理学所宣传的道德观，得到政治与权力的认同，那么这种道德观就会通过各种传播媒介向人们灌输，并通过对行为的奖励和惩罚机制，使这种高于人的现实生活的、外在于个体需要的评价准则，内化为个体的信念，成为个体评价的标准。在一个社会中占统治地位的道德观，是与这一个社会的经济生活、与这一个社会统治阶级的利益相一致的道德观。它成为评价与约束这一个社会中人们道德实践的标准。当社会生活发生较明显、较剧烈的变化时，首先受到挑战的就是支配人们行为、左右人们评价的各种各样的观念，而且每次都包括曾支配人们评价与行为的道德观念。在社会的转型期，人们所看到的往往是原有道德规范被破坏殆尽，新的道德规范尚未真正建立，评价标准的多元化、混乱和道德行为的矛盾与冲突。在经历了一段时间的巨大阵痛之后，新的规范伦理学便会产生，新的道德理想、新的道德评价标准和规范，便会确立并成为约束人们评价和行为的新的尺度。

不同的规范伦理学宣传的是不同的道德观念、不同的评价标准。例如，在爱因·兰德的个体主义伦理学看来，每个人都有权利为自己而生存，关注自己的利益，使自己尽可能地得到快乐。"人类生活的道德目标是获得他自己的幸福。……他不必把自己的生命看成是低于其他人利益的，不必为了他们的需要而牺牲自己，解脱他人的痛苦不是他最基本的要求。他所给予人们的帮助是一种额外补充，而不是规则；是一种慷慨行为，而不是道德义务。"①以这种伦理观所作的评价与以利他主义的伦理观所作的评价是不相同的。以利他主义伦理观所倡导的道德原则和道德标准衡量为善的行为，以个体主义伦理观的标准来衡量可能是恶的。如利他主义伦理观强调个体应为他人作出牺牲，牺牲是一种至高无

---

① ［美］爱因·兰德：《新个体主义伦理观——爱因·兰德文选》，47 页，上海，上海三联书店，1993。

上的美德，而在个体主义伦理观看来，牺牲是放弃更大的价值而俯就劣等价值或无价值；在利他主义看来，帮助一个陌生人或仇人比帮助自己的亲人、自己所爱的人，更具有德性，更少有自私性。但在个体主义看来，这是荒谬的，因为它与人类行为的理性原则是完全相反的。行为的理性原则要求人们的行为应该总是与自己的价值等级相一致，而不是牺牲大的价值来迎合小的价值。所谓"无私的"或"无功利的爱"是自相矛盾的，因为它意味着对自己所珍视的价值没有任何兴趣。① 人们的不同选择取决于人们的不同评价，而不同的评价取决于不同的观念。

观念家族中的另一大类是宗教信念。任何一种宗教所宣扬的，从本质上说，都是一种人生价值观。这种人生价值观对于信奉这一宗教的信徒来说，就成了他们评价人生、选择人生的金科玉律。在佛教看来，世上一切皆空，人生苦海无边。而苦之根本是求之不得之苦，是欲望无法满足之苦。要摆脱这无边的苦海，唯一的途径，就是祛除一切欲望，达到一切皆空的精神状态。只要没有了欲望，人便不会再有任何的痛苦，人生便达到了至善至美的境界。与佛教的这种观念根本对立的是一种正视人的欲望、正视人的痛苦的人生观。这种人生观认为，痛苦是人生不可避免的，但是正是这种痛苦使我们感到人生的意义与快乐。"倘若痛苦的原因被排除，生活里就会缺少危险、冲突和失败；缺少努力和斗争；对冒险的热爱、战斗的渴望和胜利的凯旋就都要成为过去。生活就会成为一种没有障碍的纯粹满足，没有抵抗的纯粹成功。我们就将会像

---

① ［美］爱因·兰德：《新个体主义伦理观——爱因·兰德文选》，39～41页，上海，上海三联书店，1993。

对待一种自知必赢的游戏一样感到厌倦无味。"①幸福不在于祛除欲望，而在于战胜影响欲望满足的困难。有欲望的人生是有痛苦的，而有痛苦的人生才是幸福的，有意义的。痛苦是人生的财富，它证明人真实的存在。当一个人再也体验不到痛苦的感觉时，便说明他的生命力已消退，人生的意义已暗淡了。显然以这样一种人生观来评价人的行为，评价人生所得到的结论，与以佛教的观念评价人生所得到的结论是截然不同的。

以观念为尺度的评价在人类生活中是如此普遍，如此重要，以致我们不能不在此驻足。以观念为尺度的评价所奉行的是一种与酒神原则相对而言的日神（Apollo）原则：符合观念的才是有正价值的；与观念相违背的具有负价值。反思人类活动中各种各样以观念为尺度的评价，可以得出这样的结论：与以感觉和以意象为尺度的评价相比，以观念为尺度的评价具有三个明显的特点：一是间接性，二是社会群体性，三是相对稳定性。以观念为尺度的评价的这三个明显的特点，是由观念的特点决定的。

首先，观念具有概念、判断、推理的思维形式，它是对感性认识的提升、抽象，它舍去了感性认识的丰富性、表面性，而赋予感性材料以深刻性与抽象性。尽管各种观念的理论化程度具有差异，甚至可能具有很大的差异，但是它们都是超越了感觉而获得理性形式的。强调这一点，并不否认在观念作为评价标准时会伴随有情感与其他感觉，甚至伴

----

① ［德］弗里德里希·包尔生：《伦理学体系》，222 页，北京，中国社会科学出版社，1988。

随意象的存在，但伴随着情感意象的存在，不等于就是以情感与意象为评价尺度。尽管在现实评价活动中，观念、情感、意象并不是互不相干的，但作为理性分析，可以将其相对分离。

其次，具有理性形式的观念，因其抽象性和概括性，而具有更广泛的涵盖性。观念的抽象程度越高，其涵盖性越广，其涵盖性就越广；其解释力就越强，因而也就越不易改变。观念较之感觉更为顽固，因而以观念为尺度的评价更为稳定。

最后，由于信念的形成是经过了理性抽象的，而且有较广的涵盖性和较强的解释力，因而它能够被较多的个体接受，它的传播具有较强的可能性。尽管在传播过程中，它会被曲解，被误解，但是与感觉相比，它更容易被理解，被接受。语言在描述感觉时是较为困难的，甚至可以说是捉襟见肘、十分尴尬的。如"痛苦""愉快""悲哀"等，在具体使用过程中，常常难以表达真实的情感体验。失去爱的对象的痛苦与失去爱的能力的痛苦显然是不一样的；对生活中某一具体挫折的感受与认为整个生命是无意义的感受可以说大相径庭，但语言很难将这些感受准确地表述出来。语言的见长之处在于它能够将具有差别的具体样式进行舍象，而取相同点。语言在表达观念方面，就略胜于表达感觉。因而，观念的传播比感觉与意象的传播有更优越的条件。这是就观念传播的可能性而言的。就观念传播的现实而言，上述所说也是不言自明的。教徒因信念的认同，而结成一个群体。信奉某一观念，不仅使同一时代的人，而且有可能使不同时代的人，成为独特的群体。而"感觉"没有如此声势浩大的威力。

观念的上述特点，使以观念为尺度的评价，作为评价的一种特殊形式，具有自己的特点和独特的魅力。

以观念为尺度的评价的特点之一是它的间接性。这类评价的间接性主要表现在两个方面：一是评价主体与价值主体的相对分离，二是评价者当下的需要与作为评价标准之基础的需要相对分离。

与其他类型的评价相比，在以观念为尺度的评价中，价值主体与评价主体分离的可能性最大，在现实中它们分离的情形也最为普遍，最为明显。因为观念的概括性、抽象性，使它有可能超出评价者的需要，超出评价者在评价时当下的优势需要，从而将一类价值主体的各个层次的各种需要进行有序化整理，形成一种既源于现实，又超越现实的对价值主体需要的理性化把握。所以，在评价者以观念为尺度进行评价时，他可以根据这种高度抽象和高度概括的需要衡量价值客体与价值主体的关系，把这种由高度抽象和概括形成的相对普遍的价值判断，作为衡量具体价值客体的标准和作出价值判断的大前提。

例如，九寨沟的自然风光秀美，山清水秀，是旅游之仙境。对九寨沟的这一评价，价值主体是"都市人"这个群体，作出这一价值判断的大前提是对都市人需要的一种抽象和概括，即都市人需要大自然，渴望到大自然中去。即使评价者本人生活于自然风光绮丽之地，尽管评价者自己并没有感到对大自然的渴望，没有回归大自然的需要，但是一旦他拥有关于"都市人都喜欢大自然"这样一个观念，那么他就可以作出与上述类似的价值判断。表现以观念为尺度的评价这一特征的最突出的例子，莫过于广告词。在广告中，评价主体与价值主体是分离的，评价者通过他所拥有的观念，和他所把握的价值主体的需要，作出关于价值客体的价值判断。做广告者是为了推销他们的产品，他们不是产品的使用价值的享用者，在这个意义上可以说，他们不是价值主体，但是他们却可以通过把握一定的信息形成关于消费者需求的观念，从而设计出能吸引消费者的广告词，通过广告词所暗含的价值判断，说服消费者（潜在的价值主体）购买他们的商品。

不同文化、不同背景、不同身份的人之间要想成功地交往与交流，离不开对彼此需要的了解，而这种了解往往凝结成一定的观念形态，即形成了一种相对普遍性的判断。在交往过程中，人们便以这种相对普遍性的判断为标准选择自己的行为方式和表达方式。如果这种观念正确且真实地概括了对方的需要，那么这种交往与交流就有了成功的可能；如果这种观念是错误的，则将使人误入歧途。

人们在以一种陈述句陈述一个事实时，实际上是在进行一种价值判断、价值陈述。因为这种陈述，在一个价值判断的大前提下，是推出一个新的价值判断的中介。陈述者预设了自己与接受者都具有相同的价值观念，即具有相同的大前提，因此，他只需说出这个判断的最客观的部分，便可达到价值判断的效果。如对一个亚洲的女子说，你皮肤真白。这是一个事实判断，但它所起到的作用是进行价值判断，是一种赞美。陈述者认为这是对对方的赞美，而且还相信，对方也会把这看成是一种赞美。这就是赞美者在进行这一陈述时所依据的观念。如果他拥有的这一观念恰巧真实地反映了被赞扬者的需要，那么他的这一事实陈述便会达到预期的结果，不然，可能会适得其反。由此可见，观念实质上所蕴含的是评价者对价值主体需要的一种抽象和概括。在此，价值主体的需要与评价者的需要有可能是分离的，有可能是不一致的，但只要这种观念恰当地反映了价值主体的需要，这一判断就可能是有效的。

以观念为尺度的评价，为评价主体与价值主体的分离，提供了最为广阔的可能性。关于人性的观念，可以使评价者超越国界、超越时间的阻隔；以这一观念为普遍前提，可以判断处于不同国家、不同文化背景、不同时代的人的最基本的需求，并作出以他们为价值主体的价值判断。如康德的道德律令中最基本的一条就是"己所不欲，勿施于人"。这一道德律令的前提是，假定人的需要是一样的。你所期望的，也是别人所期望的；你所憎恶的，也是别人憎恶的。在生活中，许多价值判断是以人为价值主体的。对于人这个不可归纳的群体，评价者不可能以感觉为衡量的尺度，而只能以关于人的需要的观念为评价尺度。这一观念是在有限概括的基础上，经过思维的跳跃形成的。在某些生态伦理学中，研究者不仅把整个人类作为价值主体，而且把所有生物都当成价值主体，以所有生物的需要为评价标准的基础，并以此来衡量人类行为的合理性。这时，评价者与价值主体的分离就不再仅仅是人类群体范围内的分离。

观念的抽象性、概括性是人类思维创造性的最突出的优点之一，它使个体的评价与认识可以相对地超越时空的限制，也相对地超越自我经验的限制，超越个体自身的需要。观念积淀了人类文明演进的宝贵成果。但是，由于观念的形成不可能摆脱社会、历史及提出者个人的种种局限，因而观念不可能完全真实地反映价值主体的需要。所以，在评价中，往往作为评价标准的观念本身是错的，导致所得出的价值判断是无效的。

以观念为尺度的价值判断的间接性的第二种表现，是评价者用以作为评价标准的观念与评价者在评价过程中当下的价值感觉之间有可能是

矛盾的、冲突的。这两者之间之所以有必要的张力，是因为：一，观念
对于评价者而言，多半还带有他律的痕迹，还带有强制性的遗影，它的
内化程度不如感觉；二，观念是理性抽象、概括的产物，它反映的是评
价者应该具有的愿望和要求，而不是评价者当下的、已有的愿望与需
求。观念包含了评价者对各种需要关系的权衡和评价，体现了评价者对
需要系统的理性化处理。因此，与当下的、瞬间的需要相比，观念所体
现的是评价者对自己长远需要、根本需要的把握。而长远需要、根本需
要与当下瞬间的需要之间的冲突是自然而然的，它们之间的矛盾实质上
是"应是"与"现实"之间的矛盾。

　　由于价值感与作为评价尺度的观念之间存在冲突，所以，在实际评
价过程中，评价者往往会体验到心理的矛盾与情绪的紧张，感受到情感
与理智的较量，往往会出现如下情形：评价者如果坚守理性的阵地，那
么就必须排除当下感觉的干扰，以坚强的毅力克制情感的冲动，使评价
始终保持以观念为尺度。在个人生活中，这种理智的抉择是必要的。人
既不是纯粹理性的，也不是纯粹情感的，人既有理智又有情感，既重视
当下的感觉，又注重长远的需要，因此，痛苦地放弃，或许是一种更有
价值的获取。

　　在评价中，有一种特例，即观念与感觉是合一的。观念就是"应该
以感觉为尺度"，只有在这种情况中，以观念为尺度和以感觉为尺度的
结果是一致的。

　　在公共事务中，人们更期望，被推举出的评价者能以公众所普遍认
同的观念、规范进行评价，而不是以他们个人的好恶作为评价的标准。
因为在这种情势中，评价者扮演的是一个社会角色。因此他应以公共事

务中所涉及的公共事务的价值主体的需要为尺度，而不能以自己的感觉和自己的需要为评价尺度。如果评价者不清醒地意识到这一点，那么价值主体就会错位，从而使整个评价失效。例如，在进行学术评价时，作为代表一定社会群体或权威机构行使裁决权的评价者，应以学术评价规范为标准，以学科发展的需要、人类认识的需要为标准，而不是以他个人的好恶为标准。他的角色要求他以这一公共活动的价值主体的需要、以公认的学术规范为评价的尺度。在这个意义上可以说，审美欣赏是自由的、愉快的，而艺术评价不是完全自由的，也不是完全愉快的。乔治·桑塔耶纳在将审美评价与道德评价进行比较（实际上，在这里是将以感觉为尺度的评价与以观念为尺度的评价相比较）时说："道德决不是主要地关心获得快乐的；在一切更深刻更可信的道德格言中，倒更为关心避免痛苦。刻意追求快乐就不免有点矫揉；以享乐为义务也不免有点荒唐。"人生所要逃避的种种"灾难幽灵似地躲在每一道德禁令的后面"，而审美是"暂时解脱了灾难的愁云和忧恐的奴役，随着我们性之所好，任它引向何方"。审美是快乐的，而"快乐决不是一种真正道德禁令的对象"①。人希望永远是快乐的，可如果不知道逃避灾难，就不会是永远快乐的。痛苦有时是为了保持更大的快乐。因此，从这种意义上说，人生既需要审美，也需要道德。

与以感觉和以意象为尺度的评价相比，以观念为尺度的评价的另一个显著特征在于，它具有更强的社会群体性。这是因为作为该类评价之尺度的观念与感觉和意象相比，具有更强的社会群体性。观念所具有的

———————————

① ［美］乔治·桑塔耶纳：《美感》，16～17 页，北京，中国社会科学出版社，1982。

这种社会群体性主要表现在两个方面：其一，与感觉与意象相比，观念具有更强的传播性；其二，观念具有更强的更明显的社会群体共享性。观念所具有的更强的传播性，是观念可以被一个社会群体共享的前提条件和重要原因。

亚历山大·戈德在《传播的定义》中写道："传播就是使原为一个人或数人所独有的转化为两个或更多的人共有的过程。"①布农（C. G. Browne）将传播界定为："将观念或思想由一个人，传递到另一个人的程序。"②《简明不列颠百科全书》将传播界定为："人们通过普通的符号系统交换彼此的意图。"并指出在这一符号系统中，"语言是最重要的传播方式"。

感觉、意象、观念都具有传播的可能性。但相比较而言，感觉的私人性、瞬间性更为突出和明显，可传播性较弱。在人际交往中，人们可以用各种方式来表达和表现自己的感受，也可能由此而激发、引起、唤醒他人的感受，使他人产生可能与自己类似的感受。但是由于感觉本身具有体验性和不可言说的一面，因此感觉的共享非常难。即使是在关系非常密切、观念非常切近的人之间，感觉的共享也是非常困难的，产生感觉共享的可能性是极小的。

意象较之感觉传播的可能性稍大一些，因为意象中有一类是以现实存在的形象为原型的，而现实存在的形象是可以直接感知的，但对于其他类型的意象来说，也有与感觉类似的难以传播性。

---

① 转引自周晓虹：《现代社会心理学——社会学、心理学和文化人类学的综合探索》，406 页，南京，江苏人民出版社，1991。

② 转引自李茂政：《大众传播新论》，10 页，台北，三民书局股份有限公司，1994。

与感觉和意象相比,观念有更强的可传播性。因为它是对个人瞬间感受、经验的概括和抽象,这种概括和抽象就使它具有了超越感觉和个性的性质,并从而具有了由一个人或数人传及他人,使之成为更多人共有的可能。观念的这种抽象性与人类语言的抽象性是吻合的,因此,语言是传播观念的有力的工具。通过语言,人们可以实现跨越历史时空的、跨越文化的、跨越人种的、跨越民族的观念的交流与传播。现代交通与电讯技术的发展,使观念的传播有了更强的可能性。尽管在观念的传播中,在语言的交流中存在各种各样的干扰因素,存在着被传播学家称为噪声的阻隔,但观念仍在强有力地传播着。牛顿力学的时空观不仅是英国人的,而且是全世界许多人的一种观念;不仅是他那个时代的人的观念,而且是迄今为止,我们仍未能完全摆脱的一种观念。在今日中国,我们更能强烈地感受到,自打开国门后,我们所接受的不仅是形形色色的产品,而且更主要的是形形色色的观念。从学术思想到日常生活信念,从审美观念到道德信念,等等,其传播面之广,传播速度之快,接受面之广,接受速度之快,在中国历史上都是前所未有的。

观念不仅可以通过语言进行传播,而且可以通过具体可感的形象进行传播。今天电视不仅普及而且更新换代速度非常快,大量的视听信息,成为传播各种观念的重要渠道。广告商以形象化的广告宣传着他们希望人们拥有的各种价值观念;政治家通过视听媒介,宣传着他们的政治观;而人们从大量的文学艺术作品中,接受创作者传输的人生观、价值观。当下,人们对通过生动的形象传递文化信念、生活理想的方式有更深的感受。即使在以形象为媒介的条件下,感觉的可传播性仍然是最低的。相对以语言为媒介的传播而言,以形象为媒介的传播大大增强了意象传播的可能性。但无论以哪种形式为传播媒介，观念的传播力仍是最强的。在这一方面可以说，人们是先接受了某种观念，然后以这种观念观察世界，才产生了可能与传播者相似的感觉。传播者是以观念为中介来传递其感觉的。当没有形成某种观念，没有以某种观念作为观察的中介时，人们所看到的、感到的世界是不同的，产生的感受也是不同的。试想我们用"文化大革命"时期的观念，看巴黎时装模特的表演，大概很难产生美的感觉；以稍有表现本民族之缺陷的影片都被视为卖国主义的观念来看《红高粱》，恐怕也很难产生情感的共鸣。在这个意义上可以说，感觉是更深层的，更私人性的。不是感觉变了，观念才变；而是观念变了，感觉才变。观念比感觉具有更强的繁殖力，它更一般更抽象，涵盖的可能性更大，因而一旦观念发生了变化，那么有可能整个世界在人的心中就有了另外一番图景。观念的改变影响的不仅是人对此事物的感受，而且是人对此类事物，甚至相关事物的感受。也可以说，感觉的传播在很大程度上是以观念的传播为中介的。

由于观念所具有的这种更强的传播性，它比感觉和意象具有更为明显的社会群体认同性和共享性。它在更大程度上，更大可能性上是属于某个社会群体的，是被某个社会群体所认同，并作为评价标准的，而不仅仅是属于某个个体的。从最广泛的意义上来说，社会是人群集合体，只有人们在某一层次上达到一定的观念的认同与共享，这个社会才有可能有效地运作，如果社会中人们的观念毫无共同之处，那么这个社会的正常存在与运作是不可能的。就一般情形而言，具体社会形态中的每个群体都有其独特的观念，这种独特的观念构成了这一群体进行行为评价与选择的独特前提。它成为使这一群体联结在一起的纽带，形成这一群体区别于其他群体的一个特征。根据大多数社会学家所认同的关于群体的界定，所谓一个群体最主要的特征之一，就是这个群体的成员拥有共同的观念。

正是由于观念所具有的这种显著的社会群体性，它才格外令人重视。观念研究是文化研究的重要课题，是哲学反思的重要对象，是比较学的深层切入点，是个体社会化研究、传播学研究、社会学研究等的重要方面。可以毫不夸张地说，要把握一个群体的行为，包括理解与预测一个群体的行为，就必须把握、左右这个群体作出行为选择的观念；要改变一个群体的行为，就必须改变这个群体的观念；要维持群体的稳定与统一，就必须不断强调这个群体应认同的观念；要使某个个体归属于某个群体，就必须向这个个体传输这个群体的观念，使之认同该群体的观念。在研究评价时，研究以观念为尺度的评价较之研究以感觉和以意象为尺度的评价更为重要的原因之一，在于它所关涉的常常是与群体行为有关的评价。对作为某一评价之标准的观念的认同，从根本上是认同了这一评价；对作为某一评价之标准的观念的否定，从根本上是否定了这一评价。文化批判是从观念入手的，新文化的倡导与创造离不开观念的宣传与更新，而这都将直接地影响群体的行为。

以观念为尺度的评价之所以格外引人注目，之所以应格外重视，除了因为它所具有的社会群体性特征外，还因为与以感觉和以意象为尺度的评价相比，它具有明显的相对稳定性。

在观念体系中，不同层次的观念，其稳定性是不同的。处于观念体系深层的，作为观念体系之内核的观念，相对而言，其稳定性是最强的，而中层与表层的观念，相对而言，稳定性较弱，较容易引起变化。

但与感觉相比，所有层次的观念的稳定性都高于感觉。这仍然是因为观念是抽象的，是具有概括性与解释力的。它凝聚了人们的经验，成为人们活动的工具。一种观念被接受、被认同在根本上是因为它对人们的活动是有效的、有益的。因此，在接受和认同一种观念之后，人们便形成了对这一观念的依赖性，这一观念使人们能方便有效地组织新的经验，而解释的成功又加强了人们对这一观念的依赖，在这一过程中，观念逐渐被强化，被巩固。观念的抽象程度越高，解释力就越强，因而化解矛盾信息与矛盾经验的可能性就越大，自身的稳定性也就越强。观念的方便与有效，使人们形成了一种思维的惰性，因此，只有在原有的观念实在无法解释新的经验，新的经验与原有观念的冲突实在无法协调的情况下，原有的观念才可能改变。观念的这种惰性使观念在产生它的基础已发生变化的条件下仍然能存在一段时间，而感觉却不然。另外，观念的改变往往是有意识的，往往是人们在对原有观念进行反思的基础上完成的；而感觉的变化，往往是无意识的，是人们自己也难以把握的。

观念的变化之所以格外引人注意，是因为它的变化是困难的，转瞬即逝的变化从来不会被人们作为值得注意的变化记载下来，历史向我们展示的是观念的变化，而这恰恰向我们证明了观念的相对稳定性。

观念的相对稳定性，使以观念为尺度的评价具有了与以感觉为尺度的评价所不可比拟的相对稳定性和可把握性，同时也使对以观念为尺度的评价的研究具有了更重要的意义，因为这一评价无论对于个体还是对于群体而言，都制约着相对长期的行为。一时的行为，往往是感情冲动的产物，而一贯的行为则是由观念支配的。

以观念为尺度的评价与以感觉或以意象为尺度的评价的区分是相对

的。在现实评价活动中，评价标准往往是多种形式融合在一起的，只能说某一评价标准是以感觉为主导的，或以意象、以观念为主导的，而不能将感觉与意象、观念截然分开。另外，对形成价值判断的形式还可以做多种区分，本书所作的这种区分只是他人未曾提及的一种区分，这种区分也仅是可能作的区分中的一种，而不是唯一的一种。

(三)思维操作形式

在实际评价活动中，形成价值判断的一般有形象思维、逻辑思维、直觉思维三种思维操作形式。

以形象思维形式为判断方式的评价操作是运用直观的形象和表象进行推演的。该类评价的标准是具体可感的形象。作为评价标准的这一形象可能是现实中存在的，也可能是评价者的一种以想象形式存在的理想。它可能是朦胧的，也可能是清晰的。而在大多数情况下，这种形象是朦胧的。无论这一形象是一种理想，还是一种现实中的存在；也无论它是清晰的，还是朦胧的，它作为评价的标准，在价值判断中的功能是一样的。评价者按照评价判断的一般程序，运用具体可感的形象为标准，去衡量价值客体和价值客体的参照客体。此时价值客体与参照客体也是具体可感的形象。这种评价的操作过程，是对形象的比较和形象的意义的衡量。这种评价判断方式在审美评价和人际交往关系评价中是最为常见的。以意象为尺度的评价基本属于该类评价。

以逻辑思维形式为判断方式的评价，是运用概念、判断、推理的基本形式，以分析、综合、比较、抽象、概括和具体化作为基本过程的评价。这一评价操作所运用的标准是概念系统，形成价值判断的过程是以逻辑推演为主要形式的。这种评价判断，在实际评价操作中较之其他两种评价方式运用得更为广泛。以观念为尺度的评价基本属于这一类型。

以直觉思维形式为判断方式的评价，其主要特点，就思维操作的内容而言，是一种模糊的形象与抽象的符号的结合，它兼有抽象概念操作和具体形象操作两种形式特点；就其发生过程而言，直觉的发生对评价者来说往往是无意识的。这是直觉评价方式与逻辑评价方式的一种区别。后者是我们有意识地按照逻辑规则、一定形式化的程序进行的。而就把握客体意义的特点而言，直觉具有直接性，它是逻辑思维的压缩、简化和跳跃。就活动机制而言，直觉的产生依赖于经验的长期积累。这些经验积淀在评价者的意识和潜意识中。多种经验和多种知识的融合形成一种思维动力定型，在某种外界刺激的作用下，这种思维动力定型自动地超越一般逻辑程序而发生作用，使评价者可以直接把握客体的意义。对评价者来说，直觉往往具有一种神秘性。这不仅就它的发生而言，而且就其结果而言，评价者往往有一种被左右的仪式感，一种对其正确性的坚信感。

在评价过程中，直觉思维方式发挥着重要的作用。它弥补了逻辑思维方式的不足。人们常常有这样的经验，在初次与某人见面时，尽管对对方了解甚少，但会产生一种直觉，即对此人有一种整体性把握，有一种整体性评价。如一个人是什么类型的人，此人是否值得交往，将来与他的交往会有什么结果等。在人际交往中，直觉评价占相当大的比重。在初次交往时，第一印象的形成往往源于这种直觉评价。在审美评价中，直觉评价手段的运用也相当普遍。甚至可以说，在所有的审美评价中，和所有的以感觉为尺度的评价中，几乎都有可能运用直觉作为评价的手段。在审美过程中，在对审美客体进行理性分析之前，由对象所激发的强烈的感受性就是这种直觉评价的表现。对于评价者来说，尽管这种评价的由来莫名其妙，但他却仍然相信这种直觉。而且，这种直觉评价往往成为逻辑评价的基础，对逻辑评价发生重要的导向作用。直觉评价是评价的一种重要手段，但要对评价客体作出科学的判断，必须尽可能地对信息进行逻辑分析。如果只是一味地相信直觉，轻视其他的评价方法，就不能很好地认识、评价对象。因此不能把直觉评价手段作为唯一有效的评价手段。

在实际的评价操作中，形象思维、逻辑思维、直觉思维的判断方式在同一评价过程中是兼容使用的，它们在运用过程中是相辅相成的，三种思维形式之间具有内在的不可分性。形象思维判断必然运用概念，只不过它是以形象为主，概念为辅罢了。除了运用概念之外，在思维的程序上，形象思维判断与逻辑思维判断也有共同之处，因此可以说，形象思维判断内在地包含着逻辑思维判断的某些特点。同时，在形象思维判断中，也有逻辑的跳跃，即直觉思维的特点。同样，逻辑思维判断也会以一定具体可感的形象作为基础，也内在地包含着形象思维的特点。对此不一一详析。

除思维操作形式的不同之外，评价过程中还存在着价值判断的量化与非量化形式的区别。在价值判断中，根据主体目标系统的要求，有的价值判断必须通过数学计算才能作出，有的则不必通过数学计算就可达到。我们将只有通过数学计算才能达到的价值判断称为量化的价值判断，而将不必通过数学计算就可达到的价值判断称为非量化的价值判断。

　　量化价值判断标准的指标是量化的，其指标的约束条件也是量化的，其评价判断的过程是通过数学计算达到的。这种评价判断在技术鉴定、技术评估、科学决策中应用得最为广泛。量化评价判断过程的形式化程度较高。在以量化为形式的价值判断过程中，评价主体往往是按照一定的形式化程序对评价客体的意义进行判定的。所谓量化评价判断是按一定形式化的程序进行的，并不是说它不会发生判断程序中某一步骤的省略的情况。在这种评价中，将客体与评价指标相对照这一环节有时可能是省略的。但这种省略是由于这一步骤在当下的评价活动中已是一个先在条件，对于当下的评价活动来说，它已潜在地完成了。另外，在量化价值判断中，评价主体往往有较强的自我意识。但也许正是这个原因，这种评价往往被解说为一种"认知过程"而被排除于评价之外。实际上这种量化形式的评价与非量化形式的评价有着共同的特点。首先，它的评价标准是由评价目的系统决定的，融进了评价主体心理背景的内容，是由评价主体的信念支配的，只不过在这种信念中来自经验、来自实践的成分更强，信念的经验基础更为明显。其次，量化价值判断也需以评价的具体环节为基础，量化的价值判断程序与非量化的价值判断程序基本上是一致的。最后，也是最重要的一点，量化的价值判断中量化标准、计算过程等所要达到的最终目的，并不是知道这一客体"本身如何"，而是把握这一客体对主体的"意义如何"。对价值客体达标度的衡量，实际上是衡量价值客体是否可以满足主体需要，在多大程度上可以满足主体的需要。"量化"只是一种评价手段，通过计算所要达到的是对客体意义的判断。这从量化价值判断的结论的语词表达上可见一斑。量化价值判断的结论一般不是量化的。通过计算得出的结论往往是"此方案可行"，"此设备可以引进"等，诸如此类，不一一列举。

非量化的价值判断，在实际的评价活动中较之量化的价值判断要普遍得多。大量的价值判断都是非量化的价值判断。在非量化的价值判断中，有的价值标准虽未量化，但较为明确，也可以较为清晰地解析为具体的指标。评价主体在进行价值判断时，往往对价值判断的标准有较强的自我意识。如对一种科学理论的评价，虽然不同的评价者会有不同的衡量标准，但对于每个评价者来说，这种标准都是较为明确的。如有的科学哲学家认为，评价科学理论的标准应该是：（A）理论的可证伪程度较高；（B）理论经受检验的严峻程度较高。这种评价标准，虽然不是量化的，但却是较为明确的，是可以较为清晰地解析为具体的指标的。在非量化的价值判断中，大量的评价标准较为模糊，难以清晰地解析为明确的指标。如在审美评价判断中，这种现象就较为普遍。尤其对于非专业人员来说，其审美评价的标准往往是非常模糊的。评价主体虽然赞叹价值客体有令人陶醉的美，但却不知道或说不出：自己为什么会觉得对象是美的，将对象评价为"美"的标准是什么。尽管如此，这种价值判断仍然运用着一定的标准。一般说来，在审美评价中，这种标准往往是一种依稀朦胧的形象。这种形象可能来自经验，是现实中的某一类或某几类事物的抽象；也可能来自想象中的形象，即在经验基础上对已有表象进行加工、改造而创造的一种新的形象。如果没有这种充任评价标准的形象与价值客体进行对照，那么评价者就不可能对价值客体作出审美评价。因而，以较为模糊的标准所进行的价值判断并非没有标准，只不过其标准较为模糊而已。这种标准的模糊性是由评价的目的和价值客体本身的特点决定的。

在评价活动中，量化价值判断与非量化价值判断是相互补充的。量化价值判断包含着非量化的因素，如评价指标的轻重、缓急、序列等往往是非量化的。以非量化形式为主的价值判断，有时也部分地运用量化的形式。比如，对一本书的评价，一般说来，是以非量化的形式为主的，但书的销售量作为量化形式，常常是其中的一个指标。根据评价目的的要求，正确地运用价值判断的这两种形式，对进行合理评价是十分有益的。

第四章 | 评价的心理运作机制

　　"机制"一词，最原初的含义是机器的构造和工作
原理；后来扩展到有机体，指有机体的构造、功能和
相互作用，并进而泛化至任何一个复杂系统的工作原
理及规律。自 20 世纪 80 年代以来，"机制"一词成为
中国学术界一个新启用（或许是新引进的）、使用频率
极高、使用范围极广，却很少有精确明晰界定的术
语。"机制"一词被用来指复杂系统、复杂因素之间的
相互作用方式，尤其是精微的相互作用方式。在原初
含义极为泛化的背景中，使用"机制"一词，已不再含
有将所指谓的系统视作与机器同质的承诺，因为"机
制"一词已超出了机械观的哲学背景，而仅仅被用来
指谓系统内部各因素的相互作用。"机制"一词在中国
学术界被广泛地使用，有时毫不界定地使用，反映了

中国学术界自西方分析哲学传入之后学术研究思想、观念和方式的转换。在 80 年代以前，人们常用的类似术语是"相互作用"，分析哲学的传入，使人们感到只讲"相互作用"过于空泛，于是按照分析哲学的思维方式进一步追问：是什么在相互作用着？相互作用的各种因素是如何相互作用的？系统的运作是如何进行的？表达这种追问的术语就是"机制"。任何语言都是在使用中才具有真实的含义和真正的生命力。原初的用法只是现在用法的一个参照，而不是束缚现在使用的樊篱。本章采用"机制"一词，以称谓评价的心理运作中各种因素的相互作用关系及相互作用方式。

评价主体的心理背景系统为评价提供了可能性，这种可能要转化为现实必须经过评价情境。评价的心理运作过程就是在评价情境与评价主体心理背景系统的交互作用下，在情感与意志的调控中凭借联想、想象、体验等思维形式展开的。就个体的心理运作过程而言，评价是知、情、意等多种因素相互作用的结果，其智力因素的运作呈现为收敛式的、直逼评价结果的运作态势；而情感因素则以弥散的方式对整个评价产生振荡，它构成评价活动的一种动力。在本章的第二部分，我们将讨论情感在评价中的作用；第三部分将讨论意志在评价中的功能；第四部分将讨论联想、想象与体验在评价中的作用。

一、评价情境

(一)评价情境的界定

评价情境指的是评价主体进行评价时所处于其中的具体的环境。它是评价得以进行的客观背景、评价者可直接感知的、当下的具体条件的总和，可称为评价的微观背景，或评价的场景、评价的场合、评价的境遇（situation）。

与评价主体的心理背景系统相对而言，评价的情境可以说是评价活动的非心理背景系统。它是唤醒心理背景丰富内涵的外部条件。评价，就是在这种内与外，主体心理背景与评价客观环境的交互作用中产生的。评价的心理背景系统蕴含着评价的多种可能性，但评价的情境却只使其中的一种可能性变为现实。可以说，评价情境是评价活动必经的网筛，对任何一种评价结果的解释，不仅需要关注评价主体的心理背景，而且必须关注评价情境。因为同一评价主体，同一评价的心理背景系统，会因不同的情境而酝酿出不同的评价。对此，人们最明显的经验莫过于"事过境迁，物换星移"。

评价情境作为评价的客观环境和评价的外部条件，与评价主体的心理背景的作用不是单向的，而是交互的。两者都是一个开放的不断生成的系统。虽然评价主体的心理背景系统是在情境的刺激下发生作用的，但它却不是被动的。心理背景系统本身也是客观情境的一张网筛，它规定了评价主体感知评价情境的取向和强度，不同的心理背景系统对于同一情境的感知是不同的。换言之，同一评价情境对于不同的评价者的意义是不同的。一个理性的人不会因天近黄昏、西边一抹夕阳而感到与日行中天时有何明显的情境差异，因而这一情境的变化对于他来说是无意义的，即对于他而言，情境并未发生变化。而对于一个情感化的人来说，这可能是相当重要的。因此，在评价中，评价情境已非纯客观化的存在，而是被评价主体的心理背景所溶解、所筛选、所主观化了的存在。它通过变换成为主体的一种心境、一种情感而影响评价。同时，评价主体的心理背景系统本身也是开放的、生成的和不断更新的，并且在评价心理系统与评价情境交互作用中所进行的评价，将作为评价主体的一种新的经验而被融化为评价主体心理背景的一部分，从而使评价的心理背景得以常新，使评价得以常新。

(二)评价情境的功能

在评价过程中，评价情境如同一只看不见的手在左右着评价。任何时候这只手都不自甘寂寞，从未放弃自己的职责。若有不同，仅在于评价者对它的感知。当评价情境对于评价者来说较为平淡，不足以引起评价者心境的波澜时，当评价情境的存在对于评价来说，仿佛是一个独立的、只提供评价场所的空洞无物的绝对虚空，评价主体所上演的各色剧目仿佛与其毫无相关时，评价者就会忽略它的存在，否认它的作用。而当评价情境引起了评价者情感的起伏，评价情境的变动引起了评价的变更，尤其是这种变更激发了评价者的焦虑与不安时，评价者就有可能在反思这一变更的原因时，想到评价情境的作用。实际上，无论在哪种情形中，评价情境从来都不是牛顿意义上的绝对时空，它都是评价所不可或缺的前提条件和渗透在评价结果中的必不可少的因素。因此，要研究评价，就不能不研究评价情境在评价中的作用。

概言之，评价情境对于评价的功能主要在于，它使评价主体与评价客体的关系具体化，使评价主体的心智因素被激发和调动起来，使评价由可能变成现实。具体来说，这一功能主要表现在以下几种情形中。

一是，情境将评价主体的某一种需要提升为优势需要。优势需要是主体感到最亟待满足的需要。当某一种需要提升为优势需要后,它便凸显为需要体系的"图",而其他需要便潜化为它的"底"。优势需要是整个心智活动的组织者。人的活动是由优势需要支配的。评价也不例外。

优势需要被提升出来的方式是多种多样的。如果概略而论,大致可分为三类。第一类是由有机体的内在运动而产生的自然提升。如饥饿,它不靠外界的刺激,不凭借意念的作用,也会被提升为优势需要。虽然诱人的色彩、气味等会使尚未被自然提升的这一需要提前被提升出来。人的生理需要的提升方式基本上都具有这一特点。第二类是由目的和任务所要求的强制性提升。这种提升不是一个自然而然的过程的结果,而是由意志强力控制的产物。比如,当人们面临某种任务,面临某种选择情势时,为了完成这一任务,为了作出某种选择,人的意志就调控心智运动的所有因素,使与这一目标相关的需要成为优势需要。这时,优势需要是被这一目标和任务所强制性地提升出来的。这种提升方式,是人类生活中非常普遍的一种方式。第三类既不是一个自然而然的生理过程的结果,也不是被情势所逼而由意志强制性提升的结果,而是一个由外部情境所唤起的自然而然的心理过程的结果。这一提升方式表现为:在评价主体尚未进入评价情境时,他的所有需要就如万籁俱寂悄然无息的丛莽密林,一切生命的涌动都蛰伏着,主体的自我体验是心静如水;而当进入评价情境后,那蛰伏着的生命的某种涌动被唤醒,于是评价主体感受到灵魂的某种渴望,这种渴望便是由评价情境提升出来的优势需要。

就优势需要的这三种提升方式而言,情境具有不可忽视的作用。对于第一种类型来说,情境的作用虽然微弱,但不是毫无影响的。就第二种类型而言，从广泛的意义上说，主体所面临的情势就是主体作出评价的情境。当然，显而易见，情境的创造性最突出地表现在第三种类型中。对于第三种类型而言，情境非但不是可有可无的，反而仿佛就是优势需要的缔造者。但仅仅"仿佛就是"，实际上，它仍然只是将主体原来已有的，或者说主体尚未意识到或从未意识到的需要提升出来而已。但这一提升本身，对于尚未意识到或从未意识到这一需要之存在的主体而言，已经可以说是一个创造了，因为它使主体发现了一个新的自我。

苏联作家拉夫列尼约夫在他的著名小说《第四十一个》中关于女主人公的一段独特经历的精彩描写，生动地展现了情境对评价的神奇魔力。《第四十一个》的女主人公马柳特卡是一位作战英勇的红军英雄。但一次偶然的遭遇，将她与她的一个俘虏冲到一个荒无人烟的孤岛上。霎时间，那个血雨腥风、生死搏斗的战场被清幽静谧、碧波环绕的海滩所取代，人间的纷争被大自然的和谐取代，错综复杂的社会关系消逝了，天地间只剩下她与他。在这种独特的情境中，她对他的仇视与厌恶涣然冰释，而爱却不知不觉地萌发了。对于她而言，眼前这个人的复杂的社会属性已不复存在，她所看到的只是他"碧蓝的眼睛"。然而不幸的是，怪谲的命运又把他们重新抛入残酷的社会情境。当他奔向他的同类，奔向她的那些敌人时，她的社会属性重新占了上风，于是她终于开枪打死了他……环境的戏剧性的变化引起了评价主体心理戏剧性的变化，这种变化使人们看到了平常看不到的现实：情境可以创造奇迹，它通过优势需要的提升与改变，神鬼莫测地左右着人的评价。

二是，在一种异乎寻常的情境中，人会得到一种异乎寻常的体验，从而激发异乎寻常的评价。

　　乔治·桑塔耶纳曾说过："死亡的临近可以使我们成为哲学家。当一个人知道自己的生命完了，他就能够从人世普遍的立场上回顾它。"①当人面临死亡或面对触目惊心的死亡时，心境会发生急剧变化。在这种边缘情境中，人会从以前从未尝试过的角度，站在一种新的立场上，审视以往、现在和未来，即从"死"的角度来看生。正如彼得·贝格尔所说："在目睹他人之死（当然，特别是有意义的他人）以及预期自己的死亡时，个人不得不深深地怀疑关于他在社会中'正常生活'的特定的认识和规范的有效方法。"②在未临此境时认为十分重要的事情——价值连城的财富、显赫一时的名望、无可解脱的人世纷争等，在此时看来都不足齿数。"吴宫花草埋幽径，晋代衣冠成古丘。"在"死"这种边缘情境中，一个斤斤计较的人或许会因此而变得大度；一个毫无廉耻的人或许会因此回味一生而汗颜无地……假若他们又进入平常的情境，那么或许这短暂的体验会使他们所有改变，或许他们仍故态依旧。当精神痛苦的李尔王因无家可归踯躅于狂风暴雨中时，他经历了过去大权在握时从未有过的体验。他感叹道："衣不蔽体的不幸的人们，无论你们在什么地方，都得忍受这无情的暴风雨的袭击，你们的头上没有片瓦遮身，你们的腹中饥肠雷动，你们的衣服千疮百孔，怎么抵挡得了这样的气候呢？啊！我一向太没有想到这种事情了。安享荣华的人们啊，睁开你们的眼睛来，到外面来体味一下穷人所忍受的苦，分一些你们享用不了的福泽给

---

　　① ［美］乔治·桑塔耶纳：《美感》，162 页，北京，中国社会科学出版社，1982。
　　② ［美］彼得·贝格尔：《神圣的帷幕——宗教社会学理论之要素》，30 页，上海，上海人民出版社，1991。

他们……"①假若李尔王再重登宝座，重拥大权，重享荣华富贵，他又会怎样呢？或许这种独特的体验会深深地镌刻在他的记忆中，但他绝不会再由这种特殊体验产生的如此强烈的悲叹。因为在他的眼里，世界、人生又是另一副样子了。

三是，情境所造成的一种特殊的情感氛围，使评价者由此产生丰富的联想和奇妙的感受，在不知不觉中受到这种情感氛围的熏染，无意识地、不由自主地屈从于这种情感氛围所引导的心理状态。德·莫·乌格里诺维奇在《艺术与宗教》一书中写道："离开膜拜，离开教徒企图用来影响他们所信仰的超自然物——精灵、诸神等——的一套特殊的活动，任何宗教都无法存在。膜拜活动要求布置一个跟日常环境不同的充满各种象征、充满各种超自然力和超自然物形象的特殊环境。"②通过这种特殊环境中的音乐、雕塑、气息、建筑、仪式等制造出一种特殊的情感氛围，使置身于这一环境中的人产生强烈的神圣的情感，从而接受信仰的思想和规范。

在群体互动的情境中，群体的情绪和行为形成了一种足以左右其中、个体的情感氛围，使其中的个体不由自主地将这种情绪变为自己的情绪，从而放弃自己在独处环境中所信奉的准则与规范。在这种群体互动中个体的情绪又感染群体，于是一种被加剧了的感情传遍整个群体，激起他们更加强烈的反应，直到他们达到狂热的一定程度为止。这种社

---

① ［英］莎士比亚：《李尔王》，见《莎士比亚悲剧集》，310 页，哈尔滨，黑龙江教育出版社，1994。

② ［苏］德·莫·乌格里诺维奇：《艺术与宗教》，94 页，北京，生活·读书·新知三联书店，1987。

会情境使个人的某些通常的控制力被抛弃了，他们的抑制开始消失。研究者曾把它比拟为歌咏队，指出："在任何一个合唱队中，一般自我感觉有唱歌能力的人会和别人一起放声歌唱。同样，在一个侵犯性的、有破坏性的或放荡的人群中的共同情绪似乎会提供一种环境，以防止个人不至于对先前的罪责有自我感觉和痛苦感。"居斯塔夫·黎朋说，在这种情境中，作为群众的一部分的个人可能像野兽似的行动，作出他单独一个人时永远干不出来的反社会的行为。[1] 这种群体互动的情境对于置身其中的个体的作用，可谓鬼使神差。

四是，评价情境使主体与客体所具有的多种可能的价值关系中的一种凸显出来，从而使评价主体将全部注意力都集中在这一种价值关系上，而忽略或根本没有意识到其他价值关系的存在。朱光潜先生在分析美感经验时所说的对海雾的评价，可以说是绝妙的一例。朱光潜先生写道："乘船的人们在海上遇着大雾，是一件最不畅快的事。呼吸不灵便，路程被耽搁，固不用说；听到若远若近的邻船的警钟，水手们手慌脚乱地走动，以及船上的乘客们的喧嚷，时时令人觉得仿佛大难临头似的，尤其使人心焦气闷。船像不死不活地在驶行，茫无边际的世界中没有一块可以暂时避难的干土，一切都任不可知的命运去摆布，在这种情境中最有修养的人也只能做到镇定的程度。"[2]在这种情境中，人们不得不畏惧危险，不得不祈求平安，不得不讨厌这耽误程期且带危险性的海雾。这种危及生命的海雾，使人不可能以处之泰然的审美的态度去欣赏它。

---

① 转引自［美］克特·W. 巴克：《社会心理学》，178~182 页，天津，南开大学出版社，1984。

② 《朱光潜美学文集》第 1 卷，21 页，上海，上海文艺出版社，1982。

假若换了另一种情境，所凸显出来的就是另外一种价值关系。当海雾对人们不形成任何生命威胁，也不带来任何生活烦恼时，人们会感到海雾是一种绝美的景致：静谧如镜的海水，如云如烟的薄纱，沁人心腑的清新……

在评价中由于时过境迁，时间与空间的变化所造成的评价的变化可谓不胜枚举。美国史学家卡尔·贝克尔曾说过，每个接踵而来的时代在退向遥远的过去时，便要丧失其本身显赫一时的某种重要性和以前属于它们的某种迷惑力量。① 对一种东西的崇尚，在这一时代看来是理所当然的，在另一时代看来，也许是荒诞无稽的。这种变化就其实质而言，是因为在不同的时空情境中凸显出来的主客体的价值关系发生了变化，主体的情感体验发生了变化，所以评价也随之发生了变化。

五是，评价情境使评价标准具体化、显化。评价主体的心理背景系统蕴含着种种理想，在未进入评价情境时，评价的具体标准往往处于一种若有若无、半虚半实的状态（非常严格和精密的决策评价与此不同，但这种评价只是评价中很小的一部分），在具体的评价情境中，评价的标准才逐渐显现。这种情况在审美评价中尤为明显。英加登在对审美经验的分析中指出，审美经验的初始阶段是由对象的某些性质而引起的一种激动的状态。这种状态中断了人们关于周围物质世界中的事物的正常的经验和活动。在此之前吸引着我们，对我们十分重要的东西突然失去重要性。虽然我们仍感到自己还存在于这个世界上，但是那构成我们存

---

① 转引自田汝康等：《现代西方史学流派文选》，277 页，上海，上海人民出版社，1982。

在特色的对现实世界的信念已经黯然失色，无足轻重。我们完全被对象所吸引，被它打动，由它激动起来，这种激动随后变成一种不可抗拒的爱占据我们的身心。但此时我们并不清楚究竟是什么或为什么使我们如此感动，我们还没来得及对它作出清晰的判断，就已经对它感到惊奇了。随后，我们才逐渐地认识到它的意义：它充满了我们对美的渴求。于是对象在我们的眼里变得更美。它使我们产生一种新的强烈情绪，一种沉醉，一种审美的快感。在完成了这一审美经验的全过程之后，我们与面前的审美对象拉开了距离，这时我们才可以宣布自己的价值判断，作出比较评价。这是一种以审美过程为基础的价值判断。① 正如朱光潜先生所说，这是欣赏领略美的境界之后对审美的反省。"领略时美而不觉其美，批评时则觉美之所以为美。"②这一审美评价的标准一方面是评价者美学理论修养的产物，另一方面是审美经验、审美感受孕生而明晰化的。尽管批评家可以不经过审美欣赏而仅仅依据美学理论对审美对象作出分析，但这种分析，正如 C. J. 杜卡斯所说，无异于尸体剖验员的开棺验尸。"就审美目的而言，爱克斯光式的视觉是一种令人质疑的估助。"③

不仅审美评价是如此，道德评价也不例外。尽管评价者接受了社会的道德规范，而且这些道德规范构成了评价者作出评价的基础，但是它们却不能简单地、直接地被作为评价标准。因为这些道德规范不仅数量

---

① 转引自[美]M. 李普曼：《当代美学》，288～304 页，北京，光明日报出版社，1986。

② 《朱光潜美学文集》第 1 卷，80～81 页，上海，上海文艺出版社，1982。

③ [美]C. J. 杜卡斯：《艺术哲学新论》，184 页，北京，光明日报出版社，1988。

繁多而且彼此之间存在着一定的冲突和矛盾。在未进入评价情境时，这些规范的冲突被掩盖着，人们似乎可以毫不困难地分辨善恶。但进入特殊情境后，人们就感到这些似乎泾渭分明的观念是那么混沌、抽象而使人困惑。因此，在具体情境中作为道德评价之标准的，是被这种具体的情境加上了无数修饰语的道德规范。具体的情境，使评价者清理自己的观念，并根据这种观念和这种具体情境形成具体当下的判断标准。即使是有一个先在的标准，这个标准也会在具体的情境中得到修正和具体化。弗里德里希·包尔生曾说："给道德学家带来无比的烦恼的一个问题就是必要谎言。欺骗是不是在任何场合下在道德上都是不正确的，或者说，会不会出现这么一种情况，在这种情况下欺骗是允许的或甚至在道德上是必要的？在我们的实际判断和行为当中，我们不会在回答这个问题方面碰到困难……"①之所以如此，是因为道德学家致力于具有普遍性的放之四海而皆准的道德规范。而一种道德规范越普遍，它就越抽象，越抽象似乎越有用，而在使用时就越加困难。任何道德规范都不可能将生活中所有的具体情境囊括其中。使伦理学家烦恼的冲突与矛盾，对于具体的判断者而言，往往是可以化解的，因为他少为"普遍"而烦恼，他注重的是具体与个别，因此他会根据具体的情境来演绎被抽象化了的道德规范，排除道德规范的矛盾。

六是，评价情境可以使评价主体改变以往所持有的价值标准。以心理描述之细腻而负有盛名的奥地利小说家斯蒂芬·茨威格在他的著名的

---

① ［德］弗里德里希·包尔生：《伦理学体系》，582 页，北京，中国社会科学出版社，1988。

中篇小说《一个女人一生中的 24 小时》中有这样一段描写，C 太太说：
"我是一个终生操行无亏的女人，与人交往一向重视合于习俗的身份人
品，在这方面要求得最是严格，如果先一天有人告诉我，说我会跟一个
从来不认识的年轻人，一个比我的儿子大不了多少而且偷窃过珠宝胸饰
的人，非常亲密地共坐一处，我一定认为说这话的人精神失常。"可是
"谁要是像我那样，前夜亲身经历过那类狂风骤雨一般的意外遭遇，就
会觉得'不可能'这个词忽然失去了意义"。C 太太对那一意外遭遇的感
受是："如果不是亲身经历，我在今天，与所有生活里的邪魔力量疏远
了二十多年，决难体会大自然的豪壮和瑰奇，它常常能瞬息之间千聚万
汇，使冷和热，生和死，昂奋与绝望一起同时奔临。那一夜是那样充满
了斗争和辩解，充满了激情、愤怒和憎恨，充满了混合着誓言与醉狂的
热泪……"正是在这样一种生命情境中，C 太太以往的评价尺度发生了
彻底的改变。她以一种审美的、人性升华的眼光来看待她平素最为不齿
的行为。她说："我突然得到一个……置身教堂的感觉，奇迹降临、圣
灵荫庇的福乐感觉。""我心上的全部惶恐、全部厌恨马上滑落，仿佛卸
掉了一袭沉重的黑罩衫——我不再感到羞愧了，不，我几乎感到快乐
了。"①现实扑朔，理性迷离。在特殊情境中，恐怕即使上帝也会有违背
常规之时。正是相对单一、抽象和枯燥的社会规范与云谲波诡的具体情
境相结合，才使世间的评价多姿多彩，光怪陆离。

　　七是，评价情境为价值客体设置了与之融为一体的背景，使评价主

---

　　①　［奥］斯蒂芳·茨威格：《一个女人一生中的 24 小时》，500，501，492，496，
495 页，天津，百花文艺出版社，1982。引文有改动。

体对价值客体的评价难以摆脱这一背景的干扰。苏联著名导演普多夫金和库里肖夫曾做过一个实验。从影片中选取男演员莫兹尤辛的一个没有任何表情的特写镜头，将之与其他影片中三个互不相干的片段剪接起来，构成三个镜头组合：一是男演员无表情的脸与棺材里躺着的一具女尸；二是男演员无表情的脸与桌上摆着的一盘鲜美的汤；三是这张无表情的脸与一个在玩玩具熊的女孩。同样一张无表情的脸，由于不同的组合，观众得出了不同的判断。对第一组镜头，观众"看到的"是一张悲痛的脸；对第二组镜头，观众"看到的"是馋涎欲滴的脸或一张沉思的脸；而对第三组镜头，观众"看到的"是一张慈祥微笑的脸。① 尽管这是一个非常特殊的例子，但它却反映出人们认识的一般规律：人们对客体的认识总是对置于一定背景中的客体的整体性认识，因此客体置于其中的背景发生变化，便会影响到主体对客体本身的感知与判断，影响到主体对客体的评价。在苍凉荒蛮的戈壁滩上的一棵芨芨草、一条小蜥蜴会让人为这一抹绿意和几许生机而感慨万分，但若它们置于南国郁郁葱葱花团锦簇的背景中，那么人们也许根本不会注意到它们的存在。林语堂的小品今天读来，其幽默调侃使人感到颇有趣味，但在那个民族危难的时代，不能说鲁迅对它所作的那些辛辣抨击与所表达的强烈的厌恶是不可理解的和不通人情的。

八是，特定的评价情境确定了评价主体与价值客体之间的时空关系，从而确定了价值客体与评价主体之间的信息传递方式，并由此影响了评价。当价值客体是人时，这种情形表现得格外明显。因为在人们的

---

① 邱明正：《审美心理学》，166 页，上海，复旦大学出版社，1993。

交流中，非语言形式的作用甚至比语言的作用更为重要，非语言形式包括辅助语言(语言的非语词方面)、姿态(体态)语言、眼色语言、空间距离语言等。言语中非词汇、非句法的变化会使语言的含义发生变化，声音的音调、音量、节奏、变音、转调等都可以传达信息。同样几个字，由于说出者的辅助性语言及相伴随的眼神、动作等非语言手段的不同，其含义可能大相径庭。因此，评价主体与价值客体在具有这种直接交流的时空条件时与不具有这种直接交流的时空条件时所传达的信息是有差异的，对评价主体情感的影响是不同的，极有可能引起不同的评价。在可以直接交流的情境中的评价，易受非理性因素的影响，而在不能直接交流的情境中，理性的作用会大大加强。这种变化仅仅是由情境的不同导致的。

与此类似的是，当价值客体是某种事件、某种行为时，评价主体与价值客体时间距离的不同，也会使评价出现不同的倾向。评价主体与价值客体的一定的时间间隔，会使评价主体的情感强度发生一定程度的变化。如人们在生活中常常会有这样的体验，时间会让曾使自己激动不已或痛苦不堪的往事渐渐被淡忘，强烈的情感渐渐地淡化，人们甚至再也找不到当时的感觉。在这种情感的迷雾逐渐消散后，人们对原来事件的评价会与当时对此的评价大不相同。这并不一定意味着人们的观念变了，变的或许仅仅是由情境不同而导致的情感体验。

九是，评价情境限定了评价的程度，限定了评价者对评价客体及相关信息的获取范围、时间，同时限定了评价的比较范围。诺贝尔经济学奖得主赫伯特·西蒙提出了对于人类活动的许多领域都具有重要影响的理论，即有限理性论。赫伯特·西蒙把有限的理性看成是他决策理论的基石。他认为人类的理性是非常有限的，它受到人所处于其中的情境的限制，受到人的生理、心理及所接受的文化等的限制。所以在决策过程中，人们不可能知道全部选择的可能性，不可能掌握全部的备选方案，而只能根据决策的目标，在决策所处的情境中作出相对合理(有限的合理)的决策。他将这一决策称为寻求满意(而不是追求最优)的决策。赫伯特·西蒙在《现代决策理论的基石》中，在他的整个决策理论中，给自己提出的任务就是用一种符合实际的理性行为，来取代所谓经济人的那种全知全能的理性行为。这种理性行为是符合人在生存环境中所实际具备的信息存取能力和计算能力的一种理性行为。[①] 按照西蒙有限理性的理论，可以说合理的决策仅仅是符合决策目的、决策情境的决策。西蒙的这一研究成果不仅在有关经济行为的研究中获得较之追求最优化多得多的支持，而且也更有效地说明了除了经济行为之外的人类的其他行为。价值判断的作出依赖于评价者所掌握的关于价值客体本身的信息、关于与价值客体相关的与之形成对比的其他客体的信息等，这些信息的获取在每一具体评价与具体决策中，都不仅受到评价者心理背景系统的限制，也受到评价情境，如评价的时限、域限、目标任务之限等种种的限制，评价者在个人能力上、精力上、财力上都不可能无限制地收集评价信息。现实的评价或具有有限合理性的评价只是或只能是有限的(有限合理的)评价。评价者所收集到的信息只是一定时间、一定空间范围内的信息。对这一点的确认，不仅有可能使我们不去做我们永远做不到

---

① ［美］赫伯特·西蒙：《现代决策理论的基石——有限理性说》，7 页，北京，北京经济学院出版社，1989。

的事情，而且有可能使我们对任何一种评价的判断都更恰如其分，而不
是将其奉若神明。

二、情感在评价中的作用

以崇尚理性而著名的弗里德里希·黑格尔都说，"我们简直可以断
言声称，假如没有热情，世界上一切伟大的事业都不会成功。因此，有
两个东西就成为我们考察的对象：第一是那'观念'，第二是人类的热
情，这两者交织成为世界史的经纬线"[①]。人的思想是一部热情的灵魂
史，其中充满燃烧着的生命所具有的升沉和震动。评价，是主体以自身
需要为基础衡量客体意义的认识活动。人与机器不同。对于计算机来
说，它的评价选择所具有的只是目标和达到这一目标的逻辑的形式化程
序，而人的评价活动是按照非形式化的包括情感在内的价值观念系统作
出的。即使在实现逻辑形式化的评价中，也会有情感等非理性因素在发
生作用。正如奥特所说，"人皆由情绪造就。我们总是带着某种情绪生
存着：欢乐或沉闷，充满期待的喜悦，或阴郁，无聊，乃至烦躁。人的
情绪千姿百态。我们在情绪中感觉到自己，对于我们，这是最确定无疑
的"[②]。在人的评价活动中，情感犹若一部振荡器，以一种弥散的方式，

[①] 转引自《十八世纪末—十九世纪初德国哲学》，416 页，北京，商务印书馆，
1960。

[②] ［瑞士］H. 奥特：《不可言说的言说》，76 页，北京，生活·读书·新知三联书
店，1994。

在评价过程中发挥着导向和动力的作用。

对于情感在评价中的作用，以下试在四个方面分论别析：一是，情感对评价中智力因素及其评价的肯否及肯否程度的影响；二是，不同的情感状态在评价活动中的不同影响；三是，在评价中，情感功能的价值区分；四是，不同层面的情感影响与评价主体对评价活动的自我调节。

(一)作用方式及途径

在评价活动中，情感是以一种弥散的形态存在的，并以一种弥散的方式通过对评价心理结构中智力因素的激发，而对评价的肯否取向及肯否的程度发生影响。情感不是评价活动的某一个独立环节，而是存在于智力运动诸环节中，并对每一环节都发生影响的一种导向机制、动力机制。情感对评价心理结构中智力因素的影响主要表现在，情感对评价活动的信息接收、信息选择所发挥的过滤作用和对智力因素，包括感知、联想、理解、体验、想象、判断等所发挥的激发作用两个方面。

在评价活动中，情感对评价活动的信息接收、信息选择发挥着重要的过滤作用。在评价活动中，当价值客体确立后，评价者会不由自主地立即对价值客体产生一定的情感倾向。这种情感的产生，或源于以往的经验，或由于对象而使我们瞬间形成第一印象，或导因于"情感的传递"等，不一而足。这种初级阶段形成的情感，将对价值客体的信息择取、信息理解等发生重要的作用。评价者会有意无意地受到这种情感的驱使，而使评价活动的注意指向能满足主体情感需要的信息，回避或忽略与主体情感需要相悖的信息，或者对这些相悖的信息作出与主体情感需要相一致的理解。同时，情感还会对评价注意的稳定性、强度发生影响。对于所喜爱的价值客体，评价者会保持更久的注意，同时注意的程度也更强烈，对客体的体验更加细微，因此就越能发现客体的优秀之处，越易对客体作出肯定性评价，从而也就越能满足评价者的情感需要；而对于所厌恶的价值客体，评价者的注意时间往往较短，注意强度也较弱，因而不易发现对象的真正性质，不易对客体的价值作出客观的评定。评价主体对价值客体所具有的情感度越强，评价过程中情感的支配作用就越大，这种过滤作用也就越加明显。

除上述外，情感对评价过程中智力因素的影响，还表现为情感对评价过程中智力因素的激发，即评价者的情感可能会增强，也可能会减弱他在评价过程中的感知力、理解力、想象力、判断力等。当处于消沉、焦虑不安、心情烦躁的情绪状态时，评价主体的大脑的感受力降低，神经活动迟钝，不易形成暂时性神经联系，因而这使得评价的感知力等各种智力降低或减弱，从而影响了评价的质量；而在处于良性情绪状态时，评价主体大脑的感受力增强，神经活动的灵活性增强，暂时性神经联系易于建立，因而增强了评价的深刻性、新颖性。卢梭曾经说过，只有对伟大、真、美的爱，才激发了他的天才。[①] 在评价活动中，情感对智力因素的激发作用是情感作为评价的振荡器的一个方面的功能。

在评价活动中，情感还以一种弥散的方式影响着评价的性质——使主体趋于对客体意义的肯定或否定，同时也影响着肯定或否定的程度。主体的情感状态在评价活动中对客体和以价值客体为核心所形成的价值客体域的感知、理解等一系列智力因素的运动都有很强的定势作用。它

---

① ［法］卢梭：《忏悔录》，638 页，北京，人民文学出版社，1982。

使主体不由自主地将内在情感移至主体对象，从而使评价活动笼罩着一种情感色调，使评价活动与主体情感保持一致的倾向性。如主体处于一种消极的情感状态，被凄楚、焦虑、烦恼这些情感所困扰时，他对评价客体的感知取向、理解向度都会带有这种否定性情感的色彩。这时，评价主体往往缺乏自信，自我评价较低，对与失败有关的信息反应阈限较低，非常容易对关于自己的任何信息都作出否定性的理解。另外，对外在事物的评价也往往倾向于否定。如对大自然的秋色，主体处于消极情感状态时，往往感到它所展示的是一幅凄惨悲凉的画卷。而当主体的情感状态由消极转为积极后，评价主体便会以一种近乎全新的眼光来感知和理解客体，其评价倾向也由趋向否定转为趋向肯定。同样的秋色或许在此时的评价主体的眼中是世间最美的挂图：它意味着丰硕、灿烂、宁静与超然……人眼中的自然，眼中的世界，从来都是心中的自然、心中的世界，是人情感中的自然、情感中的世界。在现实生活中，评价主体对同样的信息，在不同的情感状态，往往有截然不同的感知和理解，因而也就易对同一客体作出截然不同的评价。对于情绪型评价者来说，这种体验更为明显，这种情况出现的概率也更高。

　　情感不仅影响评价的主导取向，影响评价的肯否，而且对这种肯否的程度也有所影响。即使是处于积极情感状态下的评价，由于情感的强度不同，主体的感受也将不同，对评价客体所作的肯定性评价的程度也将不同。情感的不同程度对评价的影响，使评价表现出如下特点：当情感度过强时，评价的易变性、不稳定性增强，即情感度较强时的评价具有较强的易变性、瞬息性。可以说，情感的强度与评价的易变性成正相关。

不同状态的情感，对评价的影响在程度上和作用方式上也是不同的。心理学将情感状态分为心境、激情、应激三种。

"心境"是一种使人的一切体验都感染上情绪色彩的、较稳定的情感状态，它不是由对某一具体事物的特定体验而产生的。它影响评价的时间较长，往往会对一段时间内的评价活动都产生影响。在整个一段时间内，心境会作为主体对具体价值客体感知、理解的弥散而淡薄的背景而存在，并以此实现对参与评价活动的智力因素的导向和激发作用。

"激情"是一种强烈的、激动而短促的情感状态。这种情感状态，相对来说持续的时间较短，但强度较大，如主体的狂喜、暴怒、绝望等都属此类。激情通常是由一个人生活中具有重大意义的事件、对立意向的冲突、过度的抑制所引起的。在激情状态，主体控制自己的能力较弱，这时评价者往往会受到引起激情体验的那一对象的限制，而不易从多视角分析对象，其评价的视域也大为缩小。同时，评价者的理智分析能力受到强烈的冲击，因此在这种状态，评价者往往不能理智地分析客体的意义。当评价对象是评价者自己的行为选择时，评价者的激情状态常常会使他由于对行为意义的分析力较弱，不能作出恰当的评价。处于激情状态下的评价活动，理性因素处于劣势，而情感因素处于思维操作的优势。待这种激情状态解除后，当评价者的理智处于思维操作的中心时，评价者常常会对那时所作的评价作出某些修正，有时甚至会完全否定它。而且，评价者本人也往往会对处于激情状态时所作的评价感到不可思议。

激情对评价的影响，不像心境对评价的影响那么持久，那么易被评价者自省。即使处于某种心境中，自我反省较强的人也能部分地觉察到支配自己评价的那种情感定势，并且若有意识地加以调整，一般地说他会在很大程度上纠正情感所造成的评价偏差。而在激情状态，评价者则往往有一种"不得不"的被驱使感，有一种只能如此，别无选择的偏执。因此在激情状态，主体对事物(包括对自己)的感受、理解常有忽而跃上峰巅，忽而坠入谷底的感受。这时评价的易变性表现得非常明显。对同一事物的评价所表现出来的"时过境迁"现象与激情的变化是直接相关的。由于激情来去匆匆，而且影响评价的程度较高，因此它更为显著地体现了情感对评价的影响。

"应激"是主体在出乎意料的紧张情况下出现的情感状态。这种高度紧张的情感状态对于瞬间需作出的评价判断有直接的影响。这种影响常常表现为两种情况。一是，当某一事件突发时，评价者由于一种高强度的情感作用，能集中注意，调动心里储存的所有能量，专注地注意引起应激的对象。因此这时的思维往往特别清晰明确，评价者表现出果断的直觉评价力，因而能够迅速地，也常常是正确地作出自己的评价。二是与此相反，即当评价者处于应激状态时，他的思维活动表现为抑制或完全紊乱，因而主体无法正常地对客体作出评价。这时主体的行为不是由评价支配的，而是不由自主的。在这种情况下，情感对评价的作用就会产生一种负效益，它扼制了主体的评价能力。应激状态相对于前两种情感状态来说，出现的概率较低，因而与前两种状态相比，对评价的影响不那么普遍。但是就对评价影响的强度而言，它位于三者之首。

(二)作用效果及调节

许多学说都褒扬理性而贬抑情感，认为理性如日光，情感如浮云，假若评价被情感左右，便千古无定论。这里确有部分合理之处。但是，人的评价不可能没有情感的参与，不可能摆脱情感的干扰，而且更为重要的是，情感在评价中的作用也不尽是消极的。因此，在分析情感在评价中的作用时，有必要对情感的作用作进一步的价值区分，以便在实际评价活动中能发扬其积极作用，而尽力消除其消极影响。

情感对评价智力因素的激发作用，可以根据评价的目的及情感对这一目的的作用作价值区分。当情感使评价心理结构中的智力因素处于积极的活动状态，即评价感知力强，思维敏捷、深刻、新颖，评价活动能有效实现评价目标时，情感对评价所起的作用就是正值，情感对评价中智力因素所起的激发作用就为正激发；相反，当情感使评价心理结构中的智力因素处于抑制、迟钝状态，即没有正常的感知能力，思维呆滞、肤浅、片面，不宜于实现评价目的时，情感对评价所起的作用就是负值，对智力因素的激发就是负激发。

情感对评价智力因素激发作用的正负值的区分，是相对于合理性阈限而言的。在合理性阈限内，情感对智力因素的激发就为正激发。这时情感在评价中发生作用的基本途径就是：情感激发智力因素，并通过这种激发而影响评价结论。由此产生的评价结论趋向合理性的可能性较大。仅评价活动中智力因素能正常工作，情感能通过正常的渠道发挥作用，并不一定能实现评价的合理，但它们却是实现评价合理性的一个必要条件，即不经过这一途径产生的评价结论，不可能趋向合理。

情感对评价智力因素的激发在合理性阈限之外则为负值，即为负激发。负激发有两种情况。一种是情感因素过弱，不及情感激发的合理阈限。在这种情况下，情感对评价智力因素的激发程度过低，而使智力因素不能正常地发挥作用，所以评价的结论就难以达到合理。另一种情况是情感因素过强，超出了情感激发的合理性阈限，这也使评价的智力因素不能正常地发挥作用。在这种情况下，评价的结论也难达到合理。在情感因素过强的情况下，情感在评价中有两条基本途径：其一是完全超越或偏离了正常的途径，即根本未激发智力因素（即感知、理解等），而将主体的情感直接移至评价结论，这时评价的结论不是通过对评价对象的感知、理解、判断等环节实现的，而是由情感直接作出的，这种情况可被称为情感对评价的全遮蔽；其二是情感部分地偏离或超越了正常途径，而其余部分则遵循正常途径，激发了评价的智力因素，这种情况可被称为情感对评价的部分遮蔽。在这种情况下评价者对评价客体信息把握有误，而使评价失效。

在情感过弱的情况下，情感对智力因素的激发程度过低，评价的感知力、理解力、判断力等降低，使评价肤浅、零乱。这时评价过程表现为几乎不被情感左右，或无情感渗入。有人认为这正是评价者所应积极争取达到的境地。然而，就上述的分析可见，不仅在评价活动中不可能排除情感因素，即使做到了这一点，也会使评价的深度和广度受到影响。因为情感的缺乏和消除，将使智力因素因缺乏动力和动力过弱而不能正常工作，而在此基础上所作的评价必然不可能深刻，更难以达到新颖与独特。

在现实评价中，情感对评价的消极影响主要表现在情感过强时，评价由情感左右所造成的情感遮蔽。在情感对评价全遮蔽的情况下，评价者因根本没有把握评价客体本身的信息，而是直接将主体的情感移至评价结论，这样的评价势必失去公正。当然，在实际的评价活动中，这种情感对评价的全遮蔽现象是较为鲜见的，一般情况下，评价主体会或多或少，或正确或错误地掌握评价客体的有关信息。在评价活动中，情感遮蔽发生得最为普遍的是，情感对评价的部分遮蔽。这种部分遮蔽有以下两种情况。

一种情况是，在情感的左右下，主体只认识到对象的一部分，便将对这一部分的认识不加分析地扩展到对象的其他部分，从而作出以偏概全的评价。这种情况常常表现为如下三种类型：第一类是由于喜欢（或厌恶等）A 的某一方面而对整个 A，或 A 的所有方面都作出较高（或较低）的评价。例如，由于评价者喜欢某部电影的演员，而对整部电影，包括美工、摄影、剪辑等都作出较高评价；第二类是由于喜欢过去的 A 而不加分析地对各个时期的 A 都予以高度评价，尽管对另外时期的 A 并不了解；第三类是由于喜欢 A 而喜欢与 A 相似的 B。这三种类型都属于晕轮效应型的情感遮蔽。

情感对评价的部分遮蔽的另一种情况是，评价者并未直接感知对象，而只感知到他人对当下的价值客体的评价，即评价主体（假设为 S）与价值客体（假设为 O）之间有另一个评价者（假设为 S'）的存在，而评价主体 S 由于对 S' 的情感而导致了对 O 的评价与 S' 对 O 的评价相同或相悖，即由于 S 喜欢 S'，而 S' 高度评价 O，因此 S 也对 O 作出较高评价——尽管他未直接感知 O，或对 O 的感知甚微。反之亦然。这一类型属于情感传递式的情感遮蔽。

情感对评价的遮蔽，影响了评价的合理性。因此，在评价活动中，评价主体只有使自己的情感保持在正激发状态，尽量克服情感对评价所造成的遮蔽，尽量避免劣性（过强或过弱）情感状态对评价的不良影响，才有可能使评价趋向合理。但是，究竟在多大阈限范围内，情感对评价的作用才能保持在正值，对于不同的评价者而言，情况不尽相同。也许每个人都可能体会到自己的不同情感强度对自己评价活动中智力因素的不同程度的影响。虽然难以给出一个普遍的量化的阈值，但是如果评价者能认识评价活动中情感运动的机制，加强对自己评价活动的自我监控和自我反省，那么就有可能把握使自己的评价活动趋向合理的模糊的情感合理性阈限，以此来调整自己的情感，以便使其发挥对评价中智力因素的最佳激发作用。

当然，衡量评价活动的感知力、思维力的活跃或抑制的尺度是相对的。它不仅对每个不同的个体来说情况不尽相同（对于 A 来说是抑制状态的，对于 B 来说也许是活跃状态），而且对于不同的评价领域（如审美评价、道德评价、功利评价等）来说，智力因素的活跃与抑制的区分也是相对的。更为重要的是，情感究竟使哪些智力因素活跃才能更有效地进行评价活动，这是相对于评价类型的差异而彼此不同的。在审美评价中，假若情感使评价者的想象丰富广博，联想纵横驰骋，那么将有助于提高评价的质量，使其评价能够卓尔不群，别具匠心。此时，情感对评价所起的作用就是一种正激发。相反，假若情感不能使评价者的联想力和想象力得到应有的发挥，那么其审美评价就很可能是枯涩乏味的。这时，情感对审美评价来说就是一种负激发。然而，在想象力、联想力未得到充分激发的情况下进行其他评价，也许评价结论所受的消极影响较之审美评价就小些。

以上所说的是从情感在评价中作用的角度，从理论抽象的层次分析了情感对评价心理结构中智力因素的激发作用。在实际评价操作中，情感与智力活动之间的关系是相互激发的。在对同一个对象的评价中，一方面主体初始情感会激发、左右评价中的智力因素，另一方面评价活动中智力因素的活动也会使主体评价初始的情感发生变化——或强度发生变化，或向度发生变化。而情感的变化又将对智力因素发生新的（相对于初始阶段而言）激发作用。在评价操作中，评价心理结构中的情感因素和智力因素不断自我变化又不断相互作用，呈现为一种运动状态，而理论的分析只能展示这种运动的一种抽象的简单的形式。

在评价活动中，情感只有保持在合理性阈限内，才能保证情感对评价的正激发。然而现在的问题是，评价主体是否有可能调控自己的情感，使之保持在合理性阈限内。如果情感对评价的作用是处于评价者的意识层面，是主体可以意识到的，那么评价者就有可能对它进行调整。但是假若它是处于无意识层面的，那么评价者就不可能对它进行调整。因而，在此有必要进一步研究在评价活动中，情感发生作用的层面。

对于评价者来说，情感对评价的影响是处于意识与无意识两个层面的。在意识层面，评价者能够自省评价过程中的情感影响；在无意识层面，评价者则难以对情感的影响有所觉察。情感在意识层面对评价发生作用的情况主要有以下几种。第一种情况是，评价者未对自己的评价活动进行反省，未意识到情感对评价的影响，但只要主体能够对评价活动进行自我反省，那么他就会意识到情感对评价者的影响。第二种情况是，评价者意识到了自己评价活动中的情感因素，但却不知其起因，或无法解释它的缘由，这种情况对于情感的心境状态较为普遍。第三种情况是，评价者意识到情感因素的存在，也意识到这种因素的缘由（如评价者意识到自己对 A 的作品的评价含有对 A 的恶感）。第四种情况是，评价者意识到了自己评价活动中的情感因素及其缘由，但在意识中竭力否认情感因素的存在（这里不是指另外一种情况，即评价者在内心承认而在别人面前否认情感因素的存在），或者将此解释为非情感性的。例如，尽管我厌恶 A，但并非因此而对 A 的作品评价低。我对他的作品评价低是因为他的作品本身的确平淡无奇。在情感对评价的作用处于评价者意识层面的情况下，评价者有可能将情感对评价的影响调整到合理性阈限之内，消除情感对评价的消极影响，重新评价客体。而当情感对评价的影响处于评价者的无意识层面时，尽管其评价表现出一种强烈的情感色彩，例如，评价者执拗地沉迷于某种观点，而且这种情感色彩很容易被他人察觉，但是评价者本人却对此无所觉察，反而认为自己的评价是公正的、无偏见的。情感对评价的影响处于评价者无意识层面的这种现象与前面所言的第四种情况类似。在这种情况下，评价者不是有意识地去否认情感的影响，而是根本没有意识到情感的影响。因此，在这种情况下，评价者无法调控情感，这是评价者自我调控的盲区。但是，意识与无意识之间并没有截然不可逾越的沟堑。深蕴心理学的研究成果表明，意识和无意识之间是可以相互转换的。因此，评价者自我调控的盲区只是相对的，不存在绝对无法调控的盲区。

以上所述，是情感在评价活动中的作用。这种分析是单向度的，即只分析了情感对评价的影响，而没有分析评价对情感的作用。在实际评价活动中，情感与评价之间是双向互动的。这种双向互动不仅表现在参与此次评价活动的情感是以往评价活动的结果，而且表现在对同一对象的评价过程的不同阶段，参与此次评价的情感因素会受此次评价"准"结果（相对最终的结果而言）的影响而发生某种变化。

评价渗透于人类生活的各个方面。尽管人们不是弄清了评价的内在机制才开始评价的，但弄清了评价的内在机制，无疑有助于人们克服评价的盲目性，增强自觉性，使自己的评价更为合理。

三、意志在评价中的作用

意志是人类自觉地确定目的，并根据目的支配、调节行动，从而实现预定目的的心理过程。它对人的行为（包括外部动作和内部心理状态）具有发动、坚持和制止、改变等方面的作用。意志在评价活动中发挥着调节和控制作用。可以说，如果没有意志的调节作用，评价活动就无法进行。意志在评价活动中的这种调控作用主要是保证评价心理活动的各个环节、各种因素都指向评价活动的目的。意志的这一作用主要表现在以下三个方面：

一是，调控"注意"，以保证智力活动的心理矢量指向评价的目的；

二是，调控参照系统，使其更有益于实现评价的目的；

三是，调控"情感"，以保证情感对评价智力因素的激发强度、激发向度都有益于达到评价的目的。

(一)调控注意

意志在评价中的功能之一，是调控评价主体在评价过程中的注意力，以保证评价主体智力活动的心理矢量指向评价的目的。注意是心理活动对一定对象的指向和集中。在人类生活中，每时每刻都有大量的远远超过人所注意到的信息符号进入人的感觉器官。但是在单位时间内，这些符号中只有一小部分引起中枢神经的活动。人脑如果不把大量的输入信息过滤掉，就不能进行信息处理加工。心理学的研究成果表明，人的思维活动有单向加工的特点，除非另外一项行动自动化程度颇高，否则人在一定时刻的信息加工只能是单向的。因此为了达到评价的目的，主体就必须靠意志控制其注意指向，使全部注意力指向和集中在与评价目的系统保持一致的方面。

注意不是独立的心理过程，它存在于感知、理解、判断等心理过程之中。在评价活动中，评价主体的感知、理解、判断的注意指向必须保持同评价目的系统的统一，离开与评价目的系统无关的刺激信息，以保证评价主体对与评价目的有关的信息有比较清晰的认识。否则，评价主体就不能正确地感知、理解客体，也就不能正确地判断价值客体对主体的意义。

在评价活动中，由于评价主体意志薄弱而造成的评价注意指向偏离评价目的系统的评价遮蔽，主要表现为以下两种情形。一种情形是，评价主体的注意指向偏离评价客体。评价客体是由评价目的确立的。当评价目的确立后，评价客体便由潜在变为现实。整个评价活动，就是对这一客体的认识。如果评价者的注意力偏离了评价客体，那么整个评价活动就势必从根本上偏离了评价目的系统。这种情况在评价活动中时有发生。偏离评价客体的情况大都表现为偏离价值客体。例如，评价的目的是判定某一剧本的艺术价值，评价主体在这一评价活动开始时，对价值客体是"这一剧本"的判定或许是非常明确的。但是，在评价活动中由于未能排除有关剧本作者或其他信息的干扰，评价者的意志不能保持其注意力集中在价值客体上，其注意力部分或绝大部分倾注于"非价值客体"上，即评价者的注意力由价值客体这一剧本转移到非价值客体剧作家身上。并且，把对非价值客体剧作家的评价直接等同于对价值客体剧本的评价，或在对价值客体剧本的评价中主要成分是对非价值客体的评价，这样就偏离了评价目的系统。尽管"剧作家"与"剧本"之间有着密切的联系，有关剧作者的信息可以帮助评价者了解这一剧本本身，但是剧作者与剧本毕竟是不能等同的，对剧作者的了解不能代替对剧本的了解。即使一个剧作家所作的另外一些作品均属于上乘之作，但这也不能证明他的"这一作品"（价值客体）是优秀的。况且，在评价活动中，评价者所受"非价值客体"信息的干扰，可能远远不止与价值客体有较为密切联系的方面的信息的干扰。在这种情况下，如果评价者能增强意志力，将自己的注意力倾注于价值客体而排除"非价值客体"信息的干扰，那么这将使评价与其目的系统保持一致，从而使评价达到逻辑自洽。

评价注意指向偏离评价目的的系统而造成的评价遮蔽的另一种情形是，评价视角偏离评价的目的系统。评价的目的系统确立了，评价的视角也就确定了，整个评价活动就应从这一视角去把握价值客体这一方面的意义。如果评价主体在评价活动中，由于注意力分散，注意指向转移，偏离了这一评价视角，那么其评价活动实际上也就偏离了评价的目的系统。这种现象在评价活动中是屡见不鲜的。如评价的目的是判定一幅画的艺术表现力，评价主体在评价过程中，对这一评价目的是清楚的。但是，评价主体的注意力却过多地被其所选题材吸引，未能将注意力集中于这一幅画对所选题材的表现手段和表现能力上。这样，在对此画艺术表现力的评价中，主体就会严重地受到题材信息的干扰，从而形成评价视角偏离评价目的系统的评价遮蔽。题材是构成文学和艺术作品的材料,即作品中具体描写的生活事件或生活现象。艺术表现力是指对所选题材的表现手段的优劣及程度。两者虽有联系,但并不是等同的。同一题材可以有不同的艺术表现手段,同一表现手段又可以有运用的优劣程度的不同。题材好,表现手段不一定好。反之亦然。

价值客体各个方面之间(如上例所说的艺术表现力与题材)是相互联系的,价值客体与非价值客体之间也是彼此相关的。无疑在评价中,应该注意这种联系。但是,注意其间联系的目的,是更好地感知、理解价值客体及其具体方面。如果把对非价值客体、非评价视角的注意等同于对这种联系的注意,把非价值客体、非评价视角的信息等同于价值客体该视角的信息,那么就必然陷入逻辑的混乱之中,而根本不可能达到评价目的。

在评价活动中,意志对注意的调控,不仅表现为意志对注意指向的调控,而且表现为对注意稳定性的控制和对注意转移性的控制。在评价活动中,评价客体虽未变更,但注意强度、注意稳定性不同,也将对感知和理解评价对象的程度,有时甚至对感知和理解的向度,产生较大影响。能保持对价值客体注意的稳定性,有益于对评价客体的感知、理解,有益于对其意义的判断。

意志对注意转移的控制,在评价活动中也很重要。注意的转移,是有意识地将注意从一个客体迁移到另一个客体的心理过程。它与注意的分散不同,它是有意识、有目的、自觉的。注意力分散时,评价主体改换注意指向是不自觉的。例如,在前面所论及的两种情况下,评价主体并非有意地转移注意指向,而是在注意力转移的情况下仍然以为自己是在评价"价值客体"。注意指向的这种变化会对评价造成一定的危害。而评价主体有意识地调整评价中的注意指向，有可能有益于评价活动更好地达到评价目的。在评价活动中意志对注意转移的调控主要表现在两个方面。一是，当评价目的系统变化以后，主体能克服以往评价的干扰，将评价注意转移到新的评价对象上。即使是对同一价值客体的不同视角的评价，同一视角的不同阶段的评价，也须有效地转移评价注意，否则，就有可能以原有的经验代替当下的感知、理解，使评价陷入误区。二是，意志对注意转移的调控还表现在对同一价值客体同一视角的评价过程中，评价注意能够适当地、部分地转移，注意另外评价参照系统的存在及以另外的评价参照系统为基础对这一价值客体进行评价，从而使评价活动更好地实现评价目的。后一种情况也是下面将探讨的意志对评价参照系统的调控的一种类型。

(二)调控参照系统

意志在评价中的功能之二，是调控评价的参照系统，使其有益于实现评价目的。评价活动的参照系统，是在评价的初始阶段已经基本确立了的。评价活动正是按照评价参照系统所规定的评价视角、视域和标准来认识评价客体的意义的。在评价活动中，保持评价参照系统的相对恒一性是保持评价过程内在逻辑统一性的必要条件。因而意志对评价参照系统的调控，首先要保证在评价活动中主体能自觉地注意保持评价视角的一贯性(如前所述)，保持评价视域的基本稳定；否则，整个评价活动将无法进行。

除此之外，意志对评价参照系统的调控作用还表现在，评价主体在评价活动中对评价参照系统的自觉调整。在评价初始阶段已基本确立的评价参照系统，并不是绝对不可变更的。在评价活动中，评价主体除了保持参照系统的相对稳定性外，还应该能够根据评价操作中所遇到的具体情况自觉地调整参照系统中某些不符合目的系统的部分，以使其更有益于评价日的系统的实现。这也是意志在评价活动中的作用的重要方面之一。从激发机制上来说，主体在评价活动中对评价参照系统的这种自我调整，可以分为两种类型：一种类型是，评价主体在感知、理解当下的评价客体过程中，对感知和理解（包括联想、体验、想象等）当下的评价客体所引起的对这一参照系统的某些不合目的方面的自觉调整；另一种类型是，评价主体在评价活动中自觉地实现部分注意力的转移，自觉地感知、理解另外的参照系统及以另外的参照系统为基础所作的对当下的价值客体的评价，由此而调整自己的评价参照系统，使其能够更有效地保证评价目的的实现。在评价活动中，评价主体必须保持意志的自主性和顽强性品格，必须对自己的评价标准，乃至整个评价参照系统有一定的信心，必须保持自己的评价活动的相对稳定性；必须对另外的参照系统有一定的批判力，而不能人云亦云，瞬息万变，否则就无法有效地实现评价目的。但是，坚持意志的自主性，不等于在评价活动中不吸取他人的经验，不对其他参照系统予以分析批判，以扬瑜激瑕。如果评价者对另外的参照系统的存在视而不见，一概排斥，妄自尊大，固执己见，那么评价者就会因为自己的视界偏狭而不能很好地实现评价目的。因此，在评价中除了增强意志自主性，保持其评价过程的统一外，评价主体还须增强意志的目的性，在合目的的情况下进行必要的变通。

在评价活动中，评价参照系统的这两种类型的调控，都是非常普遍的。这两种类型的调控，都表现了人的评价能力、评价水平在评价过程中的不断发展。评价的感知、理解能力不仅是在以往的实践过程中、在以往的评价过程中形成和发展的，而且是在当下的评价活动中不断提高和发展的。评价的标准不仅是以往经验（包括评价活动和实践活动）的总结，而且是在当下的评价活动中得到修正和完善的。这两种类型的调整都表明了意志对评价活动的监控，以及主体凭借意志的支配对评价活动中不合目的方面的纠正。评价主体对评价参照系统的自我调控，使评价活动更有效地实现评价目的。

(三)调控情感

意志在评价中的功能之三，是调控情感，以保证情感对评价智力因素的激发强度、激发向度都有益于达到评价目的。

可以说，意志对评价活动调控作用的最重要的方面就是对情感的调控。如前文所述，情感在评价中是以一种弥散的方式存在的，并以这种方式对评价心理结构中的智力因素发挥着激发作用。这种激发就其对智力因素的激发强度、激发向度而言，可作价值的区分。在情感的合理阈限内，情感对智力因素的激发为正激发；而在合理阈限之外，其激发则为负激发。因而，意志对情感的调控就是使情感保持在合理阈限内，克服由情感强度不适所造成的情感遮蔽。

在大多数情况下，意志是通过对情感的调控而对评价心理结构中的智力因素发生调控作用的。同样在大多数情况下，意志对注意的调控与对评价参照系统的调控，也是以对情感的调控为中介的。在评价活动中注意的稳定性直接受到了情感的作用。在评价活动中，偏离价值客体，将注意移置于非价值客体的主要原因，就在于评价者受到情感的左右。兰德(D. Landy)和赛格尔(H. Sigall)在1974年做过一个被许多社会心理学研究者所引用的试验。在试验中，他们让被试评价几篇论文，这些被评价的论文都贴有女性的照片，被试被告知，每篇论文上所贴的照片即该文作者的照片。与此同时，让对照组也评价这几篇论文。对照组与试验组的不同仅在于，对照组的评价者只读到需评价的论文而未见到那些假设作者的照片，也不知道关于这些论文作者的任何信息。试验结果表明，无论论文本身如何，评价者对贴有魅力女性照片的论文，一般给予较高评价，而对贴无魅力女性照片的论文，被试所给的评价较低。而对照组由于未受到有关作者信息的影响，所以他们的评价就较为合理。在评价过程中，评价者注意力偏离评价视角，往往是由于情感所致，所以意志调控注意指向集中于评价视角，需经过对情感调节这一中介环节才能实现。

意志对评价参照系统的调控，在大多数情况下也是通过对情感的调控这一中介实现的。首先，所谓注意指向偏离了评价视角，实质上是评价主体不能保持评价参照系统的相对稳定的一种情况。对这一方面的调控，如前所述，是通过对情感的调控为中介的。其次，在评价活动中，主体往往不是不知道有其他参照系统的存在，也不是不知道对同一客体以不同的参照系统为基础就会作出不同的评价，但由于意志薄弱，无法克服情感的障碍，而不能取人之长、补己之短。因此，可以说意志对评价活动调控作用的最重要的方面就是对情感的调控。

意志的强度与意志的某些品格，如意志的顽强性、自主性等，对评价心理结构调控作用的价值区分是以意志能否保证评价心理活动的各种因素、各个环节都指向评价主体的目的系统为标准的。同一种意志品格，如顽强性，对评价活动是正值还是负值，完全取决于对情感因素、智力因素的调控是否有益于评价目的的实现。如果能保证评价目的的实现，那么它的强度越高，对评价的正值就越大；反之，那么它的强度越高，对评价的负值就越大。因此，评价者增强意志的坚定性和目的性，会使意志对评价活动的调控作用更为有效。

四、评价中的联想、想象与体验

评价是一种观念的创造性活动。一方面，它必须面对现实、尊重现实，以现实存在着的评价客体为对象；另一方面，它必须根据人的需要，以人的需要为尺度在观念中创造性地建构过去或未来的价值世界。它所建构的这一价值世界，因为与人所面对的现实世界之间存在必要的张力，所以它才能成为人创造价值的活动的目标与理想，才能激发人们改变现实，创造更合目的、更美好的未来的积极性。从逻辑形式上看，评价活动是评价指标与客体属性之间的比较对照关系，但这只是理性对现实的抽象简单的描述。实际上这种比较，蕴含着人的丰富的创造力。正是这种丰富的创造力向人展示了丰富的价值世界。在这丰富的创造力中，有联想、想象与体验。它们不是评价过程的独立环节，但却是使评价活动之所以可能、评价结果之所以可能的创造性的思维机制。在评价活动中它们相互联系，密不可分，但为了能够把握它们，我们不得不采取分析的方式。对不可分析的世界的揭示，只能是分析的，这恐怕是人类思维的宿命。

(一)联想与想象

早在人类哲学的童年时期，"联想"就纳入了哲学家思考的范围。古希腊哲学家柏拉图曾在他的《斐多篇》中写道："当爱人们看见他们所爱的人常用的七弦琴或者常穿的衣服或者其他常用的东西的时候，他们会有什么样的感触呢？他们看见七弦琴的时候，他们在内心里就会形成这七弦琴的主人——那个青年的意象，这就是回忆。同样地，一个人看见西米阿的时候，就会想起克贝来。"[1]在柏拉图之后现代之前，联想一直是哲学家在研究人的认识中所关注的一种认识机制，自现代始，对联想的研究由思辨进入心理学的实证性研究中。

联想是由一事物的观念想到另一事物的观念的心理过程。心理学家将联想分为简单联想和复杂联想两大类。简单联想指接近联想、类似联想和对比联想。复杂联想又称关系联想和意义联想，具体分为因果关系联想(休谟最重视的一种联想)、种属(隶属)关系联想、部分和整体关系联想、作用与效应关系联想等。[2] 这种种联想，在评价活动中都发挥着重要作用。它的一般作用机制是从简单联想进入复杂联想，在进入复杂联想后，由因果联想和作用与效应关系联想联合发挥作用。这种作用，不仅激发了评价主体智力因素的活跃性，而且激发了评价主体的情感，在被激发的智力与情感交互作用过程中实现着对评价客体的观念建构。

---

① 转引自杨清：《现代西方心理学主要派别》，1 页，沈阳，辽宁人民出版社，1980。
② 朱智贤：《心理学大辞典》，393 页，北京，北京师范大学出版社，1989。

　　评价主体的联想一般来说，主要受制于三种因素。一是，评价主体的心理背景系统。联想是以往经验的提升，而以往经验是积淀在评价主体心理背景系统中的。因此评价客体究竟能由眼前的事物或观念联想到什么，受制于评价主体的心理背景系统，受制于评价者所经历过的一切，受制于评价者所处于其中的文化，受制于评价者所受的教育及由此形成的习惯，受制于评价者的观念，等等。约翰·洛克在他的《人类理解论》第二卷第三十三章中非常详细地探讨了观念之间的联想关系，他写道："观念底这种强烈的集合，并非根于自然，它或是由人心自动所造成的，或是由偶然所造成的，因此，各人底心向、教育和利益等既然不同，因此，他们底观念联合亦就跟着不同。"[①]"人只要仔细一考究自己或他人，他一定会相信，习惯在许多人心中确乎可以形成各观念底联合。许多人所表现出的同情和反感，大部分或者正是由于这种缘故。"[②]在洛克看来，人的反感，有些确乎是自然的，是依靠我们的原始组织的，是与生俱来的，是由人的生理基础所制约的，但是大部分反感多半是由早年未经注意的一些现象或幻想来的。假如一个成年人食伤了甜蜜，那么一听到蜜的名称，他的想象就会立刻使他的胃发生病情和呕吐，而且他根本就不能想这个观念。他在想起这个观念时，厌恶观念、疾病观念、呕吐观念，立刻会相因而至，使他烦心起来。再如，幽灵鬼怪的观念和黑暗本来并无真正的联系，亦正如它们与光明没有联系一样。可是如果一个愚蠢的女仆常以此来渲染儿童的心理，那么可能这个

---

① ［英］洛克：《人类理解论》，376 页，北京，商务印书馆，1959。
② 同上书，377 页。

儿童在一生中，都不能把它们分开。对他而言，黑暗的观念常把那些可怖观念带来。①

二是，评价情境。评价情境不仅是评价活动周围所具有的实体的存在，更是一种氛围，一种整体的、流动的、影响评价主体感受的气氛。在这种氛围中，评价主体的情感被酝酿和引发出来，形成了评价主体当下的一种心境。评价者由此牵动思绪，回忆起曾经体验过的存在，形成关于当下事物和观念与其他事物和观念的联想。如果将评价背景系统比喻为林木争奇、花草斗艳的森林，那么提取出来的回忆就如森林中之一木，而究竟是哪一木被提取出来，在很大程度上取决于评价情境。评价者所处环境中的一切，如温度、色彩、气味、声音（如背景音乐）等所营造出的气氛都有可能成为引发联想的契机。从广义上说，评价的目的、任务是属于评价情境的，而它们也是唤起和限制评价联想的关键因素。

三是，价值客体本身也是引起评价主体的联想，限定评价主体联想范围与向度的重要因素，而且是相当重要的因素。因此，可以说评价主体在评价过程中所产生的联想是评价主体的心理背景系统、评价情境和价值客体交互作用的产物。正如心理学家的研究所表明的：联想是由人脑中各种事物联系的强度和数量及人的活动任务、兴趣、情绪所决定的，是由外部环境所制约的。②

评价活动中评价主体的联想对于评价的影响大致表现在以下方面。一是确立评价参照客体。评价参照客体的确立，对于评价结果而言是举

---

① ［英］洛克：《人类理解论》，377～378 页，北京，商务印书馆，1959。
② 朱智贤：《心理学大辞典》，393 页，北京，北京师范大学出版社，1989。

足轻重的，因为评价结论部分是由价值客体与参照客体相比较而决定的。参照客体信息的获取首先取决于评价主体由价值客体联想到哪些可以作为参照客体。参照客体的信息获取方式可分为两种。第一种是在评价之前，评价者并没有关于参照客体本身的信息，而只有相关的知识背景，那么在评价活动中，由评价主体根据相关的知识背景而联想到某些可去搜集的信息，可与价值客体形成比较的客体，然后根据此去获取参照客体本身的信息。这种方法是在价值客体对于评价者来说较为陌生的情况下，获取参照客体信息的基本方法。在采用这类方法时，联想的作用在于确立获取参照客体的信息的向度，而不在于直接提取参照客体本身的信息。第二种是由联想而激活评价主体在以往活动中已经获得的与价值客体可以形成比较的客体的记忆，使之形成与价值客体信息的比较。参照客体信息的这种获取方式在日常生活领域是非常普遍的。

二是影响对价值客体和价值主体本身的理解。联想能通过激活与价值客体有从属关系的客体的信息，影响对价值客体本身的理解。理解、解释价值客体本身的信息，无疑是评价中至关重要的方面，而要做到这一点，思维机制之一就是通过联想到与其有关的特别是有从属关系的客体的信息，把价值客体置于它的关系网中来理解它。如对某一理论的评价，如果能将该理论与该理论提出者的思想倾向、动机及其他观念联系起来分析，那么将更有利于把握这一理论的底蕴。对某个人所做的某一件事的评价，如能同他的思想品德、价值观念、一贯行为等联系起来考虑，就会更切合实际地把握这一行为。某一行为的出现，其原因、动机往往是非常复杂的，不是凭直观就可以感觉到的，能感觉到的只是做了这件事，只有通过分析才能把握行为者究竟为什么做这件事；这件事对于行为者来说，究竟属于什么性质，是偶然的还是必然的，是观念所支配的还是一时情之所至，是心甘情愿的还是被逼无奈的。在把握了这些之后，才能说是真正把握了这一行为。当然，把握这些并不能仅仅依靠联想，但联想在其中具有一定的作用却是不可否认的。如果没有涉及这些方面的联想，就不可能有对这些方面的分析；如果没有对与价值客体有从属关系的客体信息的把握，就不可能作出这些分析。与此类似的，就是通过联想而理解价值主体的需要。

联想对评价的影响可以根据它对评价目的实现的作用而作出价值区分。一般说来，广泛的联想有可能加强评价的广度与深度。在有限的时间内，联想激活量的大小体现了评价者思维灵活性的程度和知识面的广狭，而联想的不同层次则能反映评价者思维深刻性的程度和趣味的雅俗。

在评价活动中，评价者联想的激活程度与层次不同，就使评价表现出不同的水平。评价者丰富而深刻的联想，能使评价生动活泼，引人入胜。而联想的激活程度低，联想层次肤浅，则会使评价呆板单调，味同嚼蜡。然而，并不是说联想越广就越好。联想也有一个相对的最佳稳定区域，这个区域是由评价目的所限定的。如果联想过于灵活，就会使评价显得零乱和繁杂；如果脱离了价值客体，脱离了评价目的而漫无边际地联想，就根本不可能达到对价值客体的评价；如果在联想中将本无必然联系的事物当作有必然联系的，就势必使评价陷入荒谬。英国人类学家弗雷泽在他的《金枝》一书中所描述的原始部落人的绝大多数联想都属于这种，在我们今天看来是非逻辑的联想。随着人类认识的发展，后代人总会发现前代人思维中的类似原始逻辑的方面，而正是这种逻辑的荒谬造成了观念的价值世界的荒谬与现实活动的荒谬。"知识越多越反动","宁要社会主义的草,不要资本主义的苗",等等,这与原始部落的人将教士的帽子看成瘟疫的根源,在逻辑上真的有很大的区别吗?联想不但传递着信息,而且传递着情感,因而情感对于评价的利与弊就包含着联想对评价的利与弊。评价离不开联想,但评价者需自觉地意识到联想的利与弊,兴其利抑其弊。

想象与联想不同,它是指人在头脑中对已有表象进行加工、改造、重新组合形成新的形象的心理过程。心理学家指出,想象是以以往经验所留存下来的表象为基本材料的,但却不是表象的简单再现。在想象过程中,表象得到积极的再加工、再组合,加入新的联系之中,成为新形象的一个有机组成部分,从而不同于被感知时的情形,甚至被改变得面目全非。想象有助于打破原有联系方式的局限,使人从新的角度去看待事物,起到开拓思路,激发创造性思维的作用。① 想象在评价中的功能与联想在评价中的功能是类似的,它产生的机制和联想产生的机制也大致相同,不同只在于想象比联想更富有创造性。联想与想象的结合,使评价者能超越现实的束缚,在观念中建构人们欲追求的理想价值世界。

在商品经济的社会里,铺天盖地的广告恐怕无人能不受其影响。广告影响人们的一种重要手段就是借助于人们的联想与想象。如化妆品广告中那漂亮迷人的女性,儿童食品广告中那天真可爱的孩子,男士用品广告中那潇洒成功的男性与为之倾倒的美丽温柔的女性,等等,都是欲借助人们的想象与联想,使观众在潜移默化中将自己所欣赏与追求的理

---

① 朱智贤:《心理学大辞典》,742 页,北京,北京师范大学出版社,1989。

想状态——成为漂亮迷人的女性，有可爱的孩子等——与产品结为一体，将产品视为实现自己理想的手段，由对理想状态的向往而转向对产品的喜爱。心理学研究所揭示的人类生活中许多现象都与评价中想象与联想机制有关。这导致偏见中的许多刻板印象也都是借助于人们的想象与联想。如由人的容貌推及人的智力，由人的肤色推及人的品德，由人的声音推及人的性格等。可以说联想与想象本身就是一把双刃剑，它既能使评价更合理，也能使评价更荒谬。

(二)体验与想象

当价值客体是人或人的行为时，要评价客体，就必须理解客体，而要理解客体，又必须体验客体。但这后一方面常常为人们所忽略。

体验，是为达到评价理解而必须具有的一种思维活动。人们通过体验理解评价对象的内在含义，从而为进一步评价这一对象对主体的意义奠定了基础。狄尔泰认为，理解历史人物和他们的产物靠“重新体验”或“设身处地”，即想象假若我们处在当时的情况下，我们会有什么情感、什么思想，将会怎样行动，从而理解我们的研究对象的行为、情感。通过这种重新体验，对象，对于我们来说异己的东西就在我们头脑中再现，为我们所理解，成为非异己的存在。这种体验使我们能够从对象的角度、从对象的环境中来理解对象。

在评价活动中的体验具有“潜在体验”和“显在体验”两种形式。

在某些情况下，当评价主体与评价客体之间的物理时空距离和心理距离较远——如现代人评价古代人，西方人评价东方人，以及不同角色扮演者相互评价——时，体验对理解乃至对评价的作用十分明显。评价主体如果不能设身处地地从价值客体的角度、从价值客体的环境中去体验价值客体的境况，那么就不可能正确理解价值客体，从而也就不可能正确地评价客体。在此情况下，评价者一般能够较明显地意识到体验作为理解的一个必要环节而在评价中所发挥的重要作用。对于这种体验，我们可称为"显在体验"。

但在另外一些情况下，评价主体与评价客体之间的物理时空距离与心理距离较近——如同种角色扮演者之间的相互评价，尤其是评价主体进行自我评价——时，体验对理解乃至对评价的作用并不十分明显。而且，评价者这时往往认为要达到对价值客体的理解，并不需要"体验"这一环节。但实际上，即使在这种情况下，体验仍是评价的一个必要手段。因为当评价主体与价值客体扮演同一角色时，评价主体自身所经历过的一切已作为一种体验而构成了评价主体对价值客体的理解的潜在前提。自我评价亦是如此。这种体验可称为"潜在体验"。

"潜在体验"仍然包含着"体验"。评价主体的经历不可能与价值客体的经历完全一致——不管此两者所扮演的角色多么相近；当评价主体进行自我评价时，他当下的经历不可能与他过去的经历完全一致——不管这两者时间间隔多么短暂。因此，虽然评价主体与价值客体之间的时空距离与心理距离较近，但并不是无距离的，评价主体在实际评价中仍需体验价值客体具体的境况（包括自我评价时价值客体在具体时空条件下的境况），这样才能理解和评价客体。因此，我们可以说，"潜在体验"与"显在体验"的区别是相对的。同时，在以上两种不同的情形中，"潜在体验"和"显在体验"是联合发生作用的，只不过是在不同的情形中，"显在体验"与"潜在体验"的主次位置不同而已。

评价体验还具有"亲身体验"和"想象体验"两种形式。狄尔泰所说的，理解历史人物和他们的产物时所依赖的"重新体验"和"设身处地"，实际上就是这种"想象体验"。

亲身体验，是评价者直接地、实际地置身于评价客体的环境之中，实际从事评价客体的活动，与价值客体建立一种直接的活动交往关系，以达到理解价值客体的体验方式。想象体验，是评价者在想象中置身于价值客体所处的环境中，在想象中从事价值客体所从事的活动，在想象中建立与价值客体的活动交往关系等，以达到理解价值客体的体验方式。

亲身体验和想象体验，都是靠角色转换而实现的。这种角色的转换有可能使理解更加深刻全面，从而使评价更为合理。在体验中，评价者可以有多种评价角色转换——实际扮演或在想象中扮演——如扮演价值客体，扮演另外的评价主体，扮演与价值客体相关的对照客体等。

亲身体验与想象体验在角色转换上除了"实际扮演"和"在想象中扮演"的不同之外，在评价角色的扮演上也是有区别的。在亲身体验中，最为普遍的一种角色转换，是由评价主体转换为价值客体，即评价主体实际地置身于价值客体的位置、环境当中，如领导干部深入基层，部队首长下连当兵，文艺工作者体验生活等。这种角色转换，使评价者能够更好地理解价值客体——从价值客体所处的环境来理解他，理解其环境对他所形成的各种影响，理解价值客体本身所具有的各种属性，或各种情感、态度、品格等。这样，主体便能够在一定程度上克服由于对价值客体理解得不深刻、不全面而造成的某些评价遮蔽。

与亲身体验不同，在想象体验中角色转换更为广泛。在想象中，评价主体既可以将自己设置为价值客体，又可以将自己设置为与价值客体相联系的处于评价视域中的参照客体，还可以将自己设置为另外的评价者。

评价主体通过在实际活动中或想象中的角色转换，使评价主体可以从多角色去理解价值客体，从而使自己的评价更为全面。以评价主体在想象中将自己设置为价值客体为例。当顾客对售货员的服务态度评价很低，为自己没有受到热情接待而抱怨时，如果他们能暂时放弃"顾客"的角色，而把自己设想为售货员，想象一下售货员的劳动情况，"设身处地"地体验售货员的工作性质和环境，以及情绪、情感、态度等，他们也许就会对售货员有更深切的理解，对售货员的服务态度的评价也许就会有所改变。但同时，如果售货员能像某些商店所要求的那样，经常作"如果我是顾客"这种设想，那么他们也许就会更好地理解顾客，改变自己对顾客、对服务工作的评价，从而使自己对顾客的态度有所改善。

在评价中，评价主体不仅可以将自己设想为价值客体，而且还可以将自己设想为另外的评价者，或设想为价值客体的参照客体。这两种想象体验也有益于正确地理解和评价客体。

想象体验可以是指向过去的，也可以是指向未来的。在指向过去的想象中，价值客体及其环境是曾经存在过的。主体通过自己已有的经验，运用自己的想象能力，对过去的对象及其环境加以体验。在指向未来的想象体验中，价值客体及其环境在现实中并不存在，或与现存的价值客体及其环境有差别。人们对这些客体及其环境的想象和体验是为了对当下的现存的价值客体作出评价或选择。在实际的评价活动中，人们对当下事物的评价常常是在这种指向未来的想象体验的基础上作出的。

人类对于自己在动物界中的地位、能力、作用的评价，不仅因为人类看到了自己在历史发展中展示了无比的智慧，而且因为人类对自身在动物世界中的未来境况有着乐观的预测。如果人类预测到将来某一时期某种动物将会超过人类或统治人类时，人类便不会认为自己是万物之灵长了。人类对自己的这种预测实际上包括人类对自身的未来境况的一种想象体验。

亲身体验与想象体验相比各有瑕瑜。亲身体验是评价主体转换为价值对象并亲自参加实践活动，因而亲身体验一般比想象体验更加深刻、全面、具体。但是，亲身体验也有局限性，这就是，它受到时间、地点、政治、经济、文化、生理、心理、能力等许多条件的限制，因而在许多情况下这种亲自体验无法做到。某市在市民中开展"如果我是市长"的对话活动，这就不能采取亲自体验的方式进行。在具体的评价活动中，想象体验是更为经常地被采用的一种体验方式，它借助评价者的想象力而体验对象及其环境，只需要"设身处地"，而不需要"身临其境"，因此它在评价理解中更为经常地发挥着体验的作用。但是，由于它只是一种想象，所以主体所感受的程度不如亲身体验深切，因而建立在这种体验基础上的理解也就往往不如建立在亲身体验基础上的理解深刻。另外，与亲身体验一样，想象体验也受到某些限制，比如，主体的已有经验、想象能力、性格特征、情感状态等。

亲身体验与想象体验的区分也是相对的。在亲身体验中，由于体验者是为评价而体验，他并不可能完全成为他所转换的角色。因此，在这种体验中他须发挥自己的想象能力，作某种包含想象的体验。有时，正是靠这种想象体验，他才意识到自己与所转换的角色之间的某些差别。

因此可以说，亲身体验中必然包含着想象体验。另外，在想象体验中，体验者实际上是把自己过去的某种类似的亲身体验通过回忆而加以重新组合。如果评价者对某一客体及所属的一类客体，以及与该类相近的类的客体从未有过任何亲身体验，那么，他几乎就无法对这种客体及这种客体所处的环境加以想象，从而也就无法体验、理解、评价这一对象。

体验使评价者能够在一定程度上超出原有角色，在一定意义上超出所处时代及所处的社会历史环境的限制，从而能够运用多视角、多视域来感知事物，进而更为深刻地理解对象，并使理解基础上的评价更为合理。在这种多视角多视域中，只有一个视角视域是为评价者实际持有的，但其余的视角视域，能够对主体实际持有的视角视域起到调整作用。当然，这种体验不可能完全舍弃自我，它不可避免地带有体验者本人所处的环境、所具有的意识、情感的烙印，因此，这种体验只是相对地回到对象的处境中。任何对以往的和将来的情景、对自我的和他人的情景的体验和理解都带有现在的、体验者自身因素的渗入。体验受到一定的主客观条件的限制，从而使理解和评价也会受到一定的影响。比如，在许多情况下，评价主体的想象体验的不正确，导致了理解和评价的错误。但是，这些影响从部分来说是有可能克服的。在种种影响中，没有不可能克服的部分，但每次具体的评价往往不可能克服所有的局限，所以可以说，这种影响在整体上是不可克服的。然而这种影响的不同方面的克服，将使理解和评价的相应部分更加深刻和合理，进而使理解和评价的整体更加深刻、合理。

　　卡尔·马克思说:"人是最名副其实的政治动物,不仅是一种合群的动物,而且是只有在社会中才能独立的动物。"①我们生活在社会中,须臾都无法离开社会。正是在社会活动中,在主体间的各种各样的交往活动中,我们才获得了评价能力和评价标准;正是在社会活动中,我们的评价才成为必要的。从这个意义上说,任何个体的评价都不是纯粹属于他个人的,而是属于他所存在于其中的那个社会、那个群体、那种文化的;任何个体的评价都是在社会复杂背景中的、在主体交互作用中的心理运作过程,而不是脱离这种背景、脱离这种交往的、纯粹面对评价对象的心理运

---

① 《马克思恩格斯选集》第 2 卷,2 页,北京,人民出版社,1995。

作过程。将评价的心理运作过程与社会背景分离开来，对此进行理想化的研究，是为了更清晰地把握评价，而在这一基础上，将其重新置于社会的复杂背景中，是为了更深刻、更真实地把握评价。评价的社会运作所包含的问题是复杂的，下面所讨论的仅是其中的一个方面，即与我们个体日常生活密切相关的一个方面。

一、影响我们评价的评价

作为社会系统中的一个成员，每个人都与他人、整个社会有着千丝万缕的联系，因此，我们对自己、对他人、对事物的评价不可能不受到他人、社会评价的影响。正是在这种影响和交互作用中，文化才得以积累，个体才得以发展。但是，也正是在这种影响和交互作用中，个体才有可能迷失了自己，而成为一种外在力量或他人手中的木偶。这种影响和交互作用，既可能成为个体智慧的源泉，也可能成为个性发展的障碍。问题是，我们如何才能在不可避免也无须避免的社会交往中发展自己，而不是迷失了自己？为此，我们应该走进主体间交互作用的迷宫，看看影响我们评价的评价究竟是哪些人的评价，是哪种评价；看看这些评价本身究竟是如何形成的；看看它们是如何能够影响我们，又如何影响我们的；看看这些影响对于我们到底意味着什么。

(一)是什么

对于影响我们评价的评价，可以做多种分类。根据评价主体的不同，而将其分为他人的评价和社会（群体）的评价两类；根据我们自己评价的内容，而将其分为影响我们的自我评价的评价和影响我们对它（包括对他人、对社会、对事物、对现实等）评价的评价；根据其作用的方式，将其分为直接影响我们评价的评价和间接影响我们评价的评价；还可以根据其影响的强度进行分类，等等。为了使问题更加明确，我们下面将以第一种分类为主线，即将影响我们的评价分为他人的评价和社会的评价两大类。

所谓他人的评价，指的是我们之外的任何个人仅代表评价者个人的评价。而所谓社会评价，有三类基本的形式，即组织鉴定、舆论与传播媒介所传播的观念。组织鉴定是指由他人代表一定的社会机构、社会团体对我们所作出的评价；舆论以人数众多而区别于"他人"；传播媒介的宣传以权威的见解而区别于普通个人。它与"他人"评价的区别是评价主体角色的区别，而不一定是实体的区别。例如，某校校长所作的评价，既可能是仅代表他个人的，也可能是代表校方的。如果是仅代表他个人的评价，对于我们来说就是"他人的评价"，而如果是代表校方的评价，对于我们来说，就是"社会的评价"。他人评价作为个人评价的一种，其评价标准所蕴含着的需要可以是不确定的，即价值判断中的价值主体可以是不确定的。他人既可以以国家利益为标准来评说我们的行为，也可以以他个人的好恶来评说我们的行为，还可以站在我们的角度，以我们自己的需要为尺度，来评说我们的行为。换言之，我们作为他人评说的对象，处于他人的评价活动中价值客体一端，而在此，价值主体既可以是他人自身，又可以是社会，还可以是我们自己。但以组织鉴定为形式的社会评价却不然，从原则上来说，它可以以国家的、群体的、人类的利益为标准来评说我们的行为，但不能用评价者本人的利益作为评说我们行为的标准，即在此类社会评价中，价值主体是组织，评价标准是组织的需要，而不是评价者个人的需要。因此，作为这类社会评价的主体，实际上应该是不带有任何个人偏见的社会组织的化身，这就是他应扮演的角色。他是社会组织的代言人，而不是他自己利益的代表。

以各类评语与鉴定为形式的社会评价，是由直接领导我们的上级机构对我们所作出的评价，也是对我们形成最大影响力的一种最为直接的评价。例如，我们所在的工作单位，对我们工作的评价及鉴定，对我们政治表现的评价及鉴定，对我们行为的评价及鉴定；或我们所属的学术团体在我们申请科学研究项目时，对我们学术研究能力的评价，在我们申请奖励时或发表科学研究成果时，对我们研究水平的评价，等等，诸如此类。这类评价对我们的作用是直接的，对我们自我评价的影响，往往是强有力的。分析其原因，大概主要有以下两个方面。第一个原因是，我们从内心认同这类评价的权威性，认为它是站在更客观的立场上作出的评价。对这种权威性的认同，不仅因为我们认为它是舍弃了个人的偏见（原则上说应是这样）的评价，而且因为我们认为它是在对不同客体进行比较的基础上作出的评价。因此，我们更看重这类评价。有时，尽管我们自己认为我们的著作是最优秀的，但当评委们并没有把学术奖授予我们时，我们有可能认为，评委有更高的水平、更高的标准，而且他们是将我们的成果与他人的成果进行比较后作出的评价，因此我们认为这种评价比自己的评价更少情感因素，更具可靠性。基于这种认同，我们就有可能改变我们原来的自我评价。概言之，我们认同这类评价的权威性是这类评价能够改变我们自己的评价的一个重要原因。这类评价之所以能对我们的评价产生重大影响的第二个原因是，这类评价直接影响了我们周围的环境，因为我们周围的其他人更容易受这种评价的影响。在学校里，当一位教师该被提升而未被提升时，不仅他周围的同事会不自觉地按照职称评定委员会的评价结果来评价他，而且他的学生也会不知不觉地对其另眼相看。这主要不是因为他的学生势利，而是因为他们更相信社会组织的评价。同时，社会组织所具有的权威性的评价，使同事所看到的被评价者的不足被放大，使学生们原来所看到的这位教师的优点、长处变弱。如此一来，被评价者就不仅失去了社会组织的认可，而且失去了周围其他人的认可。在这种环境中，被评价者有可能慢慢地丧失自信，而认同社会组织的或周围其他人的评价。在社会其他行业对教师具有较大的吸引力，社会流动的可能性大大增强的今天，大学中的这种现象已少有发生，但仍然存在着由职称评定所带来的种种困惑。因职称评定而对自己丧失信心、对自己的学术研究水平和能力产生怀疑的人，不乏睿智而理性的学者。与此例在表面上相反，而在内在机制上完全一致的，是我国目前的一些社会评价，这类社会评价对我们的自我评价影响非常大。

社会评价所采用的第二种常见的形式是舆论。与第一种形式不同，舆论从原则上说，不是由社会组织机构的代言人作出的评价，而是由群体中的较多成员作出的较为一致的评价。尽管在舆论形成过程中，可能是由权威人士或组织机构的代言人引导的，但在舆论形成后就变成了一种"群众的呼声"。这种形式的社会评价对个体的影响是较为直接和较为有力的。人们常说"舆论的压力""舆论的谴责"等，恰恰表现了这类评价对个体所具有的影响。社会是由众多的个人联合而成的整体。因此，多数人的意见，往往被看成是更具合理性的意见。对于个体而言，得到众人的拥护，便增强了自己的信心；而触怒众颜，则有可能反躬自问，修正自我的评价。通过舆论来约束个体的行为，使个体遵循社会的规范，是伦理评价运作的重要方式，也是社会许多评价的一种常见的运作方式。在国际关系中，我们常常听到诸如"遭到国际社会的谴责"等，对一个国家的行为产生影响的这种评价，与对个体的行为产生影响的社会评价在本质上是一致的。这类评价发挥作用的特点在于，它是以人多势众和对个体生存环境的强烈影响来影响被评价者的行为的，并通过影响他的行为来影响他对自己的评价。

社会评价的第三种表现形式是大众传播媒介所传递的各种观念。这种评价对个体评价的影响是无所不在的，但与前两种形式的社会评价相比，这种评价的影响方式没有那么直接，影响强度较弱。对大众传媒所传达的各类信息，我们往往是可听可不听、可信可不信的。如果我们想听的话，它对我们自我评价的影响也是间接的，因为它不是直接针对我们而作出的评价，因此对于我们而言，它通常只是潜移默化地起作用的。它对我们的自我评价或其他类型的评价的作用力的大小，是与我们的自愿程度成正相关的，是与我们的生活方式有密切关系的。假如我们很少听广播，很少看电视，也很少看报纸、杂志之类，那么这些大众传播媒介所传播的社会评价对我们的影响就很弱。而如果我们整日坐在电视机前，或对报纸上刊登的消息特别敏感，那么这类评价对我们的影响就大得多。可以说，对前两类评价，即使我们不想听，也不得不听，而对第三类评价我们不想听则完全可以不听。但是实际上我们经常听，也想听，所以它就会对我们的评价产生影响。这类评价主要是影响我们对社会现象或其他事物的评价，也包括对自我的评价。例如，当某一电视剧中人物的某些行为与我们的行为类似时，我们往往会把自己作为剧中人，而剧中人在他的那个剧的环境中的所作所为，所引起的他人的评价和我们自己的联想及我们对他们的评价，往往会对我们的自我评价产生影响。如果，我们的行为与剧中人的行为是类似的，而剧中人的行为被表现得那么美好、那么高尚，我们就会因此而自我感觉良好；而如果剧中人的行为被表现得非常丑陋，那么我们本来自我感觉良好的东西就会被怀疑，我们甚至可能因此完全改变原来的想法。这是电视、电影、小说等传播媒介所具有的一种神奇的魔力。形象所产生的感染较之观念所产生的感染更强，因为它直接诉诸人的情感。

以上关于社会评价的三种形式对我们影响的分析，侧重于它们对我们的自我评价的影响，因为在我们的所有评价中，自我评价是最难改变的，而且是影响我们行为的至关紧要的评价。既然它们连我们的自我评价都可以改变，那么它们对我们（对他人、对事物、对社会的评价）的影响力就更不待说了。因为，我们对他人、对事物、对社会的评价往往较之我们的自我评价有更少的反思性，更少的自我辩护性，因而也就更具可变性。相对而言，社会评价对我们（"对它"的评价）的影响更为广泛，我们对他人、对事物、对社会评价的标准大都直接来自代表社会组织的评价或其他类型的社会评价。

他人的评价也是影响我们评价的一种重要的评价。严格地说，社会的评价，对于我们来说，也是他人的评价，只不过社会的评价是以组织的身份、以众人的形式存在的，或代表众人的形式存在的，而这里所说的他人的评价，是指那些仅代表他们自己的，单个人的他人所作出的评价。应该说，它们之间的区别是细微的。不同的他人与我们的关系是不同的，而与我们具有不同关系的人的评价对我们的影响是不同的，因此，我们有必要分别论析。对"他人"，可以按照他们与我们的关系将其分为三个层次。

一是与我们关系最为疏远的他人，我们可称之为"过路人"。这些人虽与我们擦肩而过，但他们的评价对我们的评价的影响仍然是存在的。例如，他们对我们的外在特征的评价，往往会引起我们自我评价的波动。"回头率"甚高的女士与先生，一定会因此对自己的外表形象更有信心。再如，我们到市场买东西，陌生人对我们所要买之物的评价，也会对我们产生影响。然而，他们毕竟是"过路人"，与我们相遇是偶然的，所以他们的评价对我们的影响是短暂的、偶然的。

二是与我们经常交往，但关系并不密切的人，我们可称之为"周围人"。这些人由于就在我们的周围，与我们存在一定的共同性，例如，工作性质、文化水准等方面的共同性，所以他们对我们的影响比"过路人"对我们的影响更大，他们的存在就属于我们生活环境的一部分。他们对我们的好评，会使我们感到拥有一个令人愉快的人际关系环境，而如果他们对我们没有好感，甚至还有厌恶之情的话，那么我们就会感到周围环境较为压抑，生活在这种环境中较为痛苦。因为我们都愿意生活在一个人际关系和睦的环境中，喜欢看笑脸相迎，不愿看横眉冷对或疾首蹙额。因此，为了获得一个良好的人际环境，我们往往会接受他们的评价，依从他们的评价，愿与他们保持行为上的接近。但他们的评价对我们的评价的影响，往往是表层的成分较重，在非原则问题上的影响较明显。

三是在他人中与我们关系最密切的就是我们的亲人与朋友。对他们与对前两种类型的人的不同之处在于，我们有情感上和理性上的双重认同，所以他们的评价对我们的影响最大。当他们的评价与周围人的评价相左时，我们可能会完全不理会"周围人"的评价，甚至当他们的评价与社会的评价相左时，我们都有可能不理会社会的评价。对朋友的认同，包含着敬佩、爱戴和认知上的认同，因此，朋友的评价有时甚至超过亲人的评价，对我们产生更为直接而明显的影响。在个体社会化过程的早期，个体受亲人的影响是最为明显的，而随着年龄的增长，朋友的影响则会超过亲人的影响。在个体成年之后，朋友和亲人的交叉关系逐渐增多，即我们的亲人同时也是我们的朋友，在这种情况下，在亲人的影响中，属于我们朋友的这些亲人的影响是最为突出的。我们觉得他们能理解我们，能与我们进行心灵的对话，同时我们也信任他们，尊敬他们，因此更容易认同他们的评价，甚至在他们不在场的情况下，我们在评价某些事物、某些人、某些行为时，也会想起他们，想到他们可能采取的态度。他们的观点成了我们考虑问题的一个重要的参照系。

（二）为什么

我们为什么会接受社会评价与他人评价的影响呢？社会评价与他人评价对我们的评价是如何产生影响的呢？首先，我们看看哪些他人的评价会对我们产生影响，或者说，对我们的评价产生影响的他人是具有什么特点的他人。在现实生活中，并不是我们身边所有人的评价都会对我们的评价产生影响。究其极端而言，对我们的评价产生影响的人有两类：一类是我们尊敬、喜爱、认同的人，另一类就是我们憎恶、嫉妒、蔑视的人。前者使我们自觉或不自觉地认同他们的评价，与他们的评价保持一致；后者则使我们自觉与不自觉地将自己的评价与他们的评价对立起来，他们拥护的，我们就反对，而他们反对的，我们就拥护。其实，如果没有他们的这种刺激，说不定我们不会反对我们所反对的，起码反对的程度不会比有他们的刺激时强烈；同样，没有他们的这种刺激，我们也许不会赞同我们所赞同的。他们的评价，更多的是引起了我们情感上的抵触。情感遮蔽了理性，理性在这里怯懦了。而对于我们所喜爱、所敬佩的人的评价，情感的作用倒不一定如此强烈。下面我们着重分析我们尊敬、喜爱、认同的人的评价对我们的影响。

评价是由人作出的，我们敬佩、喜爱的人的评价之所以会对我们产生影响，主要是由于评价者本人对我们具有吸引力。那么具有什么样吸引力的他人的评价，对我们的评价才会产生引导作用呢？一般来说，他们是具有以下几种吸引力的人。一是具有人格魅力的人，即他们在人生态度、个人修养、道德品质方面，得到我们的认同，我们认为他们是真诚的、善良的、高尚的人，因此他们对事物的见解，尤其是对人生的见解，更易得到我们的认同。二是我们认为有雄才大略或禀赋聪颖的人。三是具有威望感染力的人，即他们由于职业、角色，他们在周围人心目中的地位而使我们感到可敬佩。四是具有权力威慑力的人。权威往往是与权力结合在一起的，尽管以理性来判断，两者并不具有必然的联系，即有权力的人并不一定是有能力有威望的人，但人们心理反应的惯性，常常会将拥有权力者看成是权威。最明显的例子就是，当某人拥有权力时，他所说的话，有更多的人相信、称是，而一旦他失去了权力，笼罩在他所言之上的灵光也就消逝了，或许再也没有人在意他说什么了。在现实中，我们的评价实际上是受到具有权力威慑力的人的见解引导的。

五是具有外表吸引力的人。心理学家阿伦森在《社会心理学入门》中写道："几年前，贾德森·米尔斯和我在实验室里做了一简单的实验，证明一个美女——仅仅因为她美丽——能在一个与其美貌毫不相干的问题上对观众的观点产生很大影响，而且当她公开表示想要影响观众的时候，其影响力达到最大程度。后来，艾丽丝·伊格利与谢利·蔡肯又做了一个实验，它不仅证实了这一结果，即宣传者越可爱，劝诱力越大，而且进一步证明，人们期望有吸引力的宣传者能支持自己所满意的观点。……当我们对宣传者有了爱慕之情时（并不是由于他的专家身份），我们行动的目的似乎是力求使宣传者高兴。这样，宣传者越想要我们改变观点，我们就越会改变——但只是在一些无关紧要的问题上才是这样。……但与此同时，他们却不能影响我们去为总统竞选人投票。"[①]

影响，自然离不开施加影响的人，但最关键的还在于接受影响的人，即在于我们自己。那么究竟是什么心理使我们接受了具有上述特点的他们的评价的影响呢？对这个实际很难说清的问题要作出解释的确让人为难。概略而言，接受具有上述前三种特点的人的评价的影响，主要是由于我们信任他们，信任他们的人品，相信他们不是口是心非；相信他们的才智；相信他们之所以能获得如此高的威望，是因为他们的才能或人品出类拔萃。我们的信任，有可能来源于平时的交往，来源于以往的经验，来源于对他们自我成功的认可，来源于我们在以往经验基础上所作的推论，也有可能来源于其他人的介绍。他们本来是怎样的，对于

① ［美］E. 阿伦森：《社会心理学入门》，82～83 页，北京，群众出版社，1985。

我们接受他们的影响而言，不如他们在我们心目中是怎样的更为重要。其实也许他们本无超人之德、超人之才，但他们在我们心目中，却是光辉灿烂的，而这对于我们接受他们的影响来说就足够了。心理学家罗森塔尔等曾经做过一个试验，最后证明，人们对自己以为是权威的人的见解特别看重，这些人的意见可以使人们改变对自己的看法而创造一个现实中新的自我。这就是著名的罗森塔尔效应（Rosenthal's effect）。这是人们心理反应中一种非常常见的效应。而对于具有第四种特点的人，我们往往是不自觉地受到他们所拥有的权力的威慑，他们所拥有的权力，使他们被罩上了一种超人之光。而且我们对不具有必然联系的事物产生了联想，这种联想在观念中赋予了它们以必然的联系，即我们认为拥有权力者，一定是才能过人的，或是在某一方面特别优秀的。对于具有第五种特点的人，我们的反应是非理性的、情感的。它本身是无道理可言的。但喜欢美的事物，美能使人产生愉悦，这是一条普遍的规律。问题是，为了产生愉悦，是不是一定要相信令我们产生愉悦的人对于事物的评价？

对于具有不同特点的人，我们的心理反应是不一样的。我们接受他们的评价是因为我们相信他们、敬畏他们、喜欢他们，可是难道仅是这种对他们的认同，就会使我们改变初衷，而依从他人之见吗？肯定不是。更深层的原因，在于这种认同是利己的。那么，这种认同在哪些方面有益于我们呢？是哪种利己的动机使我们认同他人的评价呢？也许其中最为重要的原因是我们想得到他人的认同。我们具有被他人理解的渴望、被他人尊敬的渴望、被他人爱戴的渴望，我们具有获得成功、实现自我的渴望，正是这些更深层的动机使我们认同了他们的评价。那么在实现我们的这些愿望与认同他人的评价之间有什么联系呢？

首先，认同和接受我们所信任、所尊敬、所爱戴的人的评价，是我们提高自己评价能力和评价水平的一个重要途径。在社会化过程中，我们不只是获得了评价的标准，更重要的是通过与他人评价的交流而提高了自己的评价水平和能力。评价的水平与能力如同认知的水平与能力，并不是先天的，而是在后天社会交往活动中形成和发展的。在日常生活中，我们常常有这样的体验：在我们与所尊敬、信任、爱戴的人的交谈中，我们发现自己看到了以往从未看到过的新世界，从这种新视角，我们会对人生、对人、对活着的意义有新的理解，而且这也将有可能打破我们过去单一的思维模式，使我们从多视角理解人生。自我提高对于我们而言是最根本的成功，尽管没有掌声，没有鲜花，但它有可能为我们带来掌声，带来鲜花。

其次，我们所寻求所渴望的他人的理解与认同，其实主要是我们所尊敬、信任、爱戴的人的认同。就像在不同文化的交流中，我们希望得到发达国家精英的认同，我们希望能与他们进行学术交流、文化交流，我们所说的面向世界主要是指面向文化势能比我们高的国家，我们从来没想过，我们应该与埃塞俄比亚的文化接轨和我们应该争取赶上埃塞俄比亚的学术水平。这其中的道理是一样的。既然，我们想得到我们所尊敬、信任、爱戴的人的认同，那么我们就渴望与他们有共同语言，渴望他们也能接受我们的观点，还能从我们的见解中得到启发，而这恰恰需要我们在某种程度上认同和接受他们的见解。人们之间的吸引力，很重要的一个方面就是观点、思想方面的吸引力。容貌的吸引力是短暂的，而智慧、才华的吸引力是常新的、持久的。当一个容貌俊秀的人吸引了我们，我们接近他时发现他是那么俗不可耐，那么浅薄无聊时，我们就会产生一种强烈的厌恶感，而远离他，但一个有智慧、有才能的朋友，从来不会使我们为他容貌上的缺陷而疏远与他的交往。对有理性的人来说，心灵的交往与契合要比感官的愉悦，更能持久地保持彼此的关系。而正是认同与接受了我们所尊敬、信任和爱戴的人的见解，才使我们自己得到了提高，使我们获得了与他们交流的资格，也使我们具有了获得他们认同的可能。

最后，我们通过接受他们的见解，而使我们自己在观念中所建构的价值世界更为可信与可靠，使我们对成功的信心增强，使我们成功的可能性增大。我们对事物的评价，只是对价值的一种观念建构，对此我们常常并不是很有信心，我们希望能够听到他们的见解。当他们认同了我们的见解时，我们便增强了信心；当他们否定我们的评价时，我们便会认真考虑，看究竟哪里出了问题。与他们的交流是我们将观念的价值建构付诸行动之前的一次主体间的检验，而这对于我们的成功是颇为有益的。所以我们愿意接受他们的影响，主动去征询他们的意见。由此可见，我们在接受他人的影响时，是有选择的，是情理交融的。也可以说是"很功利"的。如此理性地接受他人的影响，对我们是有百利而无一害的。但在现实中，问题并不是如此简单。

在现实生活中，我们常常因为信任他人的评价，而迷失了自己，究其根由，恐怕不能不说，我们对他人的信任本身并不是完全可靠的。我们或许只是从一两次成功中获得了我们对他们的信任，便将此推而广之，产生晕轮效应，以为他们的所有见解都是值得信任的。而实际上，这种推论并没有必然性作根据，如果其概率较高，那已是万幸了。每个人都不可能时时正确，事事英明。在我们对他们的信任中，往往带有非理性的非逻辑的推论，因此，信任本身不是完全可靠的。建立在不完全可靠基础上的对成功的企求，很可能是南柯一梦。另外，人的心理惯性是很强的，我们信任他人而经常听取他人的意见，接受他人的指点，久而久之，我们就会形成一种心理上的依赖，把向他人学习，提高自己，变成了万事依赖他人，听命于他人，一遇到问题就想"他会怎么认为"，而不是"我怎么看"。这种心理惯性就会使我们在信任他人的过程中，迷失了自己。所以，尽管我们渴望他人的理解、爱戴，渴望成功而接受他人的意见，但有可能会事与愿违。我们不接受他人的意见，就不可能进步；而接受了他人的意见，却不一定能进步；如果我们一味地听从他人的意见，就根本不能进步。

(三)应如何

应如何是相对一个目标而言的，对于不同的目标，关于应如何的回答是不同的。我们考虑应如何时的目标是既要认同和接受他人的评价，又不能在这种认同和接受中迷失了自己。既然如此，我们必须反省我们对他人评价的信任，必须反省我们自己心理上的误区。

在对他人评价的信任中，误导的可能性最大的，就是对社会评价的过分信任。因为对普通个人，即使我们再喜爱再敬佩他，也很少将其神化，但对于社会评价，我们却常常将其神化。如前所述，从原则上说，社会评价是不应带有评价者偏见的，是应完全站在社会组织的立场上，以社会组织的利益为衡量尺度的。但实际上，它却不可能完全如此，甚至不可能如此。社会评价三种形式的形成机制，未给这种绝对的可靠性以可靠的基础。我们只有破除对社会评价的迷信，才有可能避免在这类评价中迷失了自己。社会评价的第一种形式是组织代言人所作的评价。这种评价有两种亚形式。一是组织的领导者所作的评价。这类评价仅因为评价者是组织中的权力拥有者，所以才会被认为是代表组织的。不否认，多数人在承担领导这种角色时，会有一种角色意识，他们在考虑问题时，会比不承担这种角色时，更多地从组织利益的角度出发，但这并不意味着，他可以完全放弃自我变成组织的化身。他仍然是他，只不过他或许克制一点自己的情感，有可能对自己的见解的局限性有自觉，仅此而已。他赖以作出评价的所谓组织的利益，也不过是他所理解的组织的利益。这种理解不可能离开他个人的心理背景系统。因此，从根本上说，任何组织的代言人，都不可能不同时是他自己的代言人。区别仅在于，优秀的代言人是自觉地克制自己的情感，自觉地秉公办事的代言人；而恶劣的代言人，是背叛了自己角色的代言人，仅是他自己利益的代言人，他所说的，不过是罩上了权力圣光的自我的表白，与任何一个普通人的评价并没有什么不同。二是通过组织机构成员表决而形成的评价结果。集体表决经常被看成是民主的、合理的，而其实，这种民主的形式掩盖了不民主与不合理；无记名投票往往使这种不民主与不合理的程度加剧，使其虚伪性加剧。如果让投票人公开表达自己的见解，那么他将因为处于一种监督之下，而有可能更公正些，但对于匿名且不用讲明理由的投票，我们只能祈求上苍保证投票者的公正。如果没有上苍，那么我们就只能寄希望于他们自己。于是，没有任何办法可以控制他们将自己的偏见、有意识的偏见堂而皇之地塞进组织意见之中。这并不是我们把事情想得太坏的缘故。

　　舆论(Public Opinion)，《简明不列颠百科全书》的解释是，"社会上值得注意的相当数量的人对一个特定问题表示的个人意见、态度和信念的汇集"①。德国社会学家伊丽莎白·内尔-纽曼对舆论的形成曾有过一个非常精彩的假说，她称其为"沉默的螺旋"。这个假说的基本观点是，人们因为不想孤立，因此就倾向于与他人的观点保持一致，而为此，人们就会对周围的环境进行观察，如果发现自己的观点与他人的观点是一致的，他们就会将自己的观点表达出来；如果不是，他们便保持沉默。这样，表达出来的观点都是一致的，看到一致就表述出来，于是一致性的意见便更加得势，而与此不同的意见便在沉默中被忽略。这样一来，一方表述而另一方沉默的倾向便使一种意见呈现为主导的意见，最终形成了颇有势力的舆论。② 舆论的成因是复杂的，但舆论中包含了非理性的因素，却是不容置疑的。雅斯贝尔斯这样写道："'公众'是一个幽灵，是意见的幽灵，据认为这意见存在于没有任何实际联系的许多人中，可是它又并不实际出现于各个人中。这样的意见被说成是'舆论'，是个人或团体为支持他们的特定观点而诉诸的虚构。它是难以捉摸、充满错觉、变化无常的；'一会儿是这样，一会儿是那样，一会儿无影无踪'；它是毫无价值的东西，然而却仍能一时赋予大众以主宰沉浮的力量。"③ 克尔恺郭尔直截了当地说："有一种看法，认为群众在何处，真理亦在何处，而真理自身需要有群众站在同一边。另有一种看法，认为群众所

---

　　① 《简明不列颠百科全书》第 9 卷，228 页，北京，中国大百科全书出版社，1986。

　　② ［德］伊莉莎白·内尔-纽曼：《沉默的螺旋——一种舆论》，载《传播杂志》，1974(24)。

　　③ ［德］卡尔·雅斯贝尔斯：《现时代的人》，4 页，北京，社会科学文献出版社，1992。

在之处，即是虚妄所在之处，因之，即使每一个人在私下里都具有真理，然而一旦他们聚集在一起，成了一个群众——一个具备应该属之于它的每种确断意义、会投票的、喧闹的、有声有响的群众——虚妄就立刻明显可见。……因为它使得个人成为完全不知悔改及不负责任的东西，或者至少由于把责任切成了碎片而大量削减了个人的责任感。"①尼采的观点与克尔恺郭尔、雅斯贝尔斯的观点非常接近。他们都揭露了舆论这种公众观点（Public Opinion）中的虚妄性，当然这只是舆论的一个方面。我们可以由此得到借鉴，不再把舆论当成真理，但我们也不能完全忽视舆论。舆论是鱼龙混杂、泥沙俱下的，不加分析地对此全盘肯定和全盘否定对我们都是无益的。

社会评价的第三种形式，即借助大众传媒的评价，这种评价是前两种评价形式的混合物，拥有传媒者，就拥有了发布"权威"观点的特权，而这种信息的权威性实际上是由我们的非理性赋予它的。传媒所发表的评价，不过是得到了传媒拥有者注意的个人见解或群众的舆论，因此它不能摆脱个人的偏见和群众的虚妄。

反省我们自己，在他人和社会评价中迷失自我的最大误区，就是迷信他人，迷信社会组织的代言人和轻视自己。虽然人们都相信只要自信自爱就能快乐，但事实上，除非别人看重我们，否则我们就会对自己产生怀疑。在以群体为导向的文化中培养出来的个体，尤为如此。因此，我们尤为需要意识到这一误区的存在。的确，我们自封为英雄是可笑的，但我们连自己都不信任自己，还有什么可能让别人信任我们呢？他

_____

① 转引自［美］W. 考夫曼：《存在主义》，89～91 页，北京，商务印书馆，1987。

人并不是判定功过的最高审判官。他人之言可使我们获得宝贵的借鉴，也会使我们不知所措。因此，我们必须理性地对待他人之言，同时必须理性地对待我们自己。丧失了自信，就丧失了一切发展的可能。对个人是如此，对一个民族、一个国家又何尝不是如此！

要走出迷失自己的误区，还有一点是值得反省的，这就是如此影响我们评价的评价，实际上只是他人表达出来的评价，还不一定是他人真实的评价。那么在这两者之间又有何不同呢？

二、评价表达

评价表达是评价者有意识、有目的地将评价活动所获得的结果——价值判断，通过一定的方式，借助一定的符号系统，传达给他人的一种活动。评价表达属于一种社会交往活动，它只有在社会交往活动中才有必要，才会出现，离开了社会交往，离开了社会群体，就评价者自己而言，不存在评价表达，存在的只是评价的流露或表现。流露和表现是一种自然而然的行为，是评价结果外显化的一种方式，也是评价结果外显化的一种最为常见、最为普遍的方式。例如，我认为这本书很有价值（价值判断），所以我就买下了这本书（行为）。这不是评价结果的表达，而是评价结果的一种表现。再如，流露出对评价甚高的人、物，或行为的喜爱之情、羡慕之情等，这也是评价自然而然的表现，而不是评价的表达。与评价的表现不同，评价的表达不是一个自然而然流露的过程，而是一个经过策划的评价结果的外显方式。它与评价表现同属评价的外显化的方式，不同的是评价的表现是未经策划的，而评价的表达是经过策划的，因而前者是自然而真实的，后者是非自然的，有可能是真实的，也有可能不是真实的。所表达出来的评价，与实际作出的评价有可能是一致的，也有可能是不一致的，有时甚至是完全相反的。例如，甲内心特别敬佩某人，并暗暗地模仿某人的言谈举止，接受某人的观念，这是甲不自觉地流露出来的他对某人的评价，这些行为是甲对某人评价结果的表现，但甲不一定将他的这种评价表达出来，如果表达出来的话，有可能会变成："哼，那个人!"并带着一副不屑一顾的神情。为什么会如此这般呢？评价表达作为一种社会交往活动，究竟具有什么功能？受到什么因素的干扰？采取了哪些方式呢？对这些交往之谜的探讨或许会使我们对现实生活中的评价有更深刻的了解。

(一)评价表达的目的与功能

评价表达的目的与评价表达的功能是息息相关的，或者说，评价表达所具有的功能，恰恰是评价者进行评价表达的目的。评价表达作为一种有意识有目的的策划性活动，其主要功能有以下四个方面。

一是表演功能，也可温和地称为表白功能。评价者将评价表达出来，传递自己的见解，传递自己的情感和态度，以寻求他人的理解、了解、认同和与他人之间的沟通。这是评价表达所具有的一种在他人心目中树立表达者形象的功能。表达出来的评价不一定是评价者真实的评价，但一定是评价者真实想表达的评价，评价表达者通过他的这种表达，想让别人将他看成他想让人家看成的那种形象，让别人了解他想让别人了解的那一面。在现实生活中，我们常常见到，有的人自己对某事津津乐道，"身体力行"，但由于此事为某些人所不齿，因此，当着这些人的面，他便慷慨激昂怒斥此事；有的人本来对某事持有独到的见解，但为了讨好他人，或不愿与他人发生争执，从而与他人保持融洽协调的关系而表达出与己之见相左的评价；还有的人为了显示自己的卓尔不群而故意与他人唱反调；等等，这都是评价表达的表演功能的体现。当然，评价表达的表演功能是中性的，它既可以表现出人性的扭曲，也可以表达出人性的善良。以一位教师对一个学生的评价为例，尽管这位教师在内心对这个学生某一方面的能力评价很低，但他不愿伤害这个学生的自尊心，不愿这个学生由于自己对他的评价很低而越来越差，所以这位教师有可能采取温和的评价方式，如赞扬其长处，回避对其短处的批评等。这种评价表达同样具有表演的功能，只不过由于它出自人性的善良，所以，人们不愿把它看成是一种表演，而宁愿认为它就是真实评价的流露。人们接受了自古以来就一直被哲学家反复渲染的一个观念，真的才是善的，才是美的。其实，这并不是真理，尽管这种宣传的愿望是善良的。苏珊·朗格有个著名的观点，即艺术是人类情感符号的创造，而不是自然情感的流露。自然流露的情感是不能为人们所欣赏的，号啕大哭的儿童比音乐家更真实地表达了自己的情感，但没有人为了听这哭声而参加音乐会。"音乐的作用不是情感刺激，而是情感表现；不是主宰着作曲家情感的征兆性表现，而是他所理解的感觉形式的符号性表现。它表现着作曲家的情感想象而不是他自身的情感状态，表现着他对所谓'内在生命'的理解。"①如同上例，虽然那位教师所表达的并不完全

---

① ［美］苏珊·朗格：《情感与形式》，38 页，北京，中国社会科学出版社，1986。

是他真实所想的，但这种表达却是善良的，因此，评价表达具有表演功能，是有意识地策划的，并不是对它的贬损。人类需要有意识有目的的评价表达，以达成彼此间的合目的的交流。越是文明的社会，这种评价表达的策划性越强，这一方面是人类自我意识增强的结果，是人的行为合目的性增强的结果；另一方面也是人类智力进步的结果，当然它必然产生负面的影响，即它使评价表达带有了人们所不期望的虚伪性。

如前所述，评价的表达是达成人们彼此间沟通的一种重要手段。人们之间的交流无非是关于事实信息的交流、关于事实态度的交流和关于情感的交流，当然，从广义上说还包括物质财富的交流（也被称为交换）等。在这种交流中，人们评价的交流是非常重要的一个方面，因为只有评价才是指向行动的，人们从一个人对某件事的态度中，会比从他对事实的陈述中更有可能预见他未来的行动。因为态度是人们对客体的相对稳定的一种评价反应，它具有认知的成分，也具有情感的成分，同时还有行为的成分。[1] 评价表达所展示的就是人对客体的一种态度。通过这种评价的表达，态度一致的人彼此吸引而凝聚在一起，态度不一致者或彼此回避，或设法改变对方。评价的表达使人们之间有了更多的了解，尽管这中间会有一些假象和误解，但它仍不失为人们社会交往的一种有效方式，难怪社会心理学态度理论的最早研究者托马斯和弗罗伦·兹那尼埃开说："社会心理学就是态度的科学。"[2] 这种态度的表达，这种评价的表达，不仅是个人与个人之间交流的必要手段，而且是群体间交流

---

[1]　［加］兰伯斯：《社会心理学》，200 页，北京，地质出版社，1990。

[2]　转引自［美］克特·W. 巴克：《社会心理学》，243 页，天津，南开大学出版社，1984。

的必要手段。某国外交部发言人所表达的对某一事件的评价和态度就是寻求国际交流认同的重要方式，因此，为了达成彼此的沟通与认同，评价者需要进行评价表达。

二是咨询性功能。评价是评价者在观念中建构价值世界的活动，对于评价者而言，在将这种观念的建构付诸行动之前，需要对此进行验证。除了对此进行逻辑上的验证外，即对评价的过程、评价的标准、得出评价判断的程序、推论方式等进行观念中的再现与逻辑推演，以确定它无逻辑上的漏洞之外，评价者有可能需要在主体间进行检验，即在与其他主体进行对话的过程中，将他人的评价与自己所作评价进行比较。在这种对话中，验证自己评价的可信性与可行性。通过前几章关于评价过程的分析可知，评价是在特定的评价参照系中作出的。相对于这一参照系而言，无逻辑谬误的评价不一定是可信的、可行的。而评价者除了可以自己设想另外的参照系以衡量自己的评价之外，还可以通过评价表达，在以不同参照系为背景作出的评价的比较中检验自己的评价，这可称为评价表达的"抛砖引玉"功能。实现这种功能的具体操作有两种形式：一是直接让他人评价自己的评价，从而发现自己评价的问题，发现自己评价过程中所存在的盲点，以调整和修正自己的评价；二是与他人就评价对象展开讨论，在争论过程中，发现自己评价的缺陷。这两种形式的结果有可能使评价表达者对自己原来所作的评价更有信心，也可能引起评价者对原来评价的修正与调整，甚至放弃。这种以主体间理性争辩为方式的评价检验，是介于以往所说的逻辑检验与实践检验之间的一种人类常用的但未曾被揭示出来的检验方式。在评价中，由于价值主体与评价主体不一致或不完全一致，尤其是价值主体本身较为复杂，如价值主体是一个社会中的不同群体时，这种评价检验方式就更为必要。因为评价者赖以作出评价的一个重要基础是对价值主体的需要进行观念建构，而这种建构是否妥当，评价者需要有一个检验的过程，这个过程中颇为重要的一个环节就是将评价结果公布于众，听取公众对此的反应，由此来获取反馈信息。如我国三峡工程的方案就是采取了这种检验方式。将三峡工程的设想公布于众后，让各界人士发表意见，可以以不同的需要，从不同的立场、不同的角度表达他们对这一工程的见解。在各主体意见交流，各参照系信息交流的基础上，制定三峡方案者便可以对自己所作的原有评价进行调整和修正，使其更为完善。如果在可能的条件下，对涉及广大群众的决策方案进行这样的讨论，那么将使评价标准更为合理，更切近价值主体的需要。无论是认知还是评价，这种主体间信息交流的检验方式都是必要的。不过相比较而言，这种检验方式对于评价更为重要，因为评价中处于核心地位的是主体的需要。对于这种检验方式，我们不能简单地理解为仅是对评价的证实或证伪，而应理解为一个信息反馈过程，该信息反馈过程是为了调整信息源发出的信息，为了调整原有的评价，使评价更合规律、更合目的。

三是试探性功能。如果将第二种功能称为"抛砖引玉"的话，那么这一种功能就可被称为"投石问路"。评价的表达在此主要是试探他人对自己评价的反应，通过这一试探来预测评价付诸行动时可能产生的效果。这种功能与第二种功能虽略有差别，但最为接近。它属于价值创造的一种预先模拟性试验，这也是寻求评价信息反馈的一种方式。这种试探性评价表达常用的两种形式：一种是"欲擒故纵"，即评价者表达一个与自己所想相反的评价，试探人们对此的反应，如果他人群起而攻之，那么评价者就不仅验证了自己藏而未露的真实评价，也将他人的注意力引向自己所期望的方面；另一种是"直截了当"，即评价者所抛出的评价正是自己所作的评价，以此来试探他人的反应。

四是导向性功能，即评价者通过评价表达，欲对他人的行为产生影响，诱导或引导他人按照评价表达的目的行动。这一功能是评价表达中最为常见的功能，也可以说是评价表达最为重要的功能。人类行为中较为普遍的一个特点，是人们更经常地重复得到赞赏的行为，更经常地避免受到批评的行为，行为的结果对行为重复性的激励和抑制作用是最为明显的，因此，评价者有可能利用评价表达对他人的行为进行肯定或否定，从而调节和控制他人的行为。在儿童社会化的过程中，家长、教师和他周围的其他人就是经常采取这种方式来使儿童接受和认同他们所接受和认同的规范的，使儿童按照他们所期望的方式来规范自己的行为。即使对于青年人、成年人、老年人，这种方式仍然经常被使用，而且颇为有效。

这种方式的一种变形就是表达对欲影响者行为有关的行为的态度，从而影响该人的行为。从表面上看，这是对另外一件事进行评价，如对另外一个人做的同样的事或类似的事的评论，或对与这个人所做的这件事具有因果联系、相关关系的事或人进行评论，而实际上是为了对该人该种行为产生影响，这可谓旁敲侧击。因为评价表达具有这一功能，而且人们常常受到这种评价表达的影响，所以人们就会对这类评价产生条件反射，只要一遇到这种情况，便会认为这是对自己或自己行为的含沙射影式的评价。我们经常可以从社交礼仪、交际技巧之类的书中读到这样的告诫："不要在女性面前赞扬其他女性"，这常常是用来告诫男性的，其实对女性也适用，女性在女性面前赞扬其他女性所引起的反感可能会比男性当着女性赞扬其他女性所引起的反感小，但也不是明智之举。"别当着矬子说矮话"也是这个道理。人们对诸如此类的评价所形成的这种条件反射，并不是没有缘由的。因为在社会交往活动中，许多评价都是为了让人形成这种条件反射，以使评价的导向功能能够奏效，如果个人对这类评价无动于衷，那么这种方式的评价的导向功能就失效了。因此可以说这种条件反射是在社会交往中形成的，并在社会交往中被强化了。当它被强化，被定型之后，它就不仅仅对某一特定的评价作出如此的反应，还对某一类的评价皆作出此类反应。老师表扬张三，是为了激励张三同学，批评李四是为了告诫李四同学，那么，当着一个女性说另一个女性如何优秀，会被认为是什么呢？当然这不会被认为是与己无关的。心怀宽广些的女性会认为，"这是让我向她学习"，而一般人则会认为，"这是间接地说我不行"。其实不仅女性如此，男性也不例外。如果一个女性当着男性，尤其是一个妻子或恋人当着丈夫或恋人说其他男性如何好，此时男性的反应与女性的反应基本上没有什么区别。反过来，一个男性当着一个女性说其他女性如何不好，一个女性当着一个男性说其他男性如何不好，则往往会使听者以为是在间接地表扬自己。由此可见，人类生活中真是充满了二律背反，你既不能让他没有这种心理反射，又不能让他有这种心理反射。这种心理反射一旦形成，就难以尽如人意了。评价表达常常是为了一定目的而进行的，在进行了评价表达后，想叫人以为这只不过是随便说说而已，是很困难的，可以说几乎是不可能的。既然如此，进行评价表达时，还是有意识地策划一下，以避免这种误解更为有益。

评价表达的导向功能还表现在宣传媒介所经常使用的舆论导向上。宣传媒介通过把宣传者所主张的观点、信念、态度、评价等，以一种仿佛是获得普遍赞同、代表大众意志的形象传播给听众，以引导（或诱导）听众的言论，这就是人们常常听到的所谓舆论导向。宣传者通过引导大众舆论来引导大众行为。影响人们生活的有各种各样的舆论，最为普遍的是政治舆论、经济舆论和文化舆论。[①] 政治舆论是与人的政治生活、政治行为有关的评价表达，它表达的是一个国家的政治立场，一个政府对一事件的态度，宣传的是执政党的各种主张等，以此来引导人们的政治态度和政治行为。比如，我们在新闻中常常听到"我国政府强烈谴责……""我国外交部发言人强调……"等，这些都是政治舆论的表现形式，它对人们的行为，往往具有强烈的影响力。经济舆论是与人们的经济生活有关的评价表达，它宣传的是一个国家的经济政策，倡导的是人们的一种经济行为。与此相似的是企业的广告，这也是经济舆论的一种形式，它是为了引导消费者的购买行为。文化舆论是与人的狭义的文化生活，如艺术欣赏等有关的评价表达，这一宣传是为了倡导和培养在宣传者看来值得倡导和培养的艺术欣赏能力和水平，或一种生活情调等，这其中的导向功能也是十分明显的。与此类似的就是政治生活中的舆论监督。舆论监督必须借助宣传媒介，借助大众传播媒介才能更为有效。如果这种监督完全不能通过大众传播媒介来实现，那么它就有可能有其名而无其实。再如，道德生活中的舆论监督与导向也是评价表达实现其

---

① 杨张乔：《声张自我的艺术——舆论社会学》，33~42页，北京，中国国际广播出版社，1988。

导向功能的一种方式。

在大众传播媒介对人类生活的影响越来越广泛、越来越强烈的现代化社会里,评价表达的这种导向功能日益明显。不仅人们的政治生活、道德生活受到大众传媒的引导,而且人们的日常生活的方方面面都在不知不觉地受到传媒所表达的评价的影响。读书人最常受到的影响之一就是书评。萧乾曾在论及书评时,引用过都伏思(R. I. Duffus)在美国所作的一个调查结果:

媒介	人数
1. 书评	3454
2. 广告	2460
3. 友人介绍	1219
4. 作者声望	604
5. 书店陈列	420
6. 对问题有兴趣	409
7. 书店推荐	383
8. 馈赠	270
9. 讲演中听到	230
10. 书名吸引人	199
11. 书皮吸引人	191
12. 书店中翻阅	180
13. 权威介绍	161
14. 函邮目录	156
15. 教授介绍	64

16. 风行一时　　　　　　　56

萧乾由此得出结论：书评是现代文化界的一种新势力。[①]

在都伏思的这个调查表中，不仅书评一项表明了人们受评价表达的影响，而且，第3项，第9项，第13项，第15项，也明显是影响人们的评价表达的形式。由此看来，在读书界，评价表达的导向功能是十分显著的。杨涛在《美国书评概况》一文中写道：在美国无论是学术界、出版界还是图书馆学界，都很重视书评。学术界把书评视为活跃学术环境，促进学术发展的重要手段；出版界利用书评来降低图书滞销率；图书馆界通过书评在浩如烟海的文献中选购到符合本馆特征和读者需要的图书。此外，书评对于指导个人治学也有重要的作用。[②] 因为书评的一个重要作用就是建立学术规范，引导者通过书评，使读者有可能分辨良莠。

我们生活在一个被他人的评价表达包围的世界中，生活在一个通过评价表达来了解他人的世界中，生活在一个通过评价表达让他人了解我们的世界中，因此，我们必须对评价表达有明确的认识和深刻的反思：我们自己所作的评价表达和左右着我们的评价表达究竟是什么？左右着评价表达的究竟是什么？

(二)评价表达的折射

如前所说，评价表达是一种经过策划的评价结果的外显方式。那么

---

① 萧乾等：《书评面面观》，7~8页，北京，人民日报出版社，1989。

② 转引自中国图书评论学会：《书评的学问》，420页，沈阳，辽宁人民出版社，1991。

这种策划都受到哪些因素的影响呢？换言之，所表达出来的评价实际上是哪些东西的混合物呢？当然，一种评价表达的形成原因是极其复杂的，但是我们仍有可能把握其中较为明显、较为稳定的几种，以揭开评价表达的奥秘。

1. 功利折射

评价表达的目的本身就是功利性的，因此，在评价表达中，功利因素的干扰是最为直接和明显的，也是最为普遍的。这里所说的功利折射只是功利性表现格外明显的几种特殊类型的功利折射。功利折射的特点是评价表达者对自己所进行的评价表达中所蕴含的功利因素本身有明确的自我意识，因此受到这种折射的评价表达的表演性最强，这种评价表达可称为精心策划的评价表达。

在现实中，评价表达的功利折射大致有以下几种情形。第一种情形是自我显示型评价表达。这类评价表达的目的是赢得别人的赞同，树立自己的高大形象。常见的有，为了显示自己才学过人、出类拔萃，将他人的作品批得一无是处。萧乾在谈到书评与做人时曾举一例，说有一位勤奋的书评家竟为"共 97 页不到 3 万字的译文"的一本书写了一篇"达万余言的评文。举例已到第 95 页，即文中误印之字也一个不放松"。还口口声声说，"若把不妥的地方一一指出来，那就断非本文容纳得下的了"。萧乾说，"这样的凶狠狡谲，去做屠户放印子实在比写书评更适当"。① 除此之外，还有为了显示自己超凡脱俗、趣味高雅而不惜掩盖自己的真实趣味，明明听不懂交响乐，偏要用专业术语来评说交响乐的

①　萧乾等：《书评面面观》，26 页，北京，人民日报出版社，1989。

"穿透力""感染力";明明喜欢流行音乐,却把流行音乐说得一文不值,大有不与之划清界限誓不罢休的架势,仿佛喜欢流行音乐便是俗不可耐了,与之划清界限就能超凡越圣了。还有的,是为了显示自己铁面无私、刚正不阿,而对别人理解不足、指责有余,尤其是对那些不能对自己形成危害的人的错误、缺点毫不留情,批得淋漓尽致,而对那些对自己有用之人则往往竭尽阿谀奉承之能事。诸如此类,不计其数。这是一种过分地显示自己而造成的人格扭曲,为功利所惑的扭曲。判定一种评价表达究竟是不是受到这种功利折射,不仅要知道表达者这次说了什么,还要知道他以往说了什么;不仅要知道他对此说了什么,还要知道他对彼说了什么,以及它们之间的异同和原因。

功利折射的第二种情形是为了逢迎他人而作出的评价表达,这往往表现在下属对上级或受支配的人对支配者的情形中。这种类型是评价表达者为了博得上级的欢心,为了自己的提升等主动地背离自己的真实评价而称赞上级、溢美上级的一种评价表达。对此可称为"逢迎式"评价表达。

功利折射的第三种情形是评价表达者为了躲避报复而采用的违心的评价表达,这是一种被动式的,不敢不为之的扭曲型的评价表达,可称为"畏惧式"评价表达。这在不民主的社会里,在强权政治下,表现得格外充分。

功利折射的第四种情形是为了保持或获得良好的人际关系而进行的评价表达。这既不同于"逢迎式",也不同于"畏惧式",而是一种"友好式""自愿式"的评价表达,但这种友好式,有时是丧失原则的。平级之间为了友好相处,需要交流彼此的评价,交流对对方的评价和对其他客体的评价,而且在这种交流中应该以善良之心待人,不应该在非原则问题上斤斤计较、无限上纲，应该宽容，在评价表达时应该考虑到他人的自尊心等因素。因为良好的人际关系是社会交往中的一种财富。这样做既是为了功利，也是为了情感。但这种"友好式"评价表达如果丧失了原则，就会产生负面价值。可以选择婉转的方式和适当的场合等表达对同事、朋友的否定性评价，但不能为了友好而指鹿为马，混淆是非。

功利折射的第五种情形是为了支配他人的行为而进行的评价表达，此类可称为"支配型"评价表达。评价表达具有导向功能，但对于评价表达者来说，并不一定在进行评价表达时，都具有支配他人行为的意愿、企图、目的，而支配型则是有着明确的支配意识的评价表达。为了让他人做某事而称赞、鼓励他人，或采取激将的方式，强化他人符合自己的心愿、目的的行为；为了防止或制止他人做某种违背自己意愿、损害自己利益的事而采取否定性评价，向他人展示一个负面价值世界的可怖图景等，是这种类型的典型表现。可以说，在功利性折射中，这种类型是最为普遍、最为常见的，是功利折射中的主要类型。

总而言之，在评价表达中，表达者不可避免地会受到功利因素的干扰，难以达到完全摆脱功利的境界。只不过有时这种功利干扰是正常和必要的，有时则是一种人格的扭曲。

2. 情感折射

评价表达是一种有意识、有目的的社会交往活动，但这并不意味着对于渗入评价表达过程的所有因素，评价表达者都是有意识、有目的的。在渗入评价表达的诸因素中，功利因素是人们自我意识最强的一种。情感作为影响评价表达的一种因素，对于评价表达者而言，既有处于自我意识层面的，也有处于无意识或下意识层面的。未被意识到的情感对评价表达的影响，就如同情感对评价的影响，它们在机制、功能上是一致的，在此恕不赘述，对此我们只给它封个名号，称其为"为情所惑型"情感折射。下面，主要讨论的是评价表达者碍于情感，在评价表达中闪烁其词，使所表达出来的评价与真正所作的评价之间产生背离的评价表达。对这一种情感折射，我们可称为"为情所迫型"的情感折射。"为情所惑"不一定发生在社会成员的信息交流、交换中，而"为情所迫"却一定发生在社会成员的交往之中，因此，"为情所迫"是评价表达的一种类型。它与功利折射中的"友好型"较为接近，但在实际评价表达过程中，它们有细微的区别，即"关系良好"不一定是情感所致，其中功利的成分或许远远多于情感。比如，在现代社会，常常会有选举、民意测验之类的活动，欲保持或争取良好的人际关系的人，难免会受到与这种活动有关的功利因素的影响。在商品社会里，卖主向买主微笑，更为重要的原因是功利的，而不是情感的，这是向"货币"的微笑，而不是向"人"的微笑。那么在民主社会里，为了保持或争取良好的关系，有可能存在一种向选票的微笑，一种因功利所致的微笑。而"为情所迫型"则是情感成分更重的情感表达，主要是由情感因素导致的一种评价表达。

"为情所迫型"评价表达在现实中，可谓形形色色，仅以下列几种情形为例。第一种可称为"酸葡萄心理"作祟的评价表达，即由于得不到某物，而故意说某物是无价值的。其实评价表达者对某物评价甚高，一直在渴望该物，如果有可能得到该物，那么他会不顾一切地去追求，如果一旦获得该物，那么他便会十分欣喜。但在没有可能获得该物，或没获得该物时，他便说，获得该物是多么没有价值，想获得该物的人是多么未看透人世，等等，大有一副对该物嗤之以鼻的架势。显然，这种评价表达是不可信的，因为它表达的是受情感折射后的、变了形的评价。对此，最好的办法是反其言而听之。

第二种是"老好人心理"在作怪的评价表达。在人际交流中，对第三个人的好评，会被认为是对面前这个人的批评或影射，因此评价表达者有可能不敢在这个人面前表达出他对另一个人的真实评价，在一定要表示自己的看法时，评价表达者往往迫于这种情势而投听者所好，曲意逢迎，赞美之词藏于心中，贬损之语溢于言表。由于人际交往中与上述类似的心理反射定势，有时评价表达者会掩去真实的情感，而诉诸毫无情感色彩的事实陈述，而事实上这种似乎客观的事实陈述恰好是受到情感折射的评价表达。

第三种是"嫉贤妒能心理"操纵的评价表达。这种类型的评价表达者虽内心羡慕、承认他人所取得的成就，但在人际交往中对他人的所作所为百般挑剔，大张挞伐。当然，贬损越甚，说明其嫉妒越重；嫉妒越重，说明其内在评价越高。这时的评价表达与实际评价之间是背道而驰的。

3. 方式折射

关于评价表达方式对评价表达的折射，就评价表达者对所采用方式的自我意识程度分类的话，可分为评价表达者特意选择的方式所形成的评价折射和非特意选择的方式所形成的评价折射两种。前者，评价表达者的自我意识程度最高。任何手段都是为目的服务的，它本身不是目的。特意选择的评价表达方式，是评价表达者为某种目的而设置的。例如，由于情感的需要而选择温文尔雅的表达方式，或辛辣尖刻的表达方式；选择褒贬昭彰的表达方式，或言辞隐约的表达方式，等等。再如，由于功利的需要而选择深藏若虚、不露圭角的表达方式，或选择盛气凌人、恃才傲物的表达方式，等等。评价者非特意选择的方式，是受到评价者个人学识、文化修养、文化背景、个人性格、所受教育及评价表达者当时心情等多种因素制约的，是评价表达者非自觉的表达方式。无论评价表达的方式是不是评价表达者特意选择的，评价表达方式对于评价表达效果而言都起到了不可忽视的作用。评价表达是经过这一方式的折射而表现出来的，评价表达的方式对于接受者来说，成为理解评价表达的一种途径，或一道屏障。

评价表达方式的选择是一种艺术，要使这种方式有效地表达出评价表达者的用意，这不仅取决于评价表达者的用意本身，而且还取决于评价表达者的知识与才能，取决于评价表达者对一般人性的了解和对接受者个性的了解，及对评价场合、气氛的把握，等等。无疑所有的人都期望自己的表达是恰如其分的，是可以达到目的的，但常常心余力绌，难遂意愿。于是现代社会就有了许多教人表达技巧的书籍。然而，它在帮助人们解除烦恼的同时，也带来了另一种忧虑，即假面人的忧虑，各式各样的技巧使评价表达方式对评价表达的折射更为严重。虽然它使评价表达更合表达者的目的，但却使接受者更难把握评价表达者的真实心迹。当一个人在表达时，人们甚至无法确定这究竟是表达者的真实想法，还是一种公关技巧；当一个人微笑时，人们无法确定这种微笑是发自内心的情感，还是源于书本的指点。当爱被作为一种技巧时，假面的世界可谓无以复加了。在真实与如愿之间，人们总是顾此失彼。

4. 情境折射

情境不是独立起作用的，却可以激发人的情感，引导人的心理活动。这不仅对于评价本身是如此，对于评价表达也是如此。在评价表达中，发挥作用的主要不是评价表达当时的自然环境，而是其社会环境、人际环境。在形成评价时，情境对评价者的作用是潜移默化的，评价者在不知不觉中受到情境的影响。在评价表达时，有两种情形存在：一种是评价表达者"不知不觉"地跟着情境氛围走，被情境氛围牵着走；另一种是与功利折射、情感折射联系在一起的，评价表达者根据情境自觉地选择表达的内容与表达的方式。

在评价表达过程中，对评价表达者有较大影响的情境，主要有三种。一是政治情境，这是对评价表达者制约性最强的一种情境。在一种专制主义的政治背景中，人们的评价表达往往小心翼翼有余，真心实意不足，违背心愿，口是心非；而在一种开明的、民主的政治氛围中，人们则能够畅所欲言，直抒胸臆。二是文化情境。这种情境的作用，既带有强迫性的一面，又带有非强迫性的一面。因为每种文化中都有许多禁忌，这些禁忌就形成了对评价表达的强迫性约束。如果评价表达者无视这种禁忌，就将受到惩罚。同时，每种文化都有自己的习俗，这些习俗对评价表达者来说具有非强迫性约束，如果遵循了这些习俗，他便会得到奖赏，而违背了这些习俗，他往往也不会受到惩罚。禁忌的约束是强迫性的，而习俗的约束是非强迫性的。但无论是强迫性的还是非强迫性的，是惩罚还是奖赏，这些文化情境都会诱使评价表达者"入乡随俗"。因此，评价表达实际上是受到文化情境制约的。三是狭义的人际情境，即评价表达时的人际关系环境。以人们之间的情感距离为标准，可分为亲密人际情境和疏远人际情境。在亲密人际情境中，评价表达者往往心情轻松自如，多直言不讳；而在疏远人际情境中，评价表达者常常表现出两种情形。同样是疏远人际情境，但可根据对评价表达者的束缚关系分为制约型和非制约型两种，在短期交往的疏远人际情境中，即在非制约型人际情境中，例如在火车上等，在政治氛围不那么紧张的情况下，评价表达者的表达往往是信口开河的。而在制约型疏远人际情境中，评价表达者会出现谨小慎微、隐约其词的情形。在现实人际情境中，还有一种特例，就是人际关系对立的情境，在这种情境中，假如对立的双方都不具有明显的权势，那么评价表达者就极可能产生逆反心理。凡是对方反对的，这方必唱赞歌，而凡是对方拥护的，这方必置贬词。其实两者有可能在私下对这一事物的评价是一致的，但一遇到对方，对立情绪就爆发出来，因此，这时的评价表达往往是背离真实评价的。

情境对评价表达的折射，除了显在情境，即在评价表达时现实存在的情境对评价表达有影响之外，潜在的情境，即评价表达者在表达时所假设的听众对评价表达的影响也是十分重要的。人们在进行评价表达时，往往会进入一种假设的、看不见的、与他人对话的情境之中，而所假设的这些听众的观点、个性特征与评价表达者的关系等，会成为评价表达的潜在情境。当一个人远离他人而用书面语言表达自己的评价时，这种潜在情境的作用就是十分直接、十分明显的。所以，这种评价表达仍然是在社会情境中的、在主体间交互作用中的评价表达。

除上述几种评价表达的折射外，评价表达还受到评价表达者个性心理特征、价值观念等各种因素的折射。凡是影响评价的心理因素，都有可能使评价表达受到折射。因此，可以说，评价表达是在多种复杂因素的相互制约中的关于评价结果的有意识、有目的的表述，所表述出来的评价与实际作出的评价之间，因受到诸多因素的干扰而不可能是完全一致的，有可能是完全不一致的。而我们所接收的环绕着我们、影响着我们的正是这种受到干扰的评价。

(三)评价表达的形式

评价表达的形式最常见的有三种。第一种形式是语言表达，这种表达包括口头语言表达和书面语言表达两种。评价语言表达并没有特定的句式，无论是陈述句还是感叹句，无论是描述性语言还是评价性语言，皆可表达评价。有时陈述性语言所表达的评价信息效果更强，这是因为人们的接受屏幕是一个带有价值观念的有色接受屏幕，无色描述进入这个屏幕后，就会变成一个价值判断。例如，一个城市人完全像一个农村人，这一定不会被认为是一种描述，而会被认为是一种贬损性评价。事实描述性的评价表达之所以效果更强，是因为接收者对评价性语言的劝说性、诱导性往往存有戒意，而对事实描述则放松警惕，以为陈述者此时是价值中立的，就更容易受这种伪装过的价值判断的诱导。与书面语言相比，口头语言的表达直接传播的范围较小，仅限于人际交往的小范围，但它间接传播的可能性却较大，而且传播中的噪声也颇为严重。因为评价表达所受到的制约因素非常复杂，而且每一种评价表达都与一个特定情境中的语言网络密切相关，书面语言是处于上下文之中的，而口头传播往往是断章取义的，所以，当将口头语言表达与它的背景割裂开来时，其评价的真实含义就会更加扑朔迷离。再加上传播过程中，传播者的心理状态又使这种本来就难以把握的评价表达附加了许多它本身所不具有的东西，因此，经过间接传播后的口头语言评价表达，很可能已面目全非。在人际交往中，口头语言评价表达的传播所造成的不满与猜疑等负面结果屡见不鲜，把握它复杂的成因，或许能使我们不为流言所惑。与口头语言表达相比，书面语言表达直接传播的可能性较大，传播过程中的噪声较小，尽管也会受到接收者心理因素的干扰，但传播者心理因素的干扰则少了许多，不过这种干扰并不是完全不存在的。因为书面语言评价表达，所通过的媒介包括大众传播媒介，而大众传播媒介持有者的复杂背景和传播的方式、场合等都会使这一传播附带许多评价表达原来不具有的含义。例如，对一本书的评价，本来也许与一次政治活动毫不相干，但被发表的场合、上下文、方式等都会使其带有新的信息，人们所接收的评价便成了再次受到折射的评价。一篇书评被登在《人民日报》头版头条，人们就不会把它仅仅看成是一篇书评；一篇评论被置于几篇具有反对性意见的评论之中，其传播的信息远远超过了评论本身。社会之复杂，评价表达之复杂，常常使人有镜中观花、水中望月之感，似真似假，虚幻难辨。

评价表达的第二种形式是行为。表示抗议或表示拥戴的游行等，属于这种表达中较显著的形式。在人际交往过程中，行为表达也是一种非常常见的表达形式。不过，游行是附带语言的，所以，游行是一种语言表达与行为表达结合为一体的评价表达方式，如果游行者既没有标语又不喊口号，那么他们究竟为了什么而游行，就让人很难理解了。在大多数人际交往中，在进行行为表达评价时，常常是不伴随语言信息的，因此，它所表达的含义歧义性很大，即便在非常熟悉、亲密的人之间，彼此对对方的有些行为也会有不知其真意的感觉。大卫·休谟认为："言语上的一种过错比行动上的一种过错往往更为公开、更为明确，因为行为允许有许多掩饰的借口，关于行为者的意向和看法并不能那样清楚地加以决定。"①在人际交往中，在同一文化层次上，通常女性比男性更重视语言表达。尽管对于接受行为的人而言，行为的含义模糊朦胧，但行为往往比语言更接近评价本身。因为它具有表达的模糊性，所以表达者可以较少顾及评价表达中的复杂关系，因而行为表达评价的真实性更大。相反，由于语言表达的透明度较高，表达者在表达时往往颇费心思，恐有失误，因此，它所受到的各类折射也就更为严重，与评价之间背离的可能性也就更大，其可信度降低。由此可见，易把握的，不一定易真正把握；不易把握的，倒可能把握真谛。

评价表达的第三种形式是形象。在现代汉语中，"形象"有两种含义：一是指能引起人的思想或情感活动的具体形状或姿态；二是指文艺作品中创造出来的生动具体的、激发人们思想感情的生活图景，通常指文学作品中人物的精神面貌和性格特征。人的动作、表情、神色及语言语调等，都可以被看作活生生的形象的有机组成部分。因此，可以说，形象表达是更具综合性的一种评价表达形式。这种表达形式，在人际交往中是非常重要的，它已引起了众多学者的关注。形象所表达的评价更具感染力和影响力。今天，各种媒介屏幕上丰富多彩的形象，向人们传达着包含评价在内的诸多信息，这种信息传播面之广，影响力之大，是其他大众传媒无法比拟的。

人类的评价表达是一个万花筒，其中有看不尽的风景。本部分内容并未奢望展示评价表达的全貌，或许它唯一的作用就在于让人拿起这只"万花筒"。

---

① ［英］休谟：《人性论》，176 页，北京，商务印书馆，1980。

第六章

评价的合理性

评价的合理性理论，是对评价的一种规范性研究。它不是描述人们实际所进行的评价是怎么样的，而是从价值论和认识论的高度探讨评价应该是怎么样的。或言之，什么样的评价才是合理的。合理是这样一种价值言辞：它提出奉劝，说明这种奉劝的理由，规定这种奉劝的使用范围。研究评价的合理性问题，也就是研究我们依据什么理由说一种评价是合理的，而另一种评价是不合理的，怎样才能达到合理的评价。

评价的合理性问题分为两个基本的层面。

第一个层面是对现实生活中，在基本价值前提确定的条件下，关于各类具体的评价活动合理性的研究。如对社会领域教育评价合理性的研究，对学术评价合理性的研究，对人才评价合理性的研究，对道德评价合理性的研究，对各项决策中方案评价合理性的研究，以及对个体生活领域各类评价合理性的研究等。在这一层面，有两个基本的层次：其一是哲学研究的层次，即对各类评价的合理性方法论原则的探讨；其二是社会科学研究的层次，即对达到合理评价之具体操作方式和方法的探讨。

第二个层面是对评价合理性问题的可能性、有效性、有限性的研究，这属于评价合理性理论的元层次的研究。这是价值论研究的主要领域，同时也是使价值论者最为困惑的领域。我们的研究将从这里开始，并主要讨论这一层面的问题。

一、评价合理性的悖谬

(一)对评价合理性的质问

评价的合理性理论，首先遇到的是对其存在权利的严峻挑战。评价究竟有没有合理性可言，这既是评价合理性问题的理论前提，又是评价合理性问题的研究结果。从逻辑上说，人们首先应确定评价是有合理性可言的，才能进一步研究评价的合理性是怎样的。但就研究这一问题的实际过程而言，人们是在具体地研究了科学评价、道德评价、审美评价的合理性之后，才开始怀疑评价的合理性。也就是说，当人们得出关于评价合理性的种种结论之后，却发现所得出的种种结论都不能使人满意，于是人们开始怀疑这一研究是不是从一开始就南辕北辙了，实际评价根本无合理性可言。套用康德的话来说，评价的合理性问题本身是荒谬的。如果一个人问这个问题，而另一个人试图回答这个问题，那就好像是：一个人在公羊身上挤奶，另一个人捧着一个筛子在下面接奶。

美国哲学家 L. 劳丹说："20 世纪哲学最棘手的问题之一是合理性问题。"[①]合理性问题的核心，是回答我们是否有充分的理由去信仰我们所要信仰的，我们是否有充分的理由去做我们所要做的。[②] 20 世纪这一最棘手的问题是针对价值判断而言的。人们最大的疑惑在于：在一个与事实判断不同的价值判断的领域中，或在一个与认知不同的评价领域中，我们有没有充分的理由去证明我们所赖以作出评价的价值准则是合理的；我们有没有充分的理由去评判不同的价值准则，去评判不同的价值判断；我们有没有充分的理由去倡导一种观念、一种行为或去谴责一种观念、一种行为；在好与坏、合理与不合理之间，我们是否有充分的理由去作出区别，去进行评说。我们如果没有充分的理由，或者根本没有理由，那么不仅所有关于价值判断的研究是荒谬的，而且整个现实生活也是荒谬的；不仅过去所有的选择都是荒谬的，而且未来将进行的任何选择也都注定是荒谬的。

这一如此棘手的问题，来自这个变化如此之快、各种冲突如此明显而强烈的现实世界，来自哲学家认识的进步。正如 A. 塞森斯格所说："在政治和实际事务领域，20 世纪迄今一直是一个道德冲突和不确定的时代。和平、进步的理想，理性、礼仪的胜利，在许多方面遭到了非

---

① ［美］L. 劳丹：《进步及其问题——一种新的科学增长论》，116 页，北京，华夏出版社，1990。
② 同上书，118 页。

难，最后被席卷我们所有人的暴虐和恐怖主义、战争和革命的浪潮打得粉碎。"①现实世界发生了翻天覆地的变化，哲学思维也从独断主义中猛醒，从理性的独断主义、从单独研究认知的认识论的独断主义、从追求绝对真理的独断主义中猛醒。在 19 世纪到 20 世纪的转折点上，尼采所提出的重估一切价值，给西方哲学带来了战栗。严峻的现实导致了西方哲学与西方传统价值观点体系的强烈震荡。20 世纪进入了一个相对主义盛行的时代。在打破了传统的独断论的 20 世纪，哲学家们开始审问那曾经奉若神明的信仰体系，开始反思这一信仰的根基；开始追问我们所信仰的、我们所奉行的是不是有充分的理由。如果没有这样的审问，或许哲学还浑浑噩噩，当然也是平平静静、安安宁宁地把那些独断的理论当作颠扑不破的真理，而有了这样的审问，哲学是不是只能陷入理论与现实的双重荒谬？

(二)艾耶尔死谷

价值判断究竟有没有充分的理由？评价究竟有没有合理性可言？逻辑实证主义者、激进的情感主义的代表，A. J. 艾耶尔在他的《语言、真理与逻辑》一书中对此作出了坚决而明确的回答：没有。这不啻是给整个社会，给传统的信仰体系当头一棒。艾耶尔的回答凝聚了逻辑实证主义关于价值判断的情感主义之精华，使他以前的直觉主义哲学家关于价值判断合理性和真理性的论说显得那么苍白无力，而使他后来的各种流

---

① ［美］A. 塞森斯格：《价值与义务——经验主义伦理学理论的基础》，1 页，北京，中国人民大学出版社，1992。

派的哲学家要重新建立关于价值判断合理性的信念，都不得不从批判他的极端的情感主义开始。这就是我们选取艾耶尔理论作为评价合理性理论突破口的缘由，也就是我们将情感主义对伦理学和对价值判断合理性的诘难命名为艾耶尔死谷的缘由。

艾耶尔的这一回答，其锋芒所向是人类生活中最为神圣的领域——伦理道德领域。20世纪以前的伦理学家都坚信，他们能给人类一种绝对的道德准则，能给人类以道德指导，并坚信他们所提出的道德准则是具有客观普遍性的，是无可置疑的。而20世纪的伦理哲学家则从传统伦理学的根基上给了传统伦理学一个致命的打击。20世纪的"哲学家们越来越多地摆脱了那种企图给人以道德指导的尝试，对道德判断本身的性质作出一种批判性的评价"①。在这些批判性的评价中，以艾耶尔的观点为代表的情感主义理论对传统观念是最具威胁力的。

在艾耶尔看来，伦理概念只是一些虚妄的概念。一个伦理符号出现在一个命题中，对这个命题的事实内容并不增加什么。它只是表明说话者在说这句话时伴随有一定的情感。艾耶尔认为，之所以不可能发现一个标准去决定伦理判断的效准，这并不是因为像乔治·爱德华·摩尔在《伦理学原理》中所说的那样，伦理判断具有一种神秘的不依赖于通常感觉的"绝对的"效准，而是因为伦理判断根本就不具有任何客观的效准。艾耶尔认为，如果一个句子完全不作出任何陈述，那么要问这个句子是真还是假，显然是没有意义的。而道德判断的句子是没有作出任何陈述

---

① ［美］路德·宾克莱：《二十世纪伦理学》，序言，1页，石家庄，河北人民出版社，1988。

的，它们纯粹是情感的表达，因此就不能归入真与假的范畴之下。表达道德判断的句子是不可证实的，其理由与一声痛苦的叫喊或一个命令之不可证实相同——因为这些句子不表达真正的命题。只有表达经验陈述和逻辑陈述的命题才是真的，除此之外都是无意义的伪命题，这是逻辑实证主义关于真与假之分界的共同信念。艾耶尔是这样主张的，伯特兰·罗素是这样主张的①，鲁道夫·卡尔纳普也是这样主张的②。

　　同时，艾耶尔还指出，他所主张的学说并不蕴藏着这样的意思，即任何情感的存在是一个伦理判断的效准的充要条件。恰恰相反，他所主张的学说的含义是，认为伦理判断没有任何效准。直觉不是伦理判断的效准，情感不是伦理判断的效准，经验也不是伦理判断的效准，没有任何东西可以作为伦理判断的效准。我们没有，也不可能有任何一个效准去证明我们自己的信念体系是更优越的。同样我们没有，也不可能有任何一个效准去证明他人所不同于我们的信念体系是错误的（根本不可能将它置于错误这个指谓之下）。我们没有论证到的和不可能论证到的是这些道德的效准。因此，我们只能按照我们自己的情感，按照这种毫无充分理由的情感，去称赞或责备道德原则，别无他途。进而，艾耶尔指出，不仅在道德领域是如此，在美学领域也是如此。因为美学术语与伦理学术语是以同样的方式使用的，所以，美学和伦理学的情形完全一样，如果将客观效准归于美学判断，同样是没有任何意义的。不仅美学领域是如此，所有的价值领域都是如此。因此，艾耶尔直截了当地说，

---

① ［英］罗素：《宗教与科学》，123、130 页，北京，商务印书馆，1982。

② ［德］鲁道夫·卡尔纳普：《哲学和逻辑句法》，上海，上海人民出版社，1962。

我们在处理有别于事实问题的纯粹价值问题时，就会理屈词穷，论证无法进行。我们最后只得乞助于谩骂。①

艾耶尔的理论给他自己带来了一连串的谩骂。马丁·德·阿西写道："它（艾耶尔的著作）以终极智慧为理由，断送了宗教、伦理学、美学，断送了自我、个人、自由意志、责任和一切有价值的东西。我感谢艾耶尔先生，因为他向我们表明了，在整个世界大难临头的时候，现代哲学如何能够仍然谈笑风生，卖弄聪明。"②C. E. M. 乔德以同样激烈的口吻谴责艾耶尔的理论给人类的信念所带来的灾难："毫无根据地推崇善良而贬斥残酷——一个人偏爱前者就如同更喜欢芦笋而不是洋蓟——也无合理的理由反对纳粹政治理论或使这些理论付诸实施的恐怖的集中营。"③塞森斯格同样带有强烈情感，写道："在艾耶尔的书中，伦理学理论作为哲学探讨的一个合法领域被埋葬掉了。""在艾耶尔情感理论的激烈陈述因其内容丑恶可耻而赢得名声之后，对于那些接受这种观点的劝告而放弃伦理学或者开始证明情感理论的合理性的哲学家来说，没有任何东西剩下来。在 20 世纪的道德哲学中，这条路线后来的历史是不断地使伦理学恢复为哲学分析和研究的一个恰当领域的历史。"④而这一

---

① ［英］A. J. 艾耶尔：《语言、真理与逻辑》，116～130 页，上海，上海译文出版社，1981。

② 转引自［美］查尔斯·L. 斯蒂文森：《伦理学与语言》，301 页，北京，中国社会科学出版社，1991。

③ 转引自［美］路德·宾克莱：《二十世纪伦理学》，87 页，石家庄，河北人民出版社，1988。

④ ［美］A. 塞森斯格：《价值与义务——经验主义伦理学理论的基础》，3～4 页，北京，中国人民大学出版社，1992。

恢复，未能从根本上使遭受艾耶尔沉重打击的道德判断领域起死回生。

　　咒骂艾耶尔的不应当仅仅是伦理学家。艾耶尔的观点对传统美学的打击也是致命的。传统美学的价值标准被作为审视检验的对象，它们的根基被否定。被一代又一代的美学家接受、修正、补充，几乎从未质疑过的美学标准被艾耶尔的理论击得粉碎。M. 李普曼在《当代美学》的引论中写道，"在探究如何评价艺术品之前，最好先提出这样的问题：我们究竟有没有评价它们的需要或必要？换言之，评价应以什么为价值标准？我们似乎站在一个没有尽头的倒退的起点上踌躇不前；怀疑论者、相对论者、实证论者以及其他形形色色的人争相对艺术品的评价表示怀疑，这种情况人们已经司空见惯了"①。

　　咒骂艾耶尔的也不应当仅仅是美学家。在科学哲学领域，什么是科学成了困扰科学哲学家的一个问题，有没有分辨科学与伪科学、分辨好的科学理论与不好的科学理论的客观标准，这些都成了问题。科学哲学家 L. 劳丹正是从科学哲学家众说纷纭中感到合理性问题是 20 世纪最棘手的问题之一。当然，导致这一后果的，所要被咒骂的，不仅仅是艾耶尔，但注定有艾耶尔。如果仅仅是咒骂，就恰好论证了艾耶尔的观点。有没有可能逃出艾耶尔所设置的这一价值判断无合理性可言的死亡之谷呢？

_____

　　① ［美］M. 李普曼：《当代美学》，458 页，北京，光明日报出版社，1986。

二、解除死亡的魔咒

艾耶尔所提出的问题，以最强烈的方式引发了 20 世纪哲学家走出评价合理性悖谬的尝试；以最激进的措辞，暴露了 20 世纪价值论在评价合理性问题上的困惑。这一困惑是对人类最基本的或非派生的价值判断合理性的困惑，而不是对非基本的或所派生的价值判断合理性的困惑。后者可以从前者那里得到证明，而前者如果是没有理由的，整个大厦的根基就是悬浮的。只有哲学家才会对人类生活做这种寻根问底的反思，才会有这种终极的困惑。常人的困惑是在非基本的派生的价值判断如何合目的的层面的困惑，而不是在终极层面的困惑。常人的困惑，对于哲学家来说，是易解之惑，而哲学家自己的困惑却是难解之惑，甚至有可能是无解之惑。艾耶尔的诘难，浓缩了哲学的困惑。要解这难解之惑，要逃出艾耶尔死亡之谷，就必须解除导致艾耶尔荒谬结论的魔咒。

莱斯利·史蒂文森说："整个价值判断的客观问题在道德哲学中是根本性的，因而也是不断争论的主题。"① 莱斯利·史蒂文森所说的"客观"，实际上与我们所说的合理是同义的，它所表达的就是人们对价值判断合理性的追求。在价值判断有无合理性可言这个主题下，人们讨论着三个主要问题：一是在价值判断中，有没有一种像在事实判断中那样不依赖于我们意识而存在的客观的性质和内容；二是人类社会有没有公认的、一致的价值标准；三是我们有没有合理的方法以解决价值判断的争议。② 艾

---

① [英]莱斯利·史蒂文森：《人性七论》，48 页，北京，商务印书馆，1994。
② [美]路德·宾克莱：《二十世纪伦理学》，217～219 页，石家庄，河北人民出版社，1988。

耶尔的理论实际上是对这三个问题所作的否定性回答。构成艾耶尔荒谬结论的魔咒有以下三道。第一道魔咒：价值判断除了表达情感之外，并未陈述任何其他内容。第二道魔咒：价值判断无真假可言。第三道魔咒：并不存在客观的、人类社会所公认的、一致的价值标准，无论是对事物的判断，还是对价值判断的判断，都没有任何客观的效准。要解除这三道魔咒，必须解除环绕着价值判断的四种疑惑。

（一）价值判断与事实判断之惑

20 世纪关于价值判断的种种争论和围绕着价值判断的种种困惑，都是由发现价值判断与事实判断的区别开始的。而这一发现应归功于大卫·休谟。18 世纪 30 年代，休谟在《人性论》中，写下了对 20 世纪哲学产生深刻影响的这段名言："在我所遇到的每一个道德学体系中，我一向注意到，作者在一个时期中是照平常的推理方式进行的，确定了上帝的存在，或是对人事作了一番议论；可是突然之间，我却大吃一惊地发现，我所遇到的不再是命题中通常的'是'与'不是'等词，而是没有一个命题不是由一个'应该'或一个'不应该'联系起来的。这个变化虽是不知不觉的，却是有极其重大的关系的。这个应该或不应该既然表示一种新的关系或肯定，那么就必须加以论述和说明；同时对于这种似乎完全不可思议的事情，即这个新关系如何能由完全不同的另外一些关系推出来的，也应当举出理由加以说明。"①在此休谟并没有明确地说价值判断与事实判断究竟有什么区别，甚至也没有断言两者是水火不相容的，只是

---

① ［英］休谟：《人性论》，509～510 页，北京，商务印书馆，1980。引文有改动。

说出了两者是不同的，不能不加分析地、不加说明地转换命题。但是，在知识论占统治地位的哲学背景中，在实证主义思维方式占统治地位的背景中，休谟的这段名言，却被科学主义哲学家当作反对价值理论作为认识论的研究对象的重要理论依据。逻辑实证主义为追求认识的确定性而将价值判断逐出科学研究的宫殿；宗教为捍卫信仰的权威性而断言，价值问题是在科学范围之外的；人本主义者为捍卫人的尊严，捍卫人之区别于动物、人之区别于机器的尊严，同样断言价值问题是在科学范围之外的。在科学占据人类知识体系皇位时，任何知识都以能带上科学的花冠为荣耀，而以被驱逐出科学领域为耻辱。科学成了理性的代名词，价值等被逐出科学领域意味着是不值得研究的。而价值判断就因为与事实判断不同，被加上非理性的罪名而流离失所。

价值判断与事实判断是不同的，这一对于伦理学来说至关重要的判断一旦作出，就如同一朵本无意义的云，得到了一个解释，获得了一种形象，于是，人们就再也无法把这种形象抹去，再也看不到原来那朵自然而然的云了。传统伦理学感到有被驱赶出科学伊甸园的危机。无论是器重价值判断的，还是贬抑价值判断的，都在休谟的断言前，长跪不起。

在休谟之后，哲学家们为了论证价值理论的科学性，为了给价值理论在哲学的殿堂里找到一席之地，曾不懈地论证价值判断与事实判断是一致的，是一样的，但这似乎并无成效，而且似乎也不可能有成效。价值判断与事实判断就是不同的。在确定的范围内，它们的区别是确定的。在此，事实判断有它特定的含义，即指关于客体本身是什么的判断，而价值判断是指关于客体对主体的意义是什么，对主体意味着什么的判断。不能不允许把客体满足主体需要也称为事实，并将对这一事实的判断称为事实判断。但如果允许了这样，除了使本应能弄清的问题变得更混沌外，似乎我们并没有从中获得什么更多的结果。如果将后者（客体满足主体需要）也称为事实，那么它也是与前者（事实判断中的事实）不同的事实，于是关于这两者的判断还是不同的。与其作这种无效的努力，不如直面现实。

价值判断是评价活动的一种结果，是评价主体根据价值主体的需要，衡量价值客体是否满足价值主体的需要及在多大程度上满足价值主体的需要的一种判断。在价值判断中必然地包含两大类信息：第一类是关于价值客体本身的及它与其他相关客体之间关系的信息；第二类是关于价值主体需要的信息。这两者对于价值判断而言缺一不可。而事实判断仅仅包含第一类信息，即关于客体本身是什么和客体与其相关客体之间关系的信息。事实判断的形成过程，包含了作出这一判断的判断者的情感、追求、价值愿望，但这一判断的内容本身，并不包含关于形成这一判断之主体的需要的信息。如"水是由氢元素和氧元素构成的"，这是一个事实判断。从这一判断中，我们看不到主体的需要，尽管我们可以由此产生丰富的联想，包括与我们需要有关的联想，但这是由主体需要产生的联想，而不是它本身。

价值判断所揭示的是主体的需要与客体的性质、功能之间的关系，事实判断所揭示的是客体本身的性质和特点。这两者不是等同的。价值判断所对应的是主体与客体之间的一种价值关系，即客体与主体需要之间的关系，客体是否满足主体的需要；而事实判断所对应的是客体各要素与客体之间的关系。用传统认识论的语言说，它们的对象是不同的。

同一客体对于不同主体可能有多种价值关系，同一客体对同一主体也会有多种价值关系，这已成为不言而喻的了。

价值判断与事实判断的本质区别在于，价值判断中多了一种对于价值判断而言决定其质的因素：人的需要。这是价值判断之精灵。正是这个精灵，使价值判断与事实判断在确定的范围内，有了泾渭分明的区别；正是这个精灵，使价值判断有了事实判断所不具有的主体间的差异性，有了如此扑朔迷离的特征。毋庸置疑，价值判断与事实判断这两种有着质的区别的判断之间，有着密切的联系。在人类生活中，它们是相辅相成协同作用的。事实判断是价值判断的基础，是价值判断的手段。价值判断只有以事实判断为基础，才是有效的。离开了事实判断的价值判断是浮泛空幻的。但是，价值判断并不是直接从事实判断中推演出来的。如果不加入"人的需要"这个新的因素，仅从事实判断不可能推出价值判断。然而，人的需要是复杂的。"人"和"需要"这两个概念的内涵都是复杂的。人既可以指人类这个区别于其他存在的整体，也可以指各个历史阶段上各个社会阶层中的群体，还可以指组成这个群体的千万个体。"需要"这个概念也是复杂的，它指人的各种各样的需求与愿望。在需求与愿望中，有情感的、理性的；生理的、心理的；物质的、精神的；长久的、短暂的；等等。正是这千变万化的、纵横交错的、充满冲突和矛盾的人的需要，构成了价值判断的灵魂。正是这错综复杂的、不断变化的人的需要与同样错综复杂的、不断变化的客观事物组成了现实世界多姿多彩的价值关系图景。在这一图景中，认知图景中的那个浑然一体、并无差异、匿影藏形的"人"消逝了；作为一个整体而存在的人，被分解为不同的群体、不同的个体；人与人之间的差异被如此显著、如此无情地展示出来，凸显出来。原有的认知图式无法同化这截然不同的信息，面对这纵横交错、莫可名状的价值世界，人们感到由于丧失了普遍性、稳定性而带来的理性的失望。简单性、普遍性、稳定性是科学思维、知性思维追求的目标，而价值判断与此格格不入，因此在原有的认知图式未发生变革时，价值判断被排除在科学之外，被认为是不可能进行理性研究的，这并不是不可思议的。按照逻辑经验主义的否认一切形而上学问题的观点，将研究道德准则合理性的元伦理学排除在哲学之外，并不是不可思议的。但是，人类追求简单性、普遍性、稳定性的理论是为了满足人类复杂的需要。人类不应该因为手段而放弃目的，就如同不应该削足以适履。如果科学和理性仅将具有简单性、普遍性、稳定性的客体作为自己的研究对象，那么价值判断的确在科学和理性之外。但如果科学是人类的知识体系，那么无疑价值判断应该被纳入科学的范围，应该被纳入理性研究的范围。但无论如何，作为人类活动体系中如此重要的一种活动结果的价值判断，不能不作为哲学研究的对象。没有任何理由可以因为价值判断与事实判断不同就将其排除在哲学研究领域之外。

（二）"真"与"假"之惑

价值判断与事实判断是不同的，对此，我们与艾耶尔没有分歧。而在价值判断是否仅仅是情感的表达，是否无真假可言这一问题上，我们与艾耶尔分道扬镳。

和罗素、卡尔纳普等逻辑实证主义者一样，艾耶尔认为价值判断是无真假可言的，其理由是价值判断所表达的仅仅是人的情感。在艾耶尔看来，一个伦理符号出现在一个命题中，对这个命题的事实内容并不增加什么。例如，对某人说"你偷钱是错的"，比起只说"你偷钱"来，所增加的只是说话人的一定情感，除此之外并没有多陈述任何东西。当说某一行为是对或错时，所作的并不是任何事实的陈述，甚至不是关于自我心灵状态的陈述，而只是表达某些道德情操。在表达道德情操这一点上，是没有真假可言的。①

价值判断的确表达人们的情感，但是价值判断所表达的不仅仅是人的情感。如上所述，价值判断所揭示的是价值主体与价值客体之间的关系。价值关系同客体本身一样是客观存在的。它以已有、现有、将有三种时态客观地存在着，人们如何验证客体的客观性，就可以如何验证价值关系的客观性。价值判断是关于这一客观实在的价值关系的陈述，而不仅是情感的表达。价值判断所表达的是人们对价值关系的认识、预测，表达的是关于已有、现有、将有的价值世界的观念建构。因此，价值判断是有真假可言的。

那么究竟何谓真假？按照传统认识论中真理论的观点，所谓真有三种解释。一是符合论的解释。根据这种理论，一个信念或命题，当且仅当它"符合实在"时才是真的。二是融贯论的解释。根据这种理论，一个信念或命题，当且仅当它与其他（尽可能和它们中的大多数）信念或命题"相融贯"时才是真的。三是实用论的解释。根据这种理论，一个信念或

---

① ［英］A. J. 艾耶尔：《语言、真理与逻辑》，121～122 页，上海，上海译文出版社，1981。

命题，当且仅当它"有用"时才是真的。① 传统认识论中关于真与假的指谓，是以知识论、以对事物本身的认识为对象的。传统认识论没有把评价作为认识论的一种研究对象，因此，在关于真假的指谓中，就理所当然地不包含关于评价活动的结果即价值判断的真假。但是我们在讨论价值命题的真假时，可以借助传统认识论的理论，而且也只能借助这种理论，因为它是我们迄今为止唯一拥有的真假称谓。根据"符合论"的信念，一个价值判断当且仅当它符合所指谓的价值关系时，就是真的。依照"融合论"的信念，一个价值判断只要与这一价值观念体系中的大多数价值判断，以及最基本的价值判断在逻辑上是协调一致的，它就是真的。基于"实用论"的原则，一个价值判断，对人有用时，它就是真的。按照达德利·夏佩尔将这三种真理论合为一体的观点，一个价值判断只要既符合它指谓的价值关系，又与它所在体系中的其他价值判断逻辑融洽，并且对人是有用的，这个价值判断就是真的。② 在这里，除了"对人有用"这一标准是含混不清的，即不明确是对谁有益的之外，别的都是清晰的。按照上述标准来衡量，价值判断不可能是没有真假可言的。如"知识就是力量"这一判断，无论遵照以上哪一种原则，都不可能无法判断其真假。那么，艾耶尔为什么说价值判断无真假可言呢？

　　艾耶尔判断命题真假的依据是经验主义的，从逻辑上说，这种判断无论如何也离不开以上四种真理论。既然如此，艾耶尔是如何得出这个与我们相反的结论的呢？分析艾耶尔的论说，我们就会发现，原来艾耶

————————

　　① ［美］达德利·夏佩尔：《理由与求知——科学哲学研究文集》，导言，38～39页，上海，上海译文出版社，1990。

　　② 同上书，导言，38～39页。

尔关于价值判断无真假可言的推论，在逻辑上有一个很大的缺陷，即他把价值判断这个完整的命题割裂开来，仅抽出这一命题中的一部分作为整个价值命题。任何价值判断都包含对客体的信念和主体的态度两个方面的判断，而且这两个方面是有机统一的，其中任何一个方面都是这个有机整体中的一部分。因此，要辨别一个价值判断的真与假，就必须将这一价值判断作为一个完整的整体，而不能人为地将它割裂开来。对于艾耶尔所说的这个命题："你偷钱是错的"，它虽然可以被分析为两个部分，即"偷钱"这个事实和"错的"这个判断，但这两个部分是一个整体中的两个部分，这个整体揭示的是偷钱这一行为与社会秩序、他人利益之间的价值关系。对于一个完整的命题来说，如果把它分解割裂开来，它就失了原来的意义。例如地主说："农民运动糟得很。"对这个命题的理解，必须把价值主体（地主）、价值客体（农民运动）及两者的关系作为一个整体，否则"糟得很"就成了无本之木，失去了原来的意义了。一个完整的命题，所揭示的是一种客观的价值关系，所以根据符合论的观点，它的真假，可以根据它与所揭示的对象之间的关系来判定。而检验这一命题真假的标准，与检验我们对客体本身的认识即事实判断的真假的标准一样，都是实践。只不过，由于价值判断所涉及的问题大都是社会领域的问题，因而，检验方式要比对自然科学假设的检验更为复杂。但在根本上，两者是一致的。道德判断是关于一种行为与人们需要之间关系的判断，它所指谓的是客观的关系，因此不可能是没有真假之分的。只不过因为这种价值关系非常具体，它受价值主体、社会条件、情境条件多方面因素的制约，因此，在衡量道德判断真假时，我们必须注意到它特定的主体、特定的条件、特定的情境。

虽然艾耶尔所谓价值判断无真假可言，是以逻辑经验主义的经验实证原则为根据的，但是，他的这一断言是由于他将完整的价值判断割裂开来而造成的。艾耶尔的这一魔咒原来是虚张声势、不堪一击的。值得庆贺的主要不是发现了艾耶尔这一道魔咒的秘密，而是发现了评价合理性的一个奥秘，即仅仅将价值判断诉诸"真"与"假"无助于解决价值判断的合理性这一棘手的难题。即使价值判断有真假可言，也不能解决价值领域最关键的问题，并不能逃出艾耶尔死谷。因为价值领域最关键的问题是：对立的价值判断可能是同真的，相异的价值判断可能是同真的，而人们却需要在这同真的价值判断中作出判断，作出抉择。因此，问题的关键是这种抉择有无客观的、合理的，而且有效的，同时又是普效的标准。

(三)"客观性"之惑

与"客观性"相对应的"主观性"，是人们在日常生活中、哲学中、科学中最常用的术语，但是它在被使用时的含义却并不是十分清晰的。19世纪德国哲学家黑格尔曾列举过"客观性"的三个重要意义。黑格尔说："客观性一词实具有三个意义。第一为外在事物的意义，以示有别于只是主观的、意谓的或梦想的东西。第二为康德所确认的意义，指普遍性与必然性，以示有别于属于我们感觉的偶然、特殊和主观的东西。第三为刚才(黑格尔在此句上面所论述的——引者注)所提出的意义，客观性是指思想所把握的事物自身，以示有别于只是我们的思想，与事物的实质或事物的自身有区别的主观思想。"①

　　所谓对价值判断作出抉择的标准，实际上只能是一个更高层次上的价值判断。因此，这一标准的客观性，实际上就是价值判断的客观性。这似乎形成了一个埃舍尔怪圈。价值判断究竟是客观的还是主观的，一直是价值论争论的主题。而这一争论与价值判断真与假的争论是密切联系在一起的。引起这一争论的仍然是价值判断与事实判断的区别。如前所述，价值判断与事实判断的根本不同之处在于，价值判断中包含了价值主体的需要，而且是以价值主体的需要为核心的。之所以有对立的价值判断同真、相异的价值判断同真的可能，是因为价值判断中的主体需要不同，以此为核心构成的价值关系也不同。价值判断不可能离开主体的需要，不可能离开主体的意愿。从这一意义上说，它具有离不开人的需要的性质，如果愿意的话，可以称其为主观性。但是，价值判断并不都是意谓的、梦想的。从这一意义上说，价值判断是有客观性可言的。价值判断的客观性是认识的客观性。关于人的认识的客观性，有学者概括为：(1)认识内容与对象的相关性、一致性，(2)认识水平、形式的客观历史性，(3)认识对象、形式及水平对主体的客观制约性。② 这一假说中的(1)与符合论的"真"是一致的。它仅是真理符合论的另一种表述方式。而这一假说的(2)与(3)揭示的是所有认识，无论是认知还是评价，无论是正确的还是错误的，无论是这一价值判断还是那一价值判断，都具有的一种共同的特点。显然(2)与(3)无助于解决价值判断之间

---

　　① ［德］黑格尔：《小逻辑》，120 页，北京，商务印书馆，1980。
　　② 王宏维、汪信砚：《认知的两极性及其张力》，252 页，杭州，浙江科学技术出版社，1990。

的取舍。然而(1)对此也无能为力。如上所述，单纯地解决价值判断的真假问题，即价值判断是不是与价值事实相符合的问题，无助于解决同真的价值判断之间的取舍的合理性标准的问题。因此，按照这一界说，价值判断毫无疑问是客观的。但这仍然无法解决在两个同样具有这种客观性的价值判断之间作出取舍的难题。或言之，即使价值判断是客观的，即使抉择价值判断的标准是客观的，仍然不能根本解决价值判断合理性的难题。价值理论的相对主义恰恰是从这乘虚而入的。依艾耶尔所说，在这些对立的价值判断之间，我们如果有着不同的价值准则和价值观念，那么就只能按照我们自己的情感去称赞某一个而责备另一个。在称赞或责备时，我们其实是没有效准的。

既然如此，那么哲学家对价值判断合理性的解决为什么会求助于"客观性"呢？在求助于客观性时，他们想获得什么呢，是超人类的神目（God's eyes）吗？不。在价值判断的评判中不可能有神目，不可能有超越具体社会历史条件的，超越任何利益关系的全知全能至善的如神的人作出完全无利益之涉的评判。任何价值判断合理性的评判标准本身都是一个价值判断。自20世纪以来，无论是哲学家还是科学家都在逐渐抛弃神目论的观点。那么人们诉诸客观性所追求的究竟是什么呢？

人们追求评价的客观效准，实际上所追求的是不依每个人的喜好而转移的、具有社会普遍意义的效准。这是康德哲学意义上的客观效准。这一客观效准，指谓的是主体间的一致性。在传统认识论中，主体被假定为统一的、无差异的人。关于事实判断真理性的判定，人们之间的共同性远远超过差异性，因此差异性可忽略不计。人们相信对此可以达成一致的见解。所以，在衡量事实判断的真理性时，人们并不强调主体间的一致性，而强调主体与客体之间的一致性。但是关于价值判断的判定却并非如此。价值判断所凸显出来的是主体间的差异。从现象形态来看，价值判断的不同源于人们价值观念的不同、价值标准的不同。因此，在衡量价值判断时，仅诉诸主体与客体之间的一致性是无效的。迫不得已，人们只好诉诸主体间的一致性。那么，这能解决价值判断合理性的难题吗？能解决价值判断的冲突、在冲突的价值判断之间作出合理取舍之难题吗？

价值判断的冲突，主要源于两种可能。一是关于客体及其有关信息信念的冲突。解决这一冲突的办法，与解决事实判断的冲突的方法是类似的。在这种情况下，我们不是用我们的论证去表明，他对他已经正确了解其性质的情况有"错误的"伦理情感，我们企图表明的是他关于那个情况的事实的了解是有错误的。做这些论证，所期待的只是改变我们的反对者，使他同意我们关于经验事实的性质的看法，进而使他采取与我们同样的对待经验事实的道德态度。① 但是这种期望只有在他的道德观念与我们的道德观念一致时，才可能奏效。不然，我们只能澄清事实，而不能改变他对此事的态度。二是评价标准的冲突或价值观念的冲突。这种冲突是价值判断最根本、最本质的冲突。它的解决要比关于客体信息理解的冲突的解决困难得多。这不仅因为一个人的价值观念是在长期的社会化过程中，在一个人独特的社会经历中形成的，而且因为这一问题究竟有没有可能得到解决，尚未可知。照艾耶尔看来，这是不

① ［英］A.J. 艾耶尔：《语言、真理与逻辑》，116～130 页，上海，上海译文出版社，1981。

可能解决的，只能乞助于谩骂。我们在此所需要作出回答的不是如何使不同于我们的价值观念和评价标准与我们的一致，而是有没有理由要求一致的价值观念和评价标准？有没有必要要求一致的价值观念和评价标准？有没有可能要求一致的价值观念和评价标准？只有有必要且有可能的，才算有理由的；只有有理由的，我们才有必要讨论这个理由是什么。

(四)"一致性"之惑

评价是人类活动中同实践有紧密联系的一种活动。我们对评价的合理性问题的探索，不能离开它植根于其中的现实。各种评价在现实中的功能是不同的，因而人类对其合理性的要求也是不同的。要把握不同领域评价的合理性，首先需要从社会层面，从社会需要的角度，看人类社会实践活动对评价合理性的要求。关于评价应不应该有一致的标准和尺度，有没有一致的标准和尺度，我们需要进行分门别类地探讨。

1. 追求评价标准的一致性有无必要

有学者认为，随着历史的发展，到世界大同时，人们的评价标准就完全一致了。而我认为，如果不加分析地说到了世界大同时，人们的评价标准就是一致的了，那不仅是不实际的，而且假如是实际的，也是非常可怕的。假如真如此，那么人就变成了机器，而社会将由于毫无矛盾而成为死水一潭，从而失去了生命，失去了活力，失去了存在的价值。如果我们所追求的是那样的一个时代，与其不懈努力，不如就此放弃。现代人已经在做一件双重荒谬的事了：一方面力图将充满生机、充满活力、充满欲望的人变成冷血的，甚至是无血的，没有情感、没有欲望，却还保留理性的机器人（其实没有情感、没有欲望的人，也不需要理性。正如休谟所说，没有激情的理性等于一个没有臣民的国王）；另一方面，殚精竭虑、劳民伤财地要使本应是人的工具的机器变成有情感、有欲望，与现在的人一样有非理性的人。其结果除了人与机器换了一个位置外，未来世界不会有任何改变。人的世界不应该是千篇一律、千人一面的机器世界，我们为之奋斗的不应该是这样的世界，当然，我们也不希望我们的世界永远像今天这样有太多的荒谬。那么我们所期望的、所需要的究竟是什么呢？

"价值判断"只是对人类活动中以人的需要衡量客体意义的评价活动的结果的抽象和概括。在现实生活中，人们的价值判断是多种多样的。哲学家们曾对价值作过许许多多的分类，这些分类同时适合于价值判断。这多种多样的价值判断在人类生活中的功能是不一样的。对于功能各异的价值判断，我们不能笼统地说价值标准的一致是"有必要的"或"没必要的"，而必须具体分析。为了使讨论较为集中，下面将主要探讨价值哲学家所主要论及的三种性质的评价，即道德评价、审美评价和功利评价。

（1）道德评价

价值论的主要分支是道德哲学，即关于道德价值与道德准则的哲学。就价值学家经常论及的道德评价而言，在 20 世纪末这个价值冲突日益激烈、受相对主义浸染而造成的恶果已有所显露的时刻，大多数人都认为道德评价标准的一致是十分必要的。这从对艾耶尔哲学的咒骂和批判中可见一斑；从 20 世纪 80 年代末的一本由诺贝尔文学奖获得者索尔·贝娄作序的学术畅销书《走向封闭的美国精神》①中，也可见一斑。在这本被称为迷人的、启迪思索的著作中，作者艾伦·布鲁姆批判性地分析了以尼采、弗洛伊德、海德格尔为代表的相对主义价值论思潮所引发的种种畸形的社会现象，指出这种相对主义的思潮所引发的道德和社会问题不仅触及青年思想教育，而且导致了一向被人们视为具有开拓性的美国精神走向封闭。布鲁姆以具有强烈责任感、使命感的大学教师的眼睛，看到了相对主义对美国青年灵魂的损害，对美国社会文化、伦理政治的损害。在社会大多数人还沉湎于相对主义的思潮时，布鲁姆犀利而理性地对美国灵魂状况的批判，在欧美学术界引起了强烈反响。② 在今日中国，面对道德观念混乱的现实，我们会深切地感到，统一的道德准则、一致的道德评价，对于社会的稳定、繁荣、发展具有不可否认的重要性。

从道德的起源来看，这种重要性是十分明显的。道德的产生，源于人类自身维持生产、分配、交换产品的共同秩序的需要，源于人类自身繁衍的需要，源于人们共同的生活的需要，源于人们共同发展与完善的需要。由此而产生的道德，其功能就在于以道德原则和道德规范、行为准则来调节人们之间的相互关系，以使社会生活规范化、秩序化，从而满足社会生产活动等的需要，满足社会成员生存、发展与完善的需要。道德规范和道德准则是人们评价善恶的标准，是人们道德行为的标准。因此，统一的、一致的道德规范和道德准则对于社会的稳定与发展是十

① ［美］艾伦·布鲁姆：《走向封闭的美国精神》，北京，中国社会科学出版社，1994。

② 同上书，1页。

分重要的。正因如此，个体社会化的一个重要内容就是道德规范和道德准则的社会化。社会对个体的道德教育是较为自觉和严格的。社会以道德规范和道德准则对个体的约束也是较为自觉和严格的。在社会化过程中，社会所肯定的道德规范和道德准则逐渐变为个体的内心信念，形成个体行为的内在约束；在社会活动中，社会通过包括舆论在内的多种手段对个体行为形成外在约束。之所以如此，是因为道德规范、道德准则的一致在社会活动中具有重要意义。

政治评价领域与道德评价领域的情形十分相似。社会对政治评价一致性的要求比对道德评价一致性的要求更强烈。社会的统治阶级十分希望也十分努力地有计划、有目的地向人民灌输统治阶级所肯定的政治信息、价值观念和政治信仰，使社会的个体逐渐接受、认同这种政治信念和规范，形成特定的政治态度以保证政治行为的规范性。同时统治阶级运用较为严厉的方式约束社会成员的政治评价，以保证政治的稳定，从而保证社会的稳定。从个体的社会化过程来看，政治信念的社会化与道德规范的社会化都是个体社会化的极为重要的内容。经过这种社会化，个体能够在社会中形成应付自如的行为模式，成为一个能有效地（被统治阶级认可）参与社会、被社会所接受的人。政治评价的外在约束较之道德评价要严厉得多，它所借助的手段是以强迫性为主的。政治教育是塑造政治评价内心信念的重要手段，而法律和非法律的惩罚则是保证政治评价一致性的更重要的手段。如果说统治阶级对道德评价还可能容许有多样性的话，那么对政治评价则一直要求严格意义上的一致性。这是由政治与政权、政权与经济利益直接而紧密的关系决定的。

在道德评价领域和政治评价领域，社会对个体评价的一致性、评价标准的一致性的要求是较为严格的。自有阶级以来，所有社会都是如此。原始社会的情形类似于阶级社会。原始社会的图腾崇拜和与图腾紧密联系在一起的禁忌，就是原始社会的道德规范、道德准则的表现形式，它较为严格地约束着原始人的行为。无论是原始人还是现代人，道德规范和准则的内在过程及遵守机制都明显是以对结果的追求或逃避为主要内容的。人们追求由于遵守道德准则而得到的安全、荣誉，逃避由于违背道德准则而带来的灾难。遵循道德规范和准则的过程是约束原始需要、天然需要的过程。这一过程是痛苦的。从孩提时代起就是痛苦的，它或许是害怕失去亲人的宠爱，或许是害怕亲人的惩罚。到成人时代，这一过程仍然不是自然而然的，而是经过理智与情欲的斗争，即经过后天的社会的需要与先天的自然的需要之间的斗争的。古希腊哲学家德谟克利特曾说过："如果你打开你的内心，你将看到里面是一大堆各种各样坏的情欲。"[①]"和自己的心进行斗争是很难堪的，但这种胜利则标志着这是深思熟虑的人。"[②]社会对个人在道德评价领域和政治评价领域的较为严格的约束和个人对这种约束的认同，都说明社会需要评价准则的一致性、评价的一致性。

（2）审美评价

如果说道德评价的相对主义，引起了富有社会责任感的人士（不仅仅是伦理学家）的极大愤慨的话，那么在审美评价的领域，审美评价的相对主义并没有像道德评价相对主义那样，引起人们的愤怒与惊愕；如

---

① 周辅成：《西方伦理学名著选辑》上卷，78 页，北京，商务印书馆，1964。

② 同上书，85 页。

果说人类为了生存发展与完善而追求道德准则的一致的话，那么人类为了生存发展与完善追求的审美世界是五彩缤纷的；如果说道德评价的相对主义给人带来的是惶恐与迷茫，那么审美评价的相对主义给人带来的是自由与解放。它把人们从对所谓美学权威的盲目崇拜与信奉中解放出来，从对传统美的信条的恪守与皈依中解放出来，从大众心态中解放出来，从而人们找到了自己，感受到了自己独特的存在。

审美关系是人与世界的一种特殊的价值关系，审美关系的本质在于它是人对世界的一种情感体验。苏联美学家莫·卡冈说："在人对世界的审美关系中，恰恰有并且只有直接体验、所体验的感情的性质和力量成为评价判断唯一的、必然的和充分的根据。不是推理、不是逻辑分析、不是诉诸权威，而是感情本身的声音使我作出'美'或'丑'、'悲'或'喜'的评价。……究竟谁能，怎么能证明我的直接情感知觉不正确呢？可以拒绝它，但不可能驳倒它。"①

杜卡斯认为，审美价值完全是一个自由的王国，在那里，人人独来独往，都是绝对的君主。对诸如审美价值这样的直接价值的判断，仅仅局限于判断者个人。美学评论的基础是个体当时的趣味，至于那种趣味被人共享与否，则无关紧要。在审美领域，根本没有某个特定客体之美的权威性见解，仅有的见解也只是个人的，或某一类人的。具有敏感性的审美鉴赏家兴许是好向导，但却是坏领导。如果你允许他们将你的注意力引导片刻，那是颇有用处的；但如果让他们占据了你的注意力，并且将你的注意力永远纳入他们自己的偏见之中，那就危险了。要求鉴赏

---

① ［苏］莫·卡冈：《卡冈美学教程》，90～91页，北京，北京大学出版社，1990。

家回答自己提出的有关审美价值的问题，是一种荒唐的传统做法，这就如同让一位在饮食方面与我们的口味相异的食品鉴赏家，为我们（并非食品鉴赏家的人）选择精美的食物一样。他仅能介绍给我们一切鲜为人知的和兴许给人以无名快感的佳肴。但是，如果我们品尝过这些鉴赏家所介绍给我们的食物之后并不喜欢它们，或者并未发现它们比自己熟悉的食物更为可口，那么，我们将会像傻子一样，按照美食家的口味，而不是我们自己的口味来点菜。① 相信权威，使我们失去我们自己独特的感受，失去对事物的真正的美的感受。鉴赏家和权威在审美方面并不拥有他们所拥有的权威，只有审美者在审美的瞬间对美的直接的感受，才是最有价值的，或是有绝对价值的。

尽管人们共同的生理特点、共同的社会生活，以及人们从众的心理，崇尚权威的心理，会使人们的趣味有许多相似之处，甚至会有许多非常接近的感受和趣味，但审美评价并不是因为相似或一致才合理。只有属于审美过程的审美感受，属于审美体验的审美评价、审美判断才是真实的，尽管在这种感受产生前，评价者会受到社会风俗、社会道德、社会审美传统等各种各样的非个人因素的影响，但只有在审美过程中，这些非个人的因素完全转化为个人的感受时，由此而作出的判断才是真正的审美判断。没有审美感受的审美评价，就像没有思想的鹦鹉学舌。而这种真实的感受是属于个体的。这种感受的迸发是无意识、无迫使的，是自然而然的。它发生作用的过程就像本能一样。尽管它的形成有

① ［美］C. J. 杜卡斯：《艺术哲学新论》，225～230 页，北京，光明日报出版社，1988。

深厚的社会背景、文化背景，甚至人类进化的背景。没有理由说美学家的审美评价比普通人的审美评价更真实，没有理由说美学家所感受到的美才是真实的美。每个人基于这种真实感受的评价就是客体对他所产生的价值作用的反映，因而都是真实的。他们与美学家或鉴赏家的感受是平等的。的确，在审美价值领域，每个人都是绝对的君主。

说审美评价是个人的，并不否认个人是社会的人，个人是在社会实践活动中，在社会文化交流中形成自己的审美理性、审美趣味、审美标准的。强调审美的独特性，是因为人们往往受权威的威慑，受传统的约束而不能体味美，不能感受美，而人云亦云地重复别人的判断。我们不希望"楚王好细腰"，"宫中多饿死"；我们丰富多彩的世界，审美价值领域不应该有统一的尺度，不应该追求统一的尺度。追求统一的审美标准，是专制主义留给人们的灾难，是人类随着文明的进步注定要走出的误区。

社会需要审美教育，但是审美教育不是向人们灌输必须服从的美的戒律，而是启迪每个人爱美的心灵；不是树立美的权威，而是培养能促使每个人奋发向上，促使社会蓬勃发展的对美的追求与创造。社会需要美学家，需要美学，但所需要的是美学和美学家对所有人审美感受的启迪，而不是美学和美学家对美的垄断。不要统一的审美标准，不是埋葬美学、放弃美学，而是要美学放弃那无益于社会的、不可企及的、对绝对一致的审美评价标准的追求；不要统一的审美评价尺度，不是不可以有对艺术的审美评价和对美的阐发，而是这种评价、这种阐发并不拥有绝对的普遍性，并不拥有让整个社会追随的权威性。人们的审美评价引导着人们对服饰装束等的选择，但并不是所有诸如此类的选择都是因为美而作出的。社会可以以伤风败俗来限制某种服饰、某种装束，但这并不意味着对这些服饰、装束的喜好和审美判断是不真实的。强调审美评价的自由，并不意味着它会不受任何束缚；审美没有绝对的统一的尺度，并不意味着审美评价没有合理性可言。审美评价的合理性并不是制定统一规范、遵循统一规范的合理性。社会的发展、个体的发展需要有对美的感受、对美的创造，但不需要有统一的美的尺度。

（3）功利评价

在价值理论中，无论是中国的还是西方的，论及最多的是道德判断。伦理学领域是价值理论研究的主战场，然后是美学领域。令人颇为费解的是，价值理论对功利评价论及其少。而功利评价恰恰最能代表价值判断的特点，而且它在所有价值判断中是最为普遍、最为基本的。为什么这个领域反而备受冷落呢？价值理论是在关心人在世界中的地位、以人为哲学之本的主旨下，从传统哲学中慢慢独立出来，慢慢发展起来的。因此，与人类社会正常运作休戚相关的伦理学领域成了价值理论研究的中心，似乎不难理解。可是功利评价对人类活动不是更为举足轻重吗？是什么使功利评价如此门庭冷落呢？是因为它本身的特点，是因为它的存在方式，还是因为它在社会中的功能？究竟为什么会这样？

功利，是指功效和利益。利益是在主体需要与客体建立起一定关系的条件下产生的。没有人的需要，便无所谓利益，仅有人的需要也没有利益。利益是主客体相互作用，客体满足主体需要的结果。许多哲学家都说过，利益不是别的，而只是我们每个人视为幸福的东西。功利评价，是评价主体以一定的利益需要为尺度，衡量客体是否满足这一需要，以及在多大程度上满足这一需要的活动。人的生存与发展的利益需要是人类需要体系中最为基本、最为重要的。从广义上说，它包括了人的道德需要。道德需要就实质而言，是人类为满足生存、发展这一利益需要的产物，是为了满足人类生产需要、生存需要、发展需要的需要，是在人生存和发展这一基本利益需要的基础上产生的。审美需要也是在人的生存和发展需要的基础上派生出来的。人类对美的追求与人类对生存、发展的追求是息息相关的。审美观念的演变，展示了人的生存斗争的发展。可以说，相对于人的生存、发展而言，审美需要、道德需要是派生的需要，而生存与发展的需要是更为根本的需要。只不过，当审美需要和道德需要产生后，它们就有了各自的独立性，与孕育它们、使它们得以产生的人的生存和发展的需要之间有了一定的距离，尤其是审美需要。不少美学家在论及审美的特点时，都认为审美是非功利的。但这仅从狭义上说是可以成立的，即美的感受不夹杂着对引起美的感受的物的占有欲。当然，即使是在这一点上，仍不是纯而又纯的。道德评价，实际上是狭义上的功利评价，道德所处理的核心问题就是利益关系问题。因处理这种关系的不同立场、不同态度而有了以不同"主义"命名的道德原则，如以集体利益为重的集体主义和个人利益优先的个人主义等，而政治评价也是以利益关系为核心的。卡尔·马克思曾说过："人们奋斗所争取的一切，都同他们的利益有关。"①

尽管功利评价与道德评价、审美评价是有密切联系的，但它们仍然是有区别的。它们是人类评价活动的三种最基本的类型。日本创价学会第一任会长牧口常三郎在他的《价值哲学》一书中，对评价的这三种基本

① 《马克思恩格斯全集》第1卷，82页，北京，人民出版社，1956。

类型作了较清晰的区分。牧口常三郎指出，价值的要素是：美、丑，得、失，善、恶。美的价值是一种可感的易变的价值，是人通过五官而感受到的。得的价值是每个人同能保持他生存和发展的客体之间的一种关系状态。善的价值是对每个人自愿的，对由许多个人构成的集体有贡献的行为的评价。美、得、善的概念有一个共同的因素，有一种相似的性质，即都能包括在价值的范畴之下。虽然它们各自都有着显著的、可被清楚地加以区别的个性。① 审美评价的基本范畴是美丑。功利评价的基本范畴是得失、利弊。道德评价的基本范畴是善恶。道德判断的对象仅仅是人的行为，而且是人的行为中的两个维度，即与他人的关系、与社会的关系，而且是涉及他人利益与社会利益的这一部分，而不是人与人关系的全部。所以，尽管道德评价在人类社会中具有重要的地位，是价值理论关注的焦点，但实际上，它在人类评价活动中所涉及的范围是极为狭小的。与此不同，功利评价所涉及的范围要广泛得多。它涉及与人有关的整个世界，涉及对自然界的评价，如人类社会某一现象与人的需要的关系，人的行为与人的需要的关系，人与人的关系与人的需要的关系，地球温度升高对人所产生的影响与人的各种需要的关系等。所以说，功利评价是人类评价活动中最为基本和最为普遍的。由于它的普遍性，它对社会的作用远远超过道德评价。

牧口常三郎的《价值哲学》一书的序言写道："关于价值的问题，最初是在经济学领域里被探讨的。经济价值是关于利害得失的价值，可是

---

① ［日］牧口常三郎：《价值哲学》，11～12 页，北京，中国人民大学出版社，1989。

迄今的思想家们都忽略了对这种价值的研究。"①应该说，忽略得失这种价值研究的是价值论研究者，而不是所有的思想家。对这个问题研究得较为深入的是经济学家和管理学家。经济学家所研究的在有限资源的条件下合理配置的问题与管理学家所研究的决策科学、管理效能等问题都是对得失利弊这种价值评价活动的研究。只不过因为他们的研究局限于经济学和管理学这样狭小的视域内，而没有从整个人类活动的高度来研究此问题，因为他们的研究侧重于衡量利弊得失的具体技术操作，而不是从认识论的角度分析这类评价活动本身的特点；因为他们所研究的利弊的衡量问题，多限于资源的合理配置方面；因为他们未能充分揭示这类评价活动的特点，因而他们的研究也就未能被看作对功利评价活动的研究。

价值理论发源于伦理学、历史哲学。作为一个独立的哲学研究分支的价值论是以将价值概念从经济学中解放出来，推及整个人类生活为起点的。因此，它的重心放在经济学所未论及的伦理领域、审美领域是非常自然的。但价值理论研究不能停留在伦理领域和审美领域，应该重新审视被局限于经济学领域的功利评价，这同样是非常自然、理所应当的。遗憾的是功利评价问题未能在价值哲学家那里得到应有的研究。显然，它在价值理论中被冷落，既不是因为功利评价在人类生活中不重要，也不是由于它自身的特点及运作方式不适宜价值论的研究，而仅仅是因为价值论研究者的局限。牧口常三郎和英国哲学家 W. D. 拉蒙特的

---

① ［日］牧口常三郎：《价值哲学》，修订版序言，4 页，北京，中国人民大学出版社，1989。

研究，为价值理论在这一方面的完善作出了贡献。

根据 W. D. 拉蒙特的见解，人们作出评价，是因为人们面临着选择，人们需要在现实的多种可能和人的多种欲望中作出选择。① 这种选择从根本上说是以功利评价为基础的。直接指向行动，这是功利评价的一个显著特点。审美评价引发评价者的情感，但这种情感不一定导致与此相关的行为。例如，我们被贝多芬的交响曲所感动，为之陶醉，但不一定购买引起我们如此美感的那张激光音碟。购买那张激光音碟的行为，并非仅仅取决于我们对它的审美评价。与其说取决于对它的审美评价，不如说取决于对它的功利评价。道德评价也不一定直接指向行动。不过，它比审美评价与行为的关系更为密切、更为直接。但在不少情况下，人们的道德评价与人们的行为是有很大距离的，有时甚至是完全背离的。而功利评价却是直接指向行为的。它是为了行动而作的评价。在这个意义上可以说，人的行为是由人的功利评价支配的。

人之所以要进行功利评价，是因为人的资源是有限的，而人的欲求是这有限的资源无法完全满足的。人的生命是有限的，精力是有限的，财力是有限的，时间是有限的，人的需要不可能一一得到满足，因此，人们为了使更多的、更重要的需要得到满足，就必须"精打细算"，在有限的资源条件下，尽可能多地获得满足。以最小的耗费，取得最大的效果是人所追求的目标。可以说这是功利评价的基本原则。对此，几乎很难有人不同意。但在实际的功利评价中，这种最小与最大的情况却是十分复杂的，尽管人人都坚持这个原则，或想坚持这个原则，但却有了各

----

① ［英］W. D. 拉蒙特：《价值判断》，北京，中国人民大学出版社，1992。

种各样的截然不同的功利评价。不探求人类活动的经济原则（即以最小的耗费，取得最大的效果的原则），不追求人类活动的效率是不行的，但人的活动不仅仅是一个效率的问题，还有一个取向的问题。

因为功利评价与行为选择有直接的关系，功利评价妥否会由行为结果反馈至评价者，因而功利评价的观念的形成与人们行动的成败有密切的关系。当行为结果真正给评价者、行为者带来利益，满足他们的需要时，评价所遵循的原则将得到强化；当行为结果不能给评价者、行为者带来利益，反而带来危害，甚至灾难时，他们就有可能修正自己的评价准则。在一定的范围内，社会对功利评价标准一致性的要求是较弱的，这类评价的标准是评价者在现实活动中、操作中逐渐形成的。教育的影响在这一方面没有像在道德方面那么自觉和具有强迫性。人类趋利避害的本性，使人们能较主动积极地吸取他人在功利评价方面的经验。总而言之，在一定的范围里，功利评价遵循经济原则，这似乎是自然而然天经地义的，但只能说在一定的范围里。

功利评价自由的范围是有限的。当功利评价仅限于个人各种需要间的取舍，而不危及他人利益时，社会对它是宽容的，是引导它追求最大利益的。然而，一旦功利评价危及他人、社会的利益，那么它就将受到社会的约束。个人是社会系统中的人，集团是社会系统中的集团，国家是整个人类系统中的一部分，无论是个人、集团，还是国家，他们在进行功利评价时，即在进行利益选择时，都不可能不涉及他们之外的人、集团和国家。在这些利益的比较中，评价者不能以自己的利益为最高尺度。不管这种利益是长远的还是近期的。在这种评价情势中，评价者不能仅以经济原则为评价原则，否则将会受到社会的谴责。这是功利评价的极限,是道德评价的始点。功利评价在达到这一极限时,就将失去经济原则第一的自由。就如文化商人不能为了高额利润而贩卖文化垃圾以腐蚀社会,文人不能为了金钱而出卖灵魂,企业不能只为了利润而制造假冒伪劣产品,等等。由此可见,功利评价因为它的普遍性和广泛性,一方面包括对道德原则、道德规范的利害评价,另一方面又必然受到作为调节社会各集团、个人与社会利益关系的道德规范的约束。如果将功利评价孤立起来,仅讨论功利评价的经济原则,就会失之偏颇,就会因此忽略了更为根本的利益选择问题。将功利评价与道德评价联系起来,我们会发现,道德评价的难题就是功利评价的难题。

通过对以上三种评价活动的分析,我们可以得出这样的结论:并不是在所有领域,都有追求评价标准的一致性的必要,也并不是在所有方面都有追求评价的一致性的必要。但在道德评价领域和功利评价、道德评价相接壤的区域,的确有追求评价标准的一致性的必要。那么接下来的问题就是,在这些区域有实现评价标准一致性的可能吗?

2. 追求评价标准的一致性是否可行

人们追求评价标准的一致是为了解决因评价标准的冲突而造成的评价的冲突,是为了解决由评价的冲突而引起的社会的混乱。换言之,只有引起社会冲突与矛盾的评价,才会引起人们对其一致性的要求和探索。因而,解决这些评价之标准的一致性,才是问题的关键。那么,追求这些评价标准的一致性可行吗?要回答这一问题,必须首先回答:评价标准的实质是什么?是什么引起了评价标准实质性的冲突?有无可能消除造成这种冲突的根源?

评价标准的实质是人们的需要,是人们的利益;评价标准实质性的冲突是人们的需要和利益的冲突。要解决评价标准的冲突，要追求评价标准的一致性，就必须消除造成人们需要和利益冲突的根源。而这是否可能？如何才可能？在什么前提下才是可能的？在什么程度上才是可能的呢？

道德评价的一致性是价值论最关键的问题，道德评价的冲突，是社会中最令人瞩目的冲突。因此，我们的分析就以道德评价为例。

道德评价标准的实质是什么？我们是否有过一致而公认的道德评价的标准？我们是否有可能拥有一致而公认的道德评价标准呢？

道德评价的标准是一定的道德规范和道德原则，人们在道德评价上实质性的冲突，不是语义混淆或事实判断有偏差所造成的冲突，而是因为人们持有不同的道德准则和道德规范所造成的冲突。伯特兰·罗素曾说过，不同时代和地域中道德准则的不同几乎达到了令人难以置信的程度。[1] 同一社会也可能同时接受两种相悖的伦理准则。[2] 对于伦理准则我们并没有普遍一致的意见。[3] 在人类历史上，人们曾将道德准则的权威归属于超人的神秘的外界力量，归属于上帝，但在基督教等宗教教义已受到现代文明严峻挑战的今天，上帝的这种权威性被不信神的人剥夺了。这就是尼采说的：上帝死了，我们杀死了上帝，因此必须重估一切价值。将人间的道德准则归属上帝，依靠上帝来衡量裁决各种冲突的道德准则的信念崩溃了。于是，人们只能在世间探求道德原则的本质和道

① ［英］伯特兰·罗素：《伦理学和政治学中的人类社会》，49 页，北京，中国社会科学出版社，1992。

② 同上书，52 页。

③ 同上书，57 页。

德规范的根源。

夏伟东认为，在马克思主义看来，道德是受动于利益的，它不是源于人的主观意志的，不是来自先验的世界理念或绝对精神的，不是神祇或上帝的恩赐，不是源于纯粹抽象的人性，也不是源于泛泛而谈的一般物质客体，而是源于人与人之间的利益关系，是人类置身于纷繁复杂的客观利益关系中萌生出来的利益需要。① 作为人类利益需要、利益关系的产物，作为社会意识形态的一种形式，道德规范和道德原则并不是自然地自发地从利益关系中生长出来的。它是代表一定利益关系的人，在认识利益关系的基础上，为了捍卫一定的利益而建立起来的。道德规范中，既有反映客观现实经济利益的成分，又有制定这一道德规范的人的主观认识、主观意志的成分。就像神和上帝是人造的，是为了人的目的而造的一样，道德规范、道德准则也是人造的，是为了人的目的而建造的。这一由人创造的道德规范，由于适应了某种利益关系的需要，被这种利益关系的受益者大加揄扬。于是，一个社会中占统治地位的阶级便借助于一定的权势，使某种符合他们利益的道德规范和道德准则，成为在一定国家的一定历史阶段上占统治地位的道德原则和道德规范，如中国封建社会"罢黜百家，独尊儒术"。在一个社会中占统治地位的道德原则和道德规范是维护这个社会中占统治地位的阶级之利益的，是被这个统治阶级大肆宣扬甚至神化了的道德原则和道德规范。封建社会最基本的道德原则就是维护封建的宗法等级制度，奴隶社会的最基本的道德原则是维护奴隶对奴隶主的绝对屈从。每个企图取代旧的统治阶级地位的

---

① 夏伟东：《道德本质论》，15～16 页，北京，中国人民大学出版社，1991。

新的阶级，为了达到自己的目的，都会把自己的利益说成是社会全体成员的共同利益，赋予他们自己的价值观念以普遍的形式，将此描绘成唯一合理的、有普遍意义的价值观念。而实质上他们所坚持的、所宣扬的不过是为他们自己的利益服务的价值观念。诸如此类，概莫能外。只不过这种道德原则和规范的宣扬者对此的神化、客观化，使人们在一种强大的压力下，逐渐将这些道德规范和原则内化，成为自己内在的信念。在道德原则和道德规范的实施过程中，人们慢慢忘记了它是由人创造的，是为人所用的，而将它当作一种客观的力量顶礼膜拜。在这种顶礼膜拜中，人们得到了一定的奖赏，因而这膜拜便不断重复。

在资本主义以前，人类社会发展是较缓慢的，社会关系的根本性的演变是缓慢的，因而适应一定社会关系的道德规范和道德原则被重复的时间也就长到人们以为它是永恒不变的；同时由于封建的生产方式和人类科学发展水平等多种因素的限制，人们对各个国家、民族和文化之间的分歧并不像现在这样感受得如此强烈。发展的迟缓与文化的封闭，使人们以为天底下只有他们所奉行的这一种道德原则，他们所奉行的原则便是人们所共同奉行的原则。但是资本主义的兴起，科学技术的迅猛发展，日益扩大的世界贸易和文化交流使人们之间的交往日益广泛。现代科学不仅使世界变化的速度加快，而且使地球上人们之间的了解日益加深，正如有人说，现在世界已成了一个地球村，人们之间的了解就如村落居民之间的了解。在日益迅猛变化，且了解甚广的今天，道德原则和道德规范的神秘性被打破了。不是因为尼采说上帝死了，人们不信人造的神，而是因为人发现神是人造的，所以才感到尼采说出了一个真理。许许多多的人成了一种道德体系被摧毁而另一种道德体系被建立起来的目击者。人们亲眼看见了种种新的伦理规范从无到有的历程：在有了核武器的今天，才有了核伦理学的产生；在有了基因工程的今天，才有了基因伦理学；亲眼看见了曾认为神圣不可动摇的道德体系如今被弃之如敝屣。正是在这样的背景中，人们认识到，道德原则和道德规范是人造的，而且仅仅是为了人而造的。对道德观念的迷信被破除了。面对不断变化的道德原则和道德规范，面对天悬地隔的道德原则和道德规范，人们再也找不到康德仰望浩瀚的星空和沉思心中的道德律时的那般敬畏，那般惊奇。于是，人们便问：真的有客观的、永恒的、普遍的、对于任何人而言都应遵守的道德原则和道德规范吗？

伯特兰·罗素曾在他晚年完成的，集他一生对伦理问题的思考而写成的《伦理学和政治学中的人类社会》一书中说，在伦理学中，是否存在着某种分析到最后并非主观的东西？[①] 他所寻求的是客观正当的对人类而言无主观差异的、一致的道德准则。在他看来，这种"客观正当的准则所具有的一个首要原则是：它们必须有可能在不提及任何个人的情况下得以解释"[②]。但是罗素失望了。经过细致无遗的分析，罗素写下这样一句话："在所提出的'客观正当'的概念中，并不存在真正客观的东西，除非是就不同人的愿望巧合而言。"[③]不得已，罗素将道德原则和道德规范的根据，判归了或许他最不愿意判归的千差万别、动荡不定的情感。我们没有可能找到永恒不变的、人类普遍认同的一致的道德原则和

---

① ［英］伯特兰·罗素：《伦理学和政治学中的人类社会》，117页，北京，中国社会科学出版社，1992。

② 同上书，95页。

③ 同上书，97页。

道德规范。它不曾存在过。正如卡尔·马克思说："人们按照自己的物质生产的发展建立相应的社会关系，正是这些人又按照自己的社会关系创造了相应的原理、观念和范畴。所以，这些观念、范畴也同它们所表现的关系一样，不是永恒的。它们是历史的暂时的产物。生产力的增长、社会关系的破坏、思想的产生都是不断变动的。"①在不断发展与变化的世界中，要寻求在任何时代、任何地方、任何人都同意的道德原则和道德规范，到头来，找到的只能是在任何时代、任何地方、任何人那里都不曾存在，也不可能存在的东西。

道德评价和功利评价冲突的根本原因在于利益的分化、利益的冲突，因此在尚存在着阶级的分化，尚存在着经济利益对立的集团的条件下，我们不可能追求到人们普遍认同、一致的道德原则和道德规范；在存在着利益冲突、阶级对立的社会里，道德原则和道德规范不可能是不冲突、不对立的。道德原则和道德规范不可能在不一致的世界里一致，不可能在不完美的世界里完美。弗里德里希·恩格斯曾说过："只有在不仅消灭了阶级对立，而且在实际生活中也忘却了这种对立的社会发展阶段上，超越阶级对立和超越对这种对立的回忆的、真正人的道德才成为可能。"②

阶级的消灭，国家的消亡，是解决人们根本利益冲突的唯一途径。但即使是在阶级消灭、国家消亡的时候，人们之间也不可能没有需要的冲突和利益的冲突。人们需要的冲突、利益的冲突，将与人类共存亡。

---

① 《马克思恩格斯全集》第 4 卷，144 页，北京，人民出版社，1958。
② 《马克思恩格斯全集》第 20 卷，103 页，北京，人民出版社，1971。

因此，无论在何时，人们都不可能有完全一致、完全公认的价值准则。但是，无论在何时，人们的价值准则中都有某些共同的因素。无论在何时，人们都有一定的共同的需要。即使在存在着阶级对立的社会里，人类也不只有利益的冲突与对立。除了这种对立和冲突之外，人类还有共同的利益与需要，这就是人类作为地球上一个特殊物种的需要。人类的这些共同的需要与利益，使人类有可能在这些方面寻求一致，达成一致，为实现每个人的需要，而共同努力、共同奋斗。

人类历史的变迁和人类的现实昭示我们，道德原则和道德规范不仅是千差万别的，而且在千差万别中还有一致性和相似性的一面。在任何时候、任何地方，追求完全一致、公认的价值准则都是不可行的。但在任何时候、任何地方，人们不同的价值标准中都会有共同性，这也是无可置疑的。这种共同性，使人类有可能理性地协调不同的需要，以使不同的需要获得相对的满足。人类社会就是在冲突与协调中不断发展的。没有冲突的社会，从未存在过，也永远不会存在。假如有公认的一致的价值准则，评价就不会是冲突的；假如评价没有冲突，人们就不会想到要有公认的、一致的价值准则。人们之所以追求评价的一致，是为了解决评价的冲突困境；之所以追求评价标准的一致，是为了解决评价标准的冲突问题。因此，将评价的合理性诉诸价值准则的一致性、公认性，将价值准则的一致性当作评价合理性的前提，就只能得出评价无合理性可言的结论。这一结论已经蕴含在它的前提中。这就是导致评价合理性悖谬的一个缘由。如果按照这一逻辑，我们只能承认评价无合理性可言，于是我们就永远走不出现实与理论的双重荒谬。人类社会没有公认的、一致的价值标准，因此，评价的合理性，不能诉诸人类社会公认的、一致的价值标准。但这并不意味着价值判断无合理性可言，并不意味着我们没有理由倡导一种价值观念或抨击一种价值观念。

尽管从历史的变迁和眼前的现实中，我们未找到公认的和一致的道德评价标准，但我们并不同意罗素和艾耶尔的观点，并不认为道德判断的标准只能诉诸人的情感。有比情感更重要的而且是支配情感的，这就是人类的社会生活。任何一种道德原则都是在一定的社会生活中产生的。社会生活造就着人们的需要，满足着人们的需要，当然它也是人们需要得以满足的结果。道德原则和道德规范的演变归根到底是由社会生活，尤其是由人们的生产活动和由此而引起的经济活动的演变带来的。每个时期的道德原则和道德规范之所以能够产生出来，存在下来，都是由于它在某种程度上符合了社会生活的需要。因此，道德原则和道德规范及人类评价活动标准的根基处在活生生的社会生活中，处在人类的需要和为满足这一需要而进行的实际活动之中。无论是价值准则的相异还是相似，其根基都在人类的社会生活之中。人类道德评价的合理性必须诉诸人类社会生活。仅在道德的圈子里，将道德与人类社会生活这一道德的母体割裂开来，我们永远也逃不出艾耶尔死谷，永远也走不出评价合理性的悖谬。要走出这一悖谬，还是要按照列宁所说的：遵循着马克思的理论的道路前进。①

价值论者之所以无法摆脱评价合理性的悖谬，另外一个重要的原因，就在于他们太沉迷于道德评价，太沉迷于评价的冲突。"由于思想家们忽视了与人类生活密切联系、应成为价值问题本质的利害得失的价

---

① 列宁：《唯物主义和经验批判主义》，135 页，北京，人民出版社，1950。

值，所以在他们的学说中有一个根本的错误。"①道德评价只是人类评价活动中的一种，道德评价的冲突只是道德评价的一部分。我们不能只见树木，不见森林。

(五)结论

经过上述分析，对价值判断合理性的三个问题，我们可以得出以下结论。对于第一个问题，结论是：在价值判断中包含着与事实判断相同的具有不依赖于判断者的客观的内容，事实判断是价值判断的基础，以事实判断作为基础的价值判断才有可能被称为是合理的。这个事实既包括客体本身的性质，也包括主客体的相互作用的结果。但除了这些事实之外，价值判断中还包含了事实判断所不具有的主体的需要、信念、理想。"应该"不是简单地从"是"中推论出来的，仅从"是"中推不出"应该"。"应该"的产生既依赖于事实，又依赖于人的客观愿望、人的理想。正因如此，价值判断是一种不同于事实判断的特殊的判断。问题是，我们没有理由一定要把价值判断变成事实判断才感到它是有客观根据的。人类社会有着自己不同于自然界的独特的存在方式和发展规律，这种存在方式和发展规律，就是合事物发展之规律与合人类活动之目的的统一。因此，它内在地包含着不同于事实判断的价值判断。正是由于有着这种超越事实的价值判断和由这种判断所引导的实践活动，人类社会才不断从自然界获得自由，才不断从自然界的束缚中解放出来。为了人类

① ［日］牧口常三郎：《价值哲学》，修订版序言，4 页，北京，中国人民大学出版社，1989。

的活动能合人类之目的，为了人类能生活得更美好，我们应该将价值判断纳入理性研究的领域。因为价值判断是关于价值关系的认识，所以它可以被纳入理性研究的领域。

对于第二个问题，结论是：因为反映这一现实的价值判断不可能有全人类公认的、完全一致的价值标准；在任何社会，价值判断都不可能是完全一致和完全公认的。因此，不能以全人类公认和一致作为评价合理性的前提。任何价值判断都是关于价值客体对于价值主体，即对某个人或某个群体是有价值的陈述。只要价值客体对于价值主体而言是有价值的，那么价值主体说价值客体好，就是客观的，就是符合价值关系的，就是"真"的，尽管这个价值主体可能仅是一个人，或一个群体。然而"真"并不是价值判断合理性的充要条件。"真"是价值判断合理性的必要前提，但这并不意味着任何"真"的，符合价值主体与价值客体相互关系的价值判断在任何层次上都是合理的。仅将价值判断诉诸"真"，诉诸"客观"是无效的。"真"或"客观"不是评价合理性的充要条件。

对于第三个问题，结论是：我们有合理的方法解决价值判断的争议。但这种合理的方法仍是历史的、相对的，是在人类力所能及的范围内的，而不是超人类的，也不是永恒不变的。不能将解决价值判断争议的期望，寄托于人类已破除的神或其他偶像上；也不能将这一期望寄于客观世界本身；当然也不能将这一期望寄于根本不存在的人的所谓先天具有的永恒不变的良知或理念上。我们只能在人类的社会生活中，在生生不息的人类社会的发展中寻找评价合理性的根据。

三、评价合理性的界说

(一)方法论前提

20世纪价值论之所以跳出了绝对主义的火坑,又掉进相对主义的油锅,其问题的症结,是当其离开了绝对主义后,仍然以绝对主义形而上学的思维方式看待新的发现;正因为站在绝对主义独断论的立场上,追求纯粹的绝对,所以,当人们看到评价的合理性具有相对性的一面时,当纯粹的绝对的理想幻灭时,他们就认为只能承认纯粹的相对,从而倒向相对主义。形而上学的思维方式,是将评价合理性置于悖谬之中的方法论根源。如果我们站在辩证法的立场上,以绝对和相对辩证统一的观点来看问题,那么我们就既不会为绝对性的"不纯洁"而懊恼,也不会因相对性的存在而怅惘。辩证法关于相对和绝对相统一的观点,是思考评价合理性问题的重要的方法论原则。也许是20世纪哲学太敌视黑格尔哲学的缘故,使其疏忽了辩证法这一古老的真理,而在相对主义的泥潭里无法自拔。评价的标准,无论从形式上看多么超现实,都是在现实的基础上,以现实为前提而形成的。或言之,任何评价标准都具有社会性、历史性,具有一定的局限性。不可能存在不带有这种社会历史局限性的评价标准。因而,这就从根本上规定了以这种标准所作的评价,必然地带有社会历史局限性。从这一点上说,人们不可能找到一个永恒的、无论什么历史条件下都适用的评价标准。像任何评价都带有社会历史局限性一样,任何评价的标准都带有社会历史局限性,任何判断评价合理性的标准也都带有社会历史局限性。

就评价的合理性必然相对于一定的社会历史条件而言,它既是相对的，又是绝对的。所谓绝对是指它在这一社会历史条件下是合理的，在这种条件下，合理与不合理的界限是确定的；而所谓相对是指它的这种合理性是有限度的，超过这一限度，它就可能丧失合理性。这是探讨评价合理性问题的立足点。离开了这个立足点，我们就真的会像康德说的那样变得十分滑稽；而坚持这个立足点，我们就可以看到艾耶尔等是多么滑稽：他们一方面竭力反对近代的"确定性"观念，另一方面又虔诚地用这一观念评价自己的研究成果，把自己所看到的认识的不确定性硬塞到相对主义和怀疑论的理论框架中。

恩格斯在《反杜林论》中写道："仅仅在欧洲最先进国家中，过去、现在和将来就提供了三大类同时并存的各自起着作用的道德论。哪一种是有真理性的呢？如果就绝对的终极性来说，哪一种也不是；但是，现在代表着现状的变革、代表着未来的那种道德，即无产阶级的道德，肯定拥有最多的能够长久保持的因素。"[1]我们不是在否定合理性的意义上，而是在所说的合理性是相对于一定的社会历史条件而言的意义上，承认合理性的相对性。因此，我们所谓评价的合理性，只是在一定社会历史条件的约束下的相对的合理性。这就是评价合理性模型的方法论前提。

(二)评价合理性模型

赫伯特·西蒙说，合理性指的是一种行为方式。从规范的角度研究合理性问题，是要指出在一定条件下为达到一定目标，应该如何去做。

---

① 《马克思恩格斯全集》第20卷，102页，北京，人民出版社，1971。

本书所说的合理性是取这种含义而用之的。根据合理性的这种含义，评价的合理性所指的是：评价的合事实性、合逻辑性、合规范性、合目的性。合理的评价指的是：评价者在一定约束条件的限度内所作的，符合上述条件之集合的，关于客体意义的衡量。所谓"约束条件"是指一定的社会历史阶段的实践水平和状况。任何评价都是在一定社会历史条件下作出的，也都是为一定社会历史条件下的实践服务的。它的合理性是相对于一定的社会历史条件而言的。这既是评价的约束条件，也是评价合理性的约束条件。

所谓"目标"，从直接的意义上说，是指评价的目标；从更深层的意义上说，是指决定这一评价和这一评价将引导的实践的目标。在现实中，任何评价都是相对一定的实践目标而进行的。人们是为了实践而进行评价，通过评价而采取行动的。因此，即使我们是在认识论这样一个高度抽象的层次上进行规范研究时，也绝不应脱离评价的这一现实特点而构造形而上学的评价的合理性。作为评价的目标，可以理解为评价的目的、意图，即我们为什么要作这一评价。在衡量一个评价是否合理时，该评价过程与评价目标的自洽性是一个相当重要的方面。但评价的合理性所考虑的还不仅仅是这一个方面，它不仅仅考虑评价者作出该评价的目标，还要考虑评价这一评价的目标，即衡量这一评价合理性的目标。换言之，所应考虑的目标有两级：一是作出评价的目标，二是衡量价值的目标。简言之，评价的合理性是相对一定目标而言的，是以一定的目标为支点评骘评价的。

可以提出这样一个相对于一定社会历史条件的评价的合理性模型，即所谓一个评价是合理的，它满足以下三个层次的条件。在最低（第一个)层次上，一个评价是合理的，就必须对评价客体和评价中所包括的事实的把握是准确的，即评价所包含的关于评价客体的信息必须是符合实际的，是真的。这是评价合理性的"真"的标准。如果一个评价关于评价客体及评价中包含的其他事实(如参照客体集等)的信息是错误的，不符合实际的，那么这个评价就必然不能被称为合理的。"真"是评价合理性的一个必要条件。

在第二个层次上，一个评价是合理的，就必须具有自洽性、和谐性。其中最重要的是它必须具有逻辑自洽性。整个评价必须以评价的目标为支点而选择评价的视角、评价的参照客体集、评价的标准。换言之，评价的视角、参照客体集、评价标准等必须与评价的目标具有逻辑自洽性、和谐性。这可以称为评价合理性的"美"的尺度。"美"也是评价合理性的一个必要条件。

在第三个层次上，所谓评价的合理性是指，该评价所引导的行为必须是合目的的。从最高的意义上说，是合人类发展和社会进步的。任何评价都是为一定的行为提供依据，都将引导一定的行为，因而对一种评价的合理性的最高尺度的检验就是以它所引导的行为的结果(或实践结果)为对象的。一种评价所引导的行为符合人类追求的进步的目标，对人类的发展起着积极的作用，那么它就是合理的，否则，它就是不合理的。这一标准，可以被称为评价合理性的"善"的尺度。

对这个模型的说明有三：

其一，评价合理性的这三个层次的关系是逻辑合取的关系。一个评价既(1)又(2)且(3)才是合理的。(1)和(2)是(3)的必要条件，满足了(1)和(2)未必满足(3)，(3)是评价合理性的最高尺度。具体领域的评价，只有当它所引导的实践活动是促进人类在这一方面的进步与发展时，它才是合理的，否则在最高层次上，它就是不合理的。但是作为(3)之必要条件的(1)和(2)并不因为可以被(3)包容就丧失了自己存在的理由。人类实践的多样性，要求人们的认识是有层次的。不同层次的对本质的把握对于不同层次的实践都具有独特的意义。评价合理性的(1)和(2)作为评价者自我检查评价合理性的一种方法，在评价活动中具有重要的意义。在现实评价中，许多评价的失误都是由此不合理而造成的。因此，它们的存在具有独立的重要意义。另外，从理论上说，以"真"作为评价合理性三种尺度之最基本的条件，就同实用主义区别开来了。评价的合理性理论应该有用，应该对实际评价活动有指导意义，应该以人类的进步发展为最高尺度，但这种有用性和以人类发展为最高尺度都是建立在"真"的基础上的。正如列宁说："认识只有在它反映不以人为转移的客观真理时，才能成为对人类有机体有用的认识，成为对人的实践、生命的保存、种的保存有用的认识。"①是因为真而有用，而不是因为有用而真，这是马克思主义真理论同实用主义真理论的根本区别之一。

其二，评价合理性的这三个层次都是相对一定的社会历史条件而言的。人对客观世界本身的认识是有限的，对认识的真理性的检验也是有限的，对"真"的把握同样是有限的，对逻辑和谐的把握也是有限的；人类的需要在一定历史阶段是有限的，对社会进步、人类发展的认识也是有限的。这个限度，质言之，就是一定社会历史条件下的实践。因此，

---

① 列宁：《唯物主义和经验批判主义》，131 页，北京，人民出版社，1950。

对于每一时代、每一社会的人来说，所谓的真、善、美都是相对这一历史条件而言的。在这一历史条件下被认为是真、善、美的，在另一历史条件下未必仍被认为是真、善、美的。因此，一定历史条件下的评价，被称为合理的，就是说在社会历史条件下，它比其他评价更符合这一历史条件下人们对真、善、美的追求。在同一社会条件下，同属合理的评价，也因相对于这一历史条件的真、善、美的程度的不同而区分为更真、更善、更美和较真、更善、更美等。因而，评价合理性的这一模型不仅规定了评价合理性的质，而且蕴含着对其量的界定。

其三，评价合理性的这个模型是一个动态模型。所谓动态模型，不仅在一般的意义上说，对它的具体运用要根据一定的社会历史条件来制定具体的衡量真、美、善的尺度，而且还在实践作为检验评价合理性的最终标准上，在评价引导实践、实践的结果验证评价的合理性这样一种反馈过程的意义上，说它是动态的。整个评价合理性模型的一个重要理论基础就是马克思主义哲学的实践理论。

评价合理性的善的尺度，是评价合理性中最为重要，同时也是争议最多的尺度。如果仅停留在评价本身，我们就永远不可能摆脱这一问题上相对主义的梦魇。而走进人类实践活动的现实，我们将有可能找到解开这一神秘之结的妙诀。

牧口常三郎在《价值哲学》一书中对价值与真理作了详细的区分。在这种区分中，我认为最重要的一点便是："真理不能被创造"，而"价值则能被创造"①。人类活动的本质是实践，而实践从根本上来说，就是

---

① ［日］牧口常三郎：《价值哲学》，8页，北京，中国人民大学出版社，1989。

改造世界的活动，而改造世界的活动是按人的需要、人的目的去改变原有状态的活动。因此，可以说人类活动的本质是发现价值、创造价值和实现价值。在实践活动体系中，评价的最根本的功能就在于发现价值。发现价值是创造价值和实现价值的前提，创造价值和实现价值是评价活动发现价值的最终目的。评价不是被动地感受世界，也不是为了停留于评价本身，它是人类创造价值、实现价值这一本质性的活动中重要的环节。所以，要把握评价活动的合理性，就不能停留于评价活动本身，而必须将其放入它所属于的那个创造价值和实现价值的过程中，判断评价活动对于创造价值和实现价值所发挥的作用，并根据这一作用的效果衡量评价的合理性。

评价合理性的界定，是一个功能性的界定，而不是实体性的界定。合理的评价是能够正确地引导人类创造价值、实现价值的对人类生存和发展有益的评价。这是评价合理性的最根本的最抽象的原则。但因为"人类"是一个复杂的概念，价值作为满足主体需要的效应也就相应地变成了复杂的问题。所以必须对这一总的原则进行解析。我们可将人类分成五个基本的层次，第一层次是个人；第二层次是家庭；第三层次是团体(阶级、阶层、政党等)；第四层次是国家；第五层次是人类社会(国际社会，及人类的未来)。

这五个层次的利益关系、价值关系是既对立又统一的。

尽管人类社会是联系着的，但对于具体的实践活动来说，不同的层次之间是具有相对的独立性的。并不是处理所有的问题，都必须将人类的生存和发展作为评价合理性的准则，当需要在其他层次的利益、其他层次的需要与人类社会的生存与发展作出选择时，应将人类社会的生存与发展放在第一位。在其他情况下，各层次在不涉及其他层次的利益时，应以本层次中价值主体的生存和发展的需要作为评价合理性的准则。就个人这一层次而言，无论是审美评价的合理性、道德评价的合理性，还是功利评价的合理性，都应以个人的生存与发展为评价合理性的准则。就审美评价来说，尽管不需要有全社会统一的评价准则，但这并不意味着审美评价没有合理性可言，审美评价的合理性也是功能性的，它的最高准则是有利于价值主体的生存与发展。每个热爱生命、热爱生活的个体都应培养自己健康的审美情趣，而不是颓废的审美情调。只要这种审美评价，这种对美的追求，能使自己朝气蓬勃，不断进取，不断完善，那么这种审美评价就是合理的。就一个民族、一个国家而言，就人类社会整体而言，审美评价的最高尺度是有利于价值主体的生存与发展。审美活动是人类生存与发展的一种方式，它应能促进民族、国家和整个人类社会有生机勃勃的创造力，能健康地发展。实现了这一功能的审美评价就是合理的；将人类社会或将一个国家、一个民族、一个个体引向萎靡不振、颓废、衰落，失去生存和发展的信心和能力的审美评价，是不合理的；使这个国家和民族中的个体丧失其存在的独立性，丧失其创造力的审美评价，也是不合理的。

就不同层次之间的关系而言，在两个层次的利益和需要发生冲突时，我们应以更大集团的利益为重。以家庭和个人的关系为例，作为家庭的每个成员都有生存与发展的权利，家庭中的任何一个成员都不能以牺牲他人的利益来实现自己的完善。当个人利益与家庭利益发生冲突时，应以家庭利益为重。以此类推，对一个阶级、一个集团评价合理性的评价也是分层次的。当未涉及它所属的那个更大集团的利益时，以对该阶级、该集团本身的生存与发展为评价合理性的准则，而当两者发生冲突时，应以更大集团的利益为裁决的尺度。之所以要倡导这一准则，是因为社会是一个整体，人类是一个整体。我们只有在这个整体中才能生存，才能发展。

在现实活动中，人们经常看到和深切感受到的，不是人们利益的统一而是它们的冲突。这种冲突是如此的激烈，以致人们经常忘记自己是"从我们那遥远的动物祖先到不可预见的未来绵延的长链中的一环"（罗素语），忘记人类是以整体的力量战胜对生存的威胁，慢慢地强大而发展起来的，忘记了我们是同一个物种。当财富已丰但还没有达到人们已不需为财富的分割而争执时，人们忘记了人类为取得财富时的共同奋斗，而只关注财富的瓜分。在当今世界，"我们为了我们自己和我们所喜欢的人追求内在价值。我们或许把自己的情感扩及我们所有的同伴，但把情感扩及全人类的人却寥若晨星"①。但在今天，人类再一次面临着作为一个类的存在的危险，这个危险不是来自自然界，而是来自人类本身。我们为了各自的利益，在损害着能使我们及我们的子孙后代健康地存在与发展的一切。我们不计后果地污染着、破坏着我们共同拥有的，也是目前发现的唯一一个适合我们人类生存的环境；制造了能使整个人类毁灭，而且在较长时间内失去生存条件的核武器。能源危机、环境危机，还有核武器的威胁，使我们再次面临人类初年的窘境：生存原则、发展原则成为人类现在根本的原则。面临如此的窘境，我们不得不

① ［英］伯特兰·罗素：《伦理学和政治学中的人类社会》，135～136 页，北京，中国社会科学出版社，1992。引文有改动。

重新考虑我们的价值准则。因为我们不仅是一个独特的个体，而且是人类这个族类的成员；因为我们不可能独自生活于这个世界中，而只能同舟共济生活在这个地球上；因为我们希望生活在一个和平、安宁、富足的世界中，而不想在战乱、贫穷中度过一生，因此，我们应该将人类社会的生存与发展作为评价合理性的最高尺度，将人类社会的生存与发展的需要视作最高层次的需要。为了我们人类自己的生存与发展，我们应该在多种需要、多种利益发生冲突的时候，将人类生存与发展的需要作为首要的选择。罗素曾说过这样一句让人为之震惊的话："这个世界是我们的世界，要把它变成天堂或地狱都在于我们。"①没有别的理由，只要我们仍想生存，仍想发展。

在评价时，我们无法摆脱主体性的因素，无法摆脱价值观的制约，在衡量评价合理性时，我们仍然无法摆脱主体性的因素，无法摆脱价值观的制约，这是评价的宿命，这是评价合理性的宿命。可问题是，我们为什么一定要摆脱这种主体性的因素，要摆脱我们对自己的现实生活，对我们的未来所拥有的理想呢？我们不是机器，也不是低级动物，我们是有理性的、有创造性的人。正是因为我们拥有理想，才走出茹毛饮血的蛮荒时代，才创造了今天的文明；正是因为我们拥有理想，才会对现实存在感到不满；正是因为我们拥有理想，才会不断地从必然走向自由。我们没有任何理由睥睨人的主体性、人的价值观、人的理想。同样我们没有任何理由睥睨我们的需要。我们同属于人类，我们有着某些共同的需要。人类以往的活动经验和以后的实践会使我们逐渐更深刻地把

---

① ［英］伯特兰·罗素：《社会改造原理》，119 页，上海，上海人民出版社，1959。

握人类生存与发展的需要，逐渐更切实地把握实现这种需要的方式。

　　人类对自己需要的把握是不断发展的，对满足这种需要方式的把握也是不断发展的，我们关于评价合理性的认识也将是不断发展的。评价的合理性是相对的，是相对于我们现有的认识水平，现有的实践水平而言的。尽管我们不可能达到对人类的生存与发展的需要和满足这种需要的方式的完全把握，但我们不应该放弃这种努力。意识到我们认识的局限，将使我们有可能不断超越这种局限；对我们自己认识局限的憬悟，将使我们更有可能沟通彼此的认识，共同创造一个能使我们每个人都更幸福地生活于其中的世界。我们没有理由认为我们所提出的准则是合理的，除非它真的能使我们更好地生存与发展。

后　记

　　1988 年年初，一个万籁俱寂的雪夜，我完成了此书的初稿。慢慢地走在那柔软洁白的校园里，为其悄然无声而感慨，为其冰清玉洁而怅触……

　　就在那一年的 4 月，在武汉大学樱花盛开的季节里，我通过了博士论文《评价结构论》的答辩，而后便离开生活了三年的武汉大学，到中山大学开始教书生涯。在 7 年后的今天，我在终于完成了在博士论文基础上改写的这本书稿时，突然感到又一次置身于那个清新而晶莹的世界中。

　　自 1985 年 6 月在承德萌发写评价论的念头至今，10 年过去了。这 10 年，没有一天不想到评价，然而思量越多，越感到知之甚少；越欲捕捉，越感到迷离失措。每写一稿，都有过兴奋与激动；每写完一稿，都感到遗憾与失望，不知改过多少遍，说不清还有多少遗憾……

这 10 年中，我的老师曾为我付出过多少心血，我的亲人曾为我作出过多少奉献，我的朋友与同事曾给予我多少启发与灵感，我所读过那几百本书的作者、译者曾给我多少帮助与启迪，我无法说清，无法计算。但我知道没有这一切，就没有这本书。在后记这短短的篇幅里，我不能一一提到他们的名字，但他们所给予我的一切已深深地镌刻在我心灵的深处。

请原谅我在这里只写下他们其中的几位：呕心沥血地培养我的，我尊敬的导师陶德麟先生和我尊敬的师母吴佩君教授；10 年前曾热情地向陶先生推荐我攻读博士学位的王于教授；曾主持我博士论文答辩并给我热情鼓励与亲切教诲的齐振海教授和夏甄陶教授；在酷热的夏天不辞劳苦地仔细审阅此书稿的，我的长辈、同事黄春生教授；曾为此书的出版付出大量心血的，我的长辈、校友叶汝贤教授；特批我半年学术休假以使此书能最后完稿的，我的系主任章海山教授；曾放弃许多假日而悉心地帮我打印书稿的谭雪馨女士；悉心校对此书稿的韩安贵同学；细心地编辑此书的刘丽华女士；还有 10 年来一直给予我鼓励、启发与帮助的方鸣君；等等。

同时，我还要深深地感谢国家社会科学基金会对本项目的资助，感谢广东省高教厅和广东省东莞市篁村恒业工贸发展公司对本书出版的资助。

冯 平

1995 年 7 月于中山大学蒲园

再版后记

非常感谢北京师范大学出版社，在《评价论》出版了27年之后再版此书。自1985年开始酝酿《评价论》（博士论文）至今，已经37年过去了。在这37年的学术研究和人生经历中，评价这个主题一直萦绕我心中。自1995年《评价论》出版后，《评价论》所基于的立场和其中所提出的观点，就一直不断地被自我反省，不断地在生活的各种场景中进行验证。值得欣慰的是，在历经了对现代西方价值哲学20多年的研究，经历了人生最跌宕起伏的生活体验之后，我仍愿意按照《评价论》1995年出版时的样子将其呈现给学术界，呈现给更广大的读者。而且，在37年后的今天，我仍然认为评价理论的研究，无论对于个体认识自我、调节情绪、做出价值选择，还是对社会运作都是至关重要的。在生活更加变幻莫测、社会联系更加复杂多变的今天，评价问题的研究和评价理论的传播，也较之以往显得更加重要。就其研究而言，我们需要更深入细致地汲取现代西方价值哲学已有的研究成果，更深入深刻地理解实证科学研究所提供的思想资源，需要以更广阔的视野观察、理解社会生活，在更坚实的基础上推进评价理论的哲学研究。就其传播而言，我们非常需要以更多样的方式使已经获得的评价理论研究的成果走出哲学研究学术圈，走入社会生活，使这些哲学研究成果被更多人知道，被更多人理解，使更多人受益。

1998 年到 1999 年，我曾作为高级访问学者在哈佛大学哲学系做了为期一年的访问。在哈佛大学图书馆我第一次读到了现代西方价值哲学家的代表作，第一次深切地感受到在 19 世纪中叶到 20 世纪中叶这 100 年的时间中，价值哲学以思想的方式把握人类现代生活的盛况。从那时起我便被那个时代群星璀璨的价值哲学家的思想深深震撼深深吸引。在 1999 年至今的 23 年中，除了其中有 6 年因主持社会主义核心价值研究这一国家重大课题，而转向对中国现实问题、社会主义思想发展史和世界现代化运动的研究之外，其他时间就专注于现代西方价值哲学的研究了。其实恰如不经意的转头也许会使我们获得一种崭新的体验，看到以前完全看不到的风景一样，那 6 年的"离开"，也是给了我一个意想不到的极大的礼物，差不多可以说正是这个"离开"，使我走近了现代西方价值哲学。这个"离开"使我了解了哲学之外的世界，了解了一个更鲜活的世界，因此而感受到那一本本价值哲学著作背后浓烈的时代气息，感受到那些著作所具有的蓬勃生命力。于是，现代西方价值哲学著作在我的眼中就呈现为理解现代生活、面对现代生活的富有巨大启发意义的真知灼见，呈现为一个个可以被试验得到验证的行动方案。或许今年将在北京师范大学出版社出版的由我主编的《西方价值哲学经典读本》，也会给读者带来和我同样的感受。我也期望在未来的研究中，能和读者更多地分享我对现代西方价值哲学的理解。

回到评价研究。在现代西方价值哲学自19世纪中叶到20世纪中叶这100多年的发展中，一共有三本直接以评价为题的著作。一本是乌尔班(Wilbur Marshall Urban)出版于1909年的《评价：性质及其法则——一般价值论导论》；一本是杜威(John Dewey)出版于1939年的《评价理论》；还有一本是刘易斯(Clarence Irving Lewis)出版于1946年的《对知识和评价的分析》。① 我研究最多的是杜威的《评价理论》。最早出版的翻译成果是我和我所指导的博士研究生余泽娜、窦新元，硕士研究生鲍奕妍共同翻译的杜威的《评价理论》和杜威其他一些与《评价理论》直接相关的论文。② 我对杜威评价理论的理解，主要呈现在发表于《哲学研究》2002年第5期的《走出价值判断的悖谬》，《哲学研究》2006年第10期的《杜威价值哲学的要义》，《复旦学报》2006年第5期的《价值判断的可证实性》，《复旦学报》2019年第6期的《价值判断是一种实践判断》。发表于2006年第6期《中国社会科学》上的《面向中国问题的哲学》，在很大程度上也呈现了我研究杜威的《评价理论》乃至他的整个价值哲学的成果。除此之外，我还参与了由刘放桐教授主持的《杜威全集》的翻译工作和杜威选集《批评之批评：杜威价值论和伦理学》的选编工作。

---

① 选译请参见冯平主编：《现代西方价值哲学经典 经验主义路向》，北京，北京师范大学出版社，2009。

② ［美］约翰·杜威：《评价理论》，上海，上海译文出版社，2007。

无论是主编现代西方价值哲学经典，还是参与《杜威全集》翻译、选集编辑等工作，甚至是那六年的"离开"，都使我获得了理解杜威《评价理论》的更广阔的学术视野，使我能够在杜威思想的有机整体中，在杜威对哲学使命、人类命运的把握中，理解杜威关于评价、关于价值的理论。而尤其让我感到高兴的是，在阅读杜威著作的过程中，我看到我在没有读过任何一本现代西方价值哲学著作，当然也没有读过杜威的任何著作时写下的《评价论》所基于的立场和所主张的观点，竟然与杜威的价值理论、评价理论那么契合，竟然有那么多与杜威相同的理解。

这种相同性，大致可以概括为以下六点：（1）同样是将评价（或价值判断）而不是将价值视为价值哲学的核心问题；（2）同样是将评价视为人独有的一种认识活动，而不是将其视为人与动物甚至与生物所共有的一种反应；（3）同样认为评价作为一种认识活动构成了认识与实践连接的中间环节；（4）同样认为，评价作为认识与实践连接这个中间环节，是可以通过反省、审视而做出校正的，而实践目的是完成这一校正的准星，对实践过程及其结果的反省是完成这一校正的方式；（5）同样认为，对评价的结论做出评价，不仅是非常必要的，而且也是可能的，根据评价所采取的行动之结果是衡量评价合理性的最重要的尺度；（6）同样重视评价的事实依据。《评价论》第六章提出了一个"真善美"三位一体的衡量评价合理性的模型。这个模型强调在最低的标准上，所谓一个评价是合理的，它必须对相关信息的把握必须是准确的。我用"真"对此命名，认为"真"是评价合理性的必要条件。而这一点恰是杜威特别强调的。在1915年发表的《实践判断的逻辑》一文中，杜威指出"如果掩盖、隐藏事实，便必定一无所获，这就是实践判断的性质"。至于《评价论》所提出的评价合理性的第二层次评价的逻辑自洽性，杜威虽然没有直截了当地说，但他在对实践判断的分析中可以看出他对这一点的认同。杜威认为，实践判断的论题必须完整、准确地把握现实。实践判断对"对情境中所予的描述"必须是"准确的"，而"完整性""就是准确性的一个条件"。杜威认为，所谓"完整，并不意味着穷尽，而是意味着，要充分地尊重目的和实现目的的手段。关注的东西过多，或者所关注的是不相干的东西，都违背了准确性要求，等于遗漏了、或没有发现重要的方面"。在实践判断对所予的描述中，无论是引入了与行动方案（"目的和实现目的的手段"）不相干的东西，还是未能描述相干的东西，都将导致实践判断的失误。必须将对所予的描述视为构成实践判断的逻辑项，以实践判断论题为标准确定描述所予的范围、角度和层面。① 我将这些视为杜威对评价合理性中逻辑自洽的理解，即我命名为评价合理性中"美"的理解。对目的的强调是杜威价值理论中分量最重的内容，我所构建的衡量评价合理性的"善"的标准，与杜威评价理论的契合程度更高。这一点几乎可以在杜威绝大多数关于价值和关于评价的著述中看到。②

除了以上的欣慰之外，我也特别意识到了对评价问题的研究还有极大的拓展空间。我对这一拓展空间的理解会呈现在我接下来发表的论文和专著中。

最后，我还要再次感谢北京师范大学出版社。在我关于价值理论的研究中，北京师范大学价值与文化研究中心、北京师范大学出版社，给

① 请参见拙文《价值判断是一种实践判断——杜威实验主义价值论的核心命题》，《复旦学报》（社会科学版）2019年第期。

② 对此，我将在研究杜威价值理论的专著中仔细展开。

了我最大的支持——精神的、物质的。2009 年我主编的磨了十年的那套四卷七本的《现代西方价值哲学经典》在北京师范大学出版社出版，2022 年由我主编的、由国内著名学者翻译编辑的《西方价值哲学经典读本》第一辑八本也将在北京师范大学出版社出版。这两套书和曾让我获得过诸多荣誉的、即将在这里再版的《评价论》，其实就是到目前为止我最重要的研究成果了。因此，我必须深深地感谢北京师范大学价值与文化研究中心、感谢北京师范大学出版社，感谢袁贵仁教授、杨耕教授、吴向东教授，同时感谢上述两套书和再版的《评价论》的编辑祁传华副编审，真的看着他编着这些书由一个初出茅庐的小伙子走近了中年。

冯 平

2022 年 3 月 15 日于上海

图书在版编目（CIP）数据

评价论/冯平著. —北京：北京师范大学出版社，2022.6
（走进哲学丛书）
ISBN 978-7-303-27889-3

Ⅰ.①评…　Ⅱ.①冯…　Ⅲ.①马克思主义哲学－研究－中国
Ⅳ.①B0-0

中国版本图书馆 CIP 数据核字（2022）第 084623 号

营 销 中 心 电 话　010-58805385
北 京 师 范 大 学 出 版 社　http://xueda.bnup.com
主题出版与重大项目策划部

PINGJIALUN

出版发行：北京师范大学出版社　www.bnup.com
　　　　　北京市西城区新街口外大街 12-3 号
　　　　　邮政编码：100088
印　　刷：鸿博昊天科技有限公司
经　　销：全国新华书店
开　　本：730 mm×980 mm　1/16
印　　张：20.75
字　　数：234 千字
版　　次：2022 年 6 月第 1 版
印　　次：2022 年 6 月第 1 次印刷
定　　价：98.00 元

策划编辑：祁传华　　　　　　责任编辑：潘继增　张　爽
美术编辑：王齐云　　　　　　装帧设计：王齐云
责任校对：段立超　王志远　　责任印制：赵　龙